国家社科基金
后期资助项目
GUOJIA SHEKE JIJIN HOUQI ZIZHU XIANGMU

应用技术类院校
参与式课堂教学组织：
理论与实践

Research on the Participating Mode of
the Class Organization in Colleges of
the Applied Technology: The Theory and Practice

岳修峰　张滕丽　著

社会科学文献出版社
SOCIAL SCIENCES ACADEMIC PRESS (CHINA)

国家社科基金后期资助项目
出版说明

后期资助项目是国家社科基金设立的一类重要项目，旨在鼓励广大社科研究者潜心治学，支持基础研究多出优秀成果。它是经过严格评审，从接近完成的科研成果中遴选立项的。为扩大后期资助项目的影响，更好地推动学术发展，促进成果转化，全国哲学社会科学工作办公室按照"统一设计、统一标识、统一版式、形成系列"的总体要求，组织出版国家社科基金后期资助项目成果。

全国哲学社会科学工作办公室

序

应用技术类院校是经济社会发展到一定阶段，高等教育进入大众化时代，以技术技能型人才为主要培养目标的新兴学校类型。从"应用技术类院校"概念的提出，到现在大量地方高校向应用技术类院校转型发展，建设应用技术类院校和培养技术技能型人才已成为共识。但由于传统教育体制和教学组织尚未发生实质性变化，部分应用技术类院校的发展还存在愿景不明、人才培养模式与技术技能型人才培养要求不相适应的现象。在党的十九大报告中，习近平总书记对职业教育发展提出新论述，强调完善和发展职业教育需加强产教融合，校企合作。[①] 解决这一问题的关键是，改革传统的教学方式方法，创新人才培养的体制机制，而参与式课堂教学组织形式是应用技术类院校提高教学质量和育人水平的有效途径。

传统的集体课堂教学组织形式在教育历史上发挥了重要作用，依然是世界教育的主要组织形式，但由于这一教学组织形式在一定程度上限制了学生主体作用的发挥，不利于学生创新能力的培养，对于应用技术类院校培养技术技能型人才来说有一定的局限性，研究适合应用技术类院校人才培养目标的新型课堂教学组织形式迫在眉睫。

互联网信息时代，我国教育教学改革的实践探索和理论研究主要体现在以下几个方面：探索新的办学理念和使命；积极改善人才培养模式；创新应用以互联网技术为基础的教学模式；完善教育教学评价体制机制；等等。

应用技术类院校积极推动了各种教育教学改革，主要体现在两个方面：一是在办学理念和使命上突出以服务为本，以就业为导向，重点解决人才培养不能满足社会需求的问题，采用外部评价为主，内外结合的

---

① 习近平：《决胜全面建成小康社会　夺取新时代中国特色社会主义伟大胜利——在中国共产党第十九次全国代表大会上的报告》，人民网，http://cpc.people.com.cn/n1/2017/1028/c64094 - 29613660.html，最后访问日期：2017 年 10 月 30 日。

教育教学评价方式方法，提高技术技能型人才培养质量；二是根据技术技能型人才培养本质特点，改革和建立一套适用于技术技能型人才的培养模式。突出校企合作、产教融合的职业教育特点，加大实习实训基地建设、双师型教师队伍建设。随着互联网技术的广泛应用和新技术技能更新速度的不断加快，我们应以终身教育理念为指导，不断完善技术技能型人才培养改革，特别是课堂教学组织改革。

随着教育信息化的深入发展，教师在运用班级进行集体授课的同时，注重班级教学与小组教学、个别教学相结合，高度重视因材施教，实现每一名学生的全面发展。参与式课堂教育组织提倡学生为本，充分尊重学生学习意愿，在调动学生学习积极性和主动性方面具有无与伦比的优势，但是应用技术类院校参与式课堂教学组织实践探索和理论探究都未能引起学术界与高等教育界的足够重视。应用技术类院校课堂教学组织的探索改革仅限于几个领域，如具体学科的课堂教学组织、校企合作的流程等，这对整个应用技术类院校的学生来说是远远不够的。应用技术类院校课堂教学组织要考虑到学生学制、学校类型以及学生个人成长经历，如学生学习心理、学习经历、学业情绪等。这就迫切需要打破学科、年级、专业壁垒，重组教学内容，创新课堂教学组织形式。伴随着应用技术类院校教学改革的不断深化，课堂教学组织研究已经成为一项重要课题。

结合现状，笔者聚焦"应用技术类院校参与式课堂教学组织"研究，对应用技术类院校课堂教学现状进行调查，分析课堂教学中存在的问题，归纳问题产生的原因，结合参与式教学组织的理论基础，探索应用技术类院校先行课堂、核心课堂、辅助课堂教学组织形式的改革创新，并结合当下应用技术类院校的生源和学制特点，分别从"3 + 2"、"五年一贯制"、"高中起点普通三年高职"和"高中起点应用技术类四年制本科"（简称"应用型本科"）四种应用型人才培养模式中的参与式课堂组织运行机制进行探究，从而进一步优化课堂教学效果，提高教学的针对性和有效性，关注师生的个人成长，达到更好的育人效果。

当然，参与式课堂教学组织对师生要求相对较高，特别是知识储备和表达能力，这也是我们关注的重点。因此在应用技术类院校参与式课堂教学组织模式建构中，面对应用技术类院校的复杂学情和多元学制特点，为了更清晰地阐释"参与式课堂教学组织"（即前段提到的先行课堂、核心课堂、辅助课堂）的实践效果，我们进行了反复斟酌，最后，受到姜大源先生《职业教育要义》中的一段话的启发而安心，即"基于跨界的原则，就微观层面来讲，职业教育需要注重经济产业发展、就业需求、个人职业发展与职业教育改革、职业教育供给、职业教育认知的结合，兼顾经济社会发展和个性职业发展需求，强调产教融合、校企合作、工学结合、订单培养等职业技术教育模式。基于跨界的原则，从宏观层面来看，职业教育的教育思想，就不能只是'在企业里办培训，在学校里办教育'，必须摒弃分割的定界思维，树立整合的跨界思考；职业教育的统筹协调，就不能只是教育部门一家承担的任务，而必然涉及政治、经济、社会、文化发展；政府机构、企业机构、非营利机构；劳动、就业、生活等民生事业，要树立系统集成的思想，也就是说，职业教育的体制机制建设，要实施'产教融合、校企合作'的模式"①。本书使用的"应用技术类院校"这一概念，涵盖了以就业为导向，以技术技能型人才培养为目标的各个学段，包括应用型本科、高职高专、中职中专等不同层次，就其共同特征来说，都是以职业技能培养为教育的重点。至此，我们结合"互联网＋教育""人工智能＋教育"，以跨界理性思维为基础，采用先行课堂、核心课堂和辅助课堂，全方位覆盖学生的课前、课中和课后，让参与式课堂教学组织不仅仅局限于教室物理空间，更让学习内容突破课本知识的框架，育心走在育人前，全力协助师生在参与中体会、在参与中反思、在参与中成长、在参与中创新。为了更具体地说明参与式课堂教学组织，我们用了很多案例来抛砖引玉，本书所收录的教学案例均已征得相关人员同意。我们期待本书的出版对应用技术类院校的教师有一定的启发，更期待对应用技术类院校的学生成长有一定帮助，即使帮助不多，我们也甚感欣慰。

---

① 姜大源：《职业教育要义》，北京师范大学出版社，2017，第3页。

目　录

导　言

随着我国高等教育大众化时代的到来，一批应用技术类院校应运而生，成为我国高等教育体系的一支新兴力量，适应了经济社会发展对人才的多层次需求。因此，这些院校的办学明确定位在教学型高校层面，其培养目标是为地方经济社会发展培养技术技能型人才。要培养这样的人才就要深化教学体制改革，尤其是要创新课堂教学方式方法，提高课堂教学的针对性和实效性，让学生有充足的获得感和幸福感。党的十九大报告鲜明提出，"中国共产党人的初心和使命就是为中国人民谋幸福，为中华民族谋复兴"①，结合实际，参与式课堂教学组织是深化应用技术类院校课堂教学组织形式的有效策略，对其运行体制机制进行研究，有助于深化应用技术类院校课堂教学组织形式改革，具有重要的战略意义和价值。

一　问题的提出

课堂教学是"教师有目的、有计划地引导学生能动地进行认识活动，自觉地调节自己的志趣和情感，循序渐进地掌握基础文化科学知识和技能，以促进学生智力、体力、社会主义品德、审美情趣的发展，并为学生奠定科学世界观的基础"②的一种师生共同活动。课堂教学组织是维持课堂运行的重要策略，其目的是协调组成教学活动的各要素，使其成为一个有机的整体，保证教学活动按照预先设定的目的进行。首先，课堂教学组织具有预期性，需要在课前制订详细的课堂教学计划，计划好各种教学活动以及活动之间的协调和先后顺序，这种课堂教学计划称

---

①　习近平：《决胜全面建成小康社会　夺取新时代中国特色社会主义伟大胜利——在中国共产党第十九次全国代表大会上的报告》，人民网，http://cpc.people.com.cn/n1/2017/1028/c64094-29613660.html，最后访问日期：2017年10月28日。
②　王道俊、王汉澜：《教育学》，人民教育出版社，1999，第197页。

为静态组织；其次，我们随时需要对课堂教学活动超出课堂计划的行为活动进行及时的调整，使之按照课堂教学设计目标前进，这称为动态组织。① 发展到今天，班级授课制已经成为世界教学组织形式的主流，同时也是我国的主要教学组织形式。当前，一些教师在坚持运用班级授课制进行教学的同时，开始关注集体教学与个别教学融合，克服各自缺点，发扬优点，真正做到既促进学生集体发展，又促进学生个体个性特色发展。参与式课堂教学组织强调师生全体参与教学活动，加强师生交往互动，增进师生友谊，培养师生情感，使教学更能满足学生个性发展需求，有利于学生身心全面健康成长。

参与者课堂教学组织活动要求课堂的所有参与者都参与到教学活动中，课堂中的学生成为积极主动的发现者、学习的探究者、理性的创新者，同时发展学生的批判性思维、创新性思维，有利于技术创新型人才培养。应用技术类院校中的某些技能培训课程，不再通过传统的课堂讲授，而是积极组织学生到校企合作单位去进行参与式实践活动，这也是参与式教学组织的一种形式，对提高学生的学习积极性具有很大的帮助。

在目前以班级授课制为主要教学组织形式的应用技术类院校，要从以下几方面积极改革现有"满堂灌"、学生被动学习的现状。

首先，要调动教师教学改革的积极性、主动性，创设温馨和谐人文化的教学环境，引导学生积极主动参与课堂教学活动。

其次，教师和学生要进行反思性教学活动，通过反思性教学活动，促进学生身心全面发展。

虽然参与式课堂教学组织在应用技术类院校已初显成效，但参与式课堂教学组织是最近几年才发展起来的一种新型教学组织，对于参与式课堂教学组织的具体实施流程、组织保障、师生角色定位，以及如何通过参与式课堂教学组织提高教学效果、促进学生学习的主动性尚无具体探索和成熟的模式可以借鉴。因此，本书尝试通过理论梳理和实践探索，摸索出一条在应用技术类院校实施参与式课堂教学组织的实践路径。

---

① 李耀新：《课堂教学的组织与管理》，暨南大学出版社，2010，第27页。

二　研究思路、内容与方法

1．研究思路

首先，需要厘清参与式课堂教学组织的基本理论基础，深刻把握其运行体制机制，为应用技术类院校参与式课堂教学组织研究提供理论参考和实践路径。

其次，以郑州信息科技职业学院、许昌学院为例，在调查研究的基础上，构建应用技术类院校先行课堂、核心课堂、辅助课堂等参与式课堂教学组织形式。

再次，通过对应用技术类院校参与式课堂教学组织形式的研究，总结、梳理、提升相关案例至理论层面，为一线教师提供相关经验。

最后，对应用技术类院校广大一线教师提出运用参与式课堂教学组织的注意事项，并进一步明确参与式课堂教学组织在应用技术类院校的运用价值，为应用技术类院校参与式课堂教学组织的后续研究提出建议，以进一步优化应用技术类院校课堂教学的组织与开展。

2．研究内容

参与式课堂教学组织是近几年发展起来的一种新型教学组织，学界对其的研究还处于初步探索阶段，特别是互联网技术的迅速发展需要在此领域继续开拓进取，对新时代参与式课堂教学组织进行探索和总结。应用技术类院校参与式课堂教学组织还需要综合考虑学校的管理制度，学生学习的个体需求，以及跨越学科、年级、专业界限，调动师生参与式课堂教学组织实践的积极性。应用技术类院校天然地需要加强校企合作，积极发展双师型教师，鉴于参与式课堂教学组织有助于校企深度融合，笔者决定从"应用技术类院校参与式课堂教学组织研究"着手，试着从先行课堂、核心课堂、辅助课堂来探讨不同层次应用技术类院校参与式课堂教学组织的实施路径，以期在运行体制机制方面起到一定的模范带头作用。

本书共有导言和七章的内容。

导言部分，主要对参与式课堂教学组织研究的必要性、可能性、研究思路、研究内容、研究方法、研究框架、研究意义等方面进行研究。

第一章，主要对应用技术类院校课堂教学组织现状进行调查，找出应用技术类院校课堂教学存在的问题，并分析问题产生的原因。

第二章，主要对参与式课堂教学组织相关理论框架，包括参与式课堂教学组织概念、特点及价值等方面进行研究。

第三章，主要对应用技术类院校参与式课堂教学组织的先行课堂、核心课堂和辅助课堂三个参与式课堂模式进行分析研究，对其运行体制机制做有益探索，对参与式课堂组织中的师生角色、模式构建、环境创设及实施保障进行阐述。

第四章，分析在应用技术类院校实施参与式课堂教学组织的条件，着重对不同课程类型的先行课堂、核心课堂、辅助课堂的实践进行归纳和梳理。

第五章，应用型本科高校参与式课堂教学组织案例，介绍许昌学院、河南工程学院、郑州科技学院三所应用型本科高校参与式教学改革的实践探索。

第六章，高职院校参与式课堂教学组织案例与实践效果，分为两节，第一节主要针对应用技术类院校"3＋2"及"五年一贯制"高职院校的先行课堂、核心课堂、辅助课堂等参与式课堂教学组织的实践以案例形式进行深入探讨；第二节主要针对应用技术类院校高中起点普通三年高职院校参与式课堂教学组织案例及对其实践效果进行评价。两小节结合不同类型高职院校的生源特点，对应用技术类院校的高职学校先行课堂、核心课堂、辅助课堂等参与式教学组织实践以案例形式深入探讨；并通过访谈从学生学习态度、学习能力等维度对应用技术类院校的高职院校参与式课堂教学组织与传统课堂教学组织教学效果进行比较。

第七章，应用技术类院类在线教学参与式课堂组织的实施研究，阐述了线上教学的基本理论，介绍了许昌学院和河南工程学院在线教学的经验。

3. 研究方法

（1）调查法。根据应用技术类院校课堂教学存在的问题，编制"中等职业院校课堂教学组织调查问卷""高职院校参与式课堂教学组织调查问卷""应用型本科院校参与式课堂教学组织调查问卷""参与式课堂教学组织班级学生学习态度""参与式课堂教学组织班级学生学习能力"等问卷，随机抽取郑州信息科技职业学院、许昌学院等院校学生进行问卷调查。

（2）案例分析法。在郑州信息科技职业学院、许昌学院相关专业学生问卷调查基础上，以成功实施参与式课堂教学组织的郑州信息科技职业学院优秀教师 Alina（化名）任教的"学前教育"专业和 Nancy（化名）老师任教的公修课"大学生心理健康教育"为例，来进一步探讨 Alina、Nancy 是如何实现理论课、实践课及跨年级同专业之间参与式课堂教学的有效组织的。

三　文献综述

（一）参与式课堂教学组织产生的时代脉络

"参与"的概念最早是在 20 世纪 40 年代提出的，主要体现一种参与式的方法，促进社区发展，特别是在国际援助城乡社区建设实践中，鼓励社区人员积极参与其中，以锻炼其能力，但收效甚微。20 世纪 70 年代之后，国际援助人员在反思之前的参与式社区建设的基础上，认为需要尊重当地人的生活方式，遵循他们的期望，让他们自主决定社区的发展方式，只有这样，才能真正实现援助目的，推动当地人脱贫。20 世纪 90 年代以后，"'参与'成为国家发展领域最常用的一个概念和基本原则，主要包括三方面的含义：（1）从政治学角度，强调对弱势群体赋予权力，使目标群体受益；（2）从社会学角度，强调各类社会角色在发展过程中的平等参与，相互交往；（3）从经济学角度，强调干预的效果，参与被认为既是手段，又是目的，因为参与可以使社会发展更富有成效"①。

随着经济社会的发展，"参与"这一概念在政治、社区治理、教育等诸多方面得到广泛运用。自 20 世纪 80 年代后期以来，参与式课堂教学组织因能够满足新时期社会经济文化的发展需求，受到各国特别是美国、日本、韩国等发达国家的关注。

"参与"概念在 20 多年前引入我国，并在乡村振兴、教育教学、健康卫生等领域得到广泛应用。如："西南地区的参与式农村评估网络、中国农业大学农村发展学院和云南社会发展研究中心主持的农村发展项目、

---

① 陈向明：《在参与中学习与行动》，教育科学出版社，2003，第 141～143 页。

中/英甘肃基础教育项目、国家基础教育课程改革培训项目、联合国教科文组织和儿童基金会组织的各项援助活动、其他国内和国际开展的有关活动等。"① 为了更充分地发挥参与式教学的优势，国内外学者就参与式教学的理论基础、基本理念、组织形式、实施策略等进行了多角度的探索，在此基础上，逐渐形成"参与式课堂教学组织"。参与不仅需要思想和行动，还需要制度和条件的保证，特别是在信息技术日益发展的今天，参与式方法如何与时俱进地在应用技术类院校课堂教学组织中应用是一个亟待研究探索的领域。

（二）国内外有关参与式教学方面的研究

1. 国外参与式教学方面的研究

20 世纪 50～60 年代，英国率先采用参与式教学组织实践，学者们从社会学、心理学、教育学等多学科的视角，对学生参与式课堂教学效果进行了研究。

（1）学生个体参与和非参与课堂经验相关研究

美国学者纽曼指出，教育中学生成绩低下是学生未能参与课堂教学的缘故。后来美国学者杰克逊在其著作《教室中的生活》（*Life in the Classroom*）中，运用课堂观察的方法研究学生参与和非参与课堂的经验，美国学校特别是贫困地区和都市中心地区的学校中存在严重的学生非参与课堂教学问题，后来逐渐成为一种普遍现象。② 学生参与课堂教学活动不仅是行为参与，还涉及认知和情感心理活动的参与。进入 20 世纪 90 年代以来，学生参与的研究范围扩大到行为、情感、认知三个方面，形成了三个方面的研究框架。我国应用技术类院校学生非参与课堂教学现象也逐渐出现，并有蔓延趋势。

（2）学生参与因素与学业成绩之间关系的研究

纽曼在《美国中学中的学生参与和学习成就》中认为，影响学生参与的因素主要有学校人际关系和真实工作两个方面，并指出学生参与课堂教学的实质是理解、掌握教学内容的心理投入，学生参与课堂教学与学业成绩之间没有显著的统计学相关性，也就是说，学生参与课堂并不

---

① 陈向明：《在参与中学习与行动》，教育科学出版社，2003，第 143 页。

② Philip W. Jackson, *Life in Classrooms* (New York : Teachers College Press, 1990).

能保证学生能够完成作业或提高成绩。①

2. 国内参与式教学方面的研究

我国学界对课堂教学中学生的参与研究起源于 20 世纪 80 年代，学者们的研究主要集中在以下几点。

（1）我国大学教学方法改革研究现状

纵向来看，国内学界对大学教学的特征以及大学教法的改革研究，经历了从"传统教学到创新教学"、从"传授教学到研究性教学"、从"灌输式教学到启发式教学"、从"接受式教学到参与式教学"等的思想转变，目前学界和一线教师认同的大学教学方法或教学理念主要有启发式教学、合作式教学、参与式教学、"金课"教学，还有"互联网＋教育"背景下的"翻转课堂"教学、大学生自主学习、深度教学等。

与中小学相比，大学教学的主要特征是：大学教学目标是培养具有专业知识技能的高素质人才；大学教学内容具有学术前沿性和职业倾向性；大学教学与科研紧密结合；大学师生在教学关系上具有相对独立性；大学教学与实践的联系更为紧密。② 美国高等教育哲学家布鲁贝克指出，"高等教育与中等、初等教育的主要差别在于教材的不同，高等教育研究高深的学问……教育阶梯的顶层所关注的是深奥的学问。这些学问或者还处于已知与未知的交界处，或者虽然已知，但由于它们过于深奥神秘，常人的才智难以把握"③。可见，正是因为高等教育和大学"高深知识"的理论性和抽象性显示出来的"深奥神秘"，才需要激发大学师生依靠思想独立、各抒己见、自由表达与同行争鸣等精神品格来积极探索，发现新知。对此，文华学院院长刘献君教授的《论大学学习》④ 一文总结指出，大学教育的主要任务是帮助学生学习、成长，学生学习了就有教育，没有学习就没有教育。大学学习从哪里开始？知识学习从理解开始，行为学习从模仿开始，思想学习从问题开始。大学学习内容包括智力学习、非智力学习、方法学习和元学习。大学学习的最大特点是：读书学

---

① Newmann, F. M., *Student Engagement and Achievement in American Secondary School*（New York：Teachers College Press，1992），p. 13.

② 徐辉、季诚钧：《大学教学概论》，浙江大学出版社，2004，第 118～128 页。

③ 布鲁贝克：《高等教育哲学》，郑继伟等译，浙江教育出版社，2001，导言。

④ 刘献君：《论大学学习》，《江苏高教》2016 年第 5 期，第 1～6 页。

习，谁也替代不了，需要自己付出和努力。我国大学生学习最大的问题是提不出问题，将"学问"变成了"学答"。人的一生要读"理论""实践""自己"三本书，其中要特别重视读"自己"这本书。

中国科学院院士、清华大学过增元教授，根据自己的亲身教学实践，在批判"上课记笔记，下课抄笔记，考试背笔记，毕业扔笔记"的"填鸭式"教学方式基础上，辩证地分析了启发式教学法的优势与不足，然后从 20 世纪 80 年代中期开始，探索和实践了参与式教学法，并把参与式教学法的特点概括为四个方面：开放的教学内容，提问式的讲课，无标准答案的习题和论文形式的考试。①

周光礼和朱家德指出研究性学习活动的重要性。"研究性学习"最早出现在我国教育部 2001 年的《普通高中"研究性学习"实施指南（试行）》文件中，但有研究发现，"研究性学习"本质上是一种深层学习，它在人类教学史上有着源远流长的思想传承。"研究性学习虽然不是高等教育的专利，但它在高等教育中无疑有更广阔的应用前景。研究性学习提倡主动学习和创造性学习，蕴含着一种新的知识观、课程观、教学观和学习观。研究性学习应该而且可以成为我国本科教学改革的总模式。"②

《教育部 国家发展改革委 财政部关于引导部分地方普通本科高校向应用型转变的指导意见》（教发〔2015〕7 号）中指出，"扩大学生学习自主权，实施以学生为中心的启发式、合作式、参与式教学，逐步扩大学生自主选择专业和课程的权利"③。

当下，"互联网＋教育""人工智能＋教育"正在蓬勃发展，大学都在探索新形势下的创新教学。《我国大学创新教学的误区、难点与突破》一文指出，培养创新型人才是我国大学创新教学的根本诉求，也是"钱学森之问"的核心要义，更是高等教育质量建设成功的典型标志。概括地说，"创新教学"与"传统教学"属于相对概念，前者以创新能力培

---

① 过增元：《提倡参与式教学，强化创新意识》，《中国高等教育》2000 年第 6 期。

② 周光礼、朱家德：《重建教学：我国"研究性学习"三十年述评》，《高等工程教育研究》2009 年第 2 期。

③ 《教育部 国家发展改革委 财政部关于引导部分地方普通本科高校向应用型转变的指导意见》，《人民日报》2015 年 10 月 21 日，第 15 版。

养为特征，后者以系统知识传授为特征。大学创新教学的核心追求是"让每一位学生发自内心地学习"，其实现突围的首要前提在于澄清理论认识，根本策略在于营造良好的制度环境，现实路径在于构建师生"教学学术"共同体。尤其是学生的课堂参与度较低是不争的教育事实，这既严重制约着高等教育质量的提升，也极度困扰着当前大学创新教学的推行。需要强调的是，传统教学的讲授法是教学活动中最基本、最常用的方法，如果使用得当，也可以作为大学创新教学的主要手段。我们抨击的并不是讲授法本身，而是不顾学生需要一味地灌输；传统教学方法在大学创新教学中也可以焕发出新的活力，关键在于教师如何使用它，即"教学有法，但无定法，贵在得法"。①

"翻转课堂"（the Flipped Classroom）即转变传统的教学模式，通过对教学结构的颠倒安排，真正实现个性化教学。翻转课堂理念来源于美国科罗拉多州落基山的"林地公园"高中。2011 年，翻转课堂成为研究热点，逐渐为众多教师所熟知，并成为全球教育界关注的新型教学模式，这些归功于孟加拉裔美国人萨尔曼·可汗，他创立了一家教育性非营利组织——可汗学院，利用电脑制作了数千条教学视频供学习者在线学习。美国部分学校让学生回家观看可汗学院视频代替上课，上学则是做练习，由教师或已学会的同学去教导其他同学不懂的地方。随后，我国重庆聚奎中学、深圳南山实验学校、南京九龙中学、广州市第五中学等学校引进了该教学模式。近年来，不少大学课程也引进了"翻转课堂"的教学理念。这一理念强调信息技术和活动学习是翻转课堂学习模式的两个关键组成部分，它们共同影响着学生的个别化学习环境，使学生在课堂外能够自主学习，在课堂内能够协作学习。在课前，教师应用信息技术中的教学设计思想及先进的网络教学设备来创建适合学生个性化需求的简短教学视频，为学生在遇到疑惑时互相交流提供网络社交媒体，学生在课上利用信息技术的一些先进设备展示成果并进行交流。翻转课堂还为学生在课堂内外进行讨论交流等各种学习活动提供机会。②

---

① 赵光锋、解德渤：《我国大学创新教学的误区、难点与突破》，《高校教育管理》2017 年第 4 期。
② 王红、赵蔚、孙立会、刘红霞：《翻转课堂教学模型的设计——基于国内外典型案例分析》，《现代教育技术》2013 年第 8 期。

"以学生为中心"的教育理念。《论"以学生为中心"》[①] 一文指出，体现"以学生为中心"理念的教育、教学思想古已有之，但由于班级教学制的提出、工业革命的影响、中国的特殊国情等原因，近代以来的教育逐渐偏离了"以学生为中心"。随着信息技术、心理学和教育科学的发展，高等教育大众化进程的推进，现在人们开始重新重视"以学生为中心"。"以学生为中心"，即以学生的学习和发展为中心，实现从以"教"为中心向以"学"为中心转变，从"传授模式"向"学习模式"转变，从而提高学生的学习质量，使学生在知识、能力和素质上获得全面提升。实现"以学生为中心"是一种范式的转变，必须全面、整体、协调推进。无独有偶，《"以学习者为中心"理念下的大学生学习力培养》[②] 一文进一步指出，"以学习者为中心"是当前我国高等教育人才培养改革的一个重要视角和切入点。"以学习者为中心"主要体现为以学生为主体和以学生的学习为中心，其关键着力点就是对学习力的关注与培养……大学生学习力培养与生成的关键在于实现"还教于学"、"还学于生"和"还生于人"的三大转变。

（2）国内大学参与式教学理论研究现状

国内大学参与式教学理论研究具有代表性和综合性的观点主要有：肖扬伟博士对参与式教学的概念、内容、组织形式等进行了比较系统的探讨，在总结以往学界关于"参与式教学内涵"的基础上，指出参与式教学既是一种教学理念，又是一种教学方法，具有参与主体的平等性、重视过程、完全开放等特征。参与式教学常用的教学方法有情境演示法、项目合作法、主题讨论法、实践教学法等。

参与式教学的基本形式有两种，一种是正规的参与式教学，另一种是在传统的教学方式里加入参与式教学的元素。正规的参与式教学采取小班讲课和分组讨论的方式进行；在传统的教学方式里加入参与式教学的元素，是指在传统教学过程中采取开放式的教学内容、提问式讲课、无标准答案习题、论文式考试等方法进行教学。实施参与式教学应积极

---

① 刘献君：《论"以学生为中心"》，《高等教育研究》2012 年第 8 期。

② 贺武华：《"以学习者为中心"理念下的大学生学习力培养》，《教育研究》2013 年第 3 期。

转变教学观念，做好充分的教学准备，以人为本，面向全体学生。①

　　许建领的《大学参与性教学的内涵及其基本特征》② 一文，专门研究了"大学参与式教学"问题。他指出，大学参与性教学是对"布道式"教学的反叛，在此意义上，古希腊哲学家苏格拉底的"产婆术"和我国古代教育家孔子的启发式教学就蕴含着参与性教学思想的萌芽。在对学界关于"大学参与性教学概念"的文献述评（包括词语定义、哲学定义和官方界定）基础上，许建领综合认为，"大学参与性教学"是一种教学理念，它强调学生对教学全过程进行认知、情感、行为方面的投入——既包括学生的个体"神入"（精神投入，笔者加）活动，也包括学生与教师、同学、群体之间的交往活动，以促进学生主体性的发展。具体来说，大学参与性教学的内涵有三个相互联系的方面：首先，参与性是大学教学根本性的存在方式；其次，参与性教学是参与者知、情、行的投入；最后，参与性教学的核心是发展学生的主体性。因此，大学参与性教学的基本特征主要包括四个方面：生成性特征、合作性特征、开放性特征和整体性特征。四个特征基本反映了大学参与性教学的实质。当然，大学参与性教学还有其他方面的特征，如全体性特征、全面性特征、主动性特征等。但它们都是以上四个基本特征的延伸，在此毋庸赘论。

　　姜波研究了"参与式教学法的教学模式"问题。姜波认为，参与式教学法应是一套完整的、要求学生参与教学的教学体系。在这一体系的初级阶段，只是要求学生适度地参与到教学活动中，而不是被动地坐在那里听；在中后期阶段，学生不再是在教师的引导下，只参与一些简单的活动，而是在教学活动中占据主导地位，积极提出自己的观点，最终对教学内容做出有总结性、创造性的贡献。换言之，在中后期阶段，要求学生在观点内容上对教学有贡献，要求学生完成大量的课前阅读和准备工作，每个学生都要经历一次与教师备课类似的准备过程，这一过程同样是学习的关键。这种积极主动的学习方式和教学方法可以为学生提供全新的激发式学习经历和学习环境，更有利于教学内容的吸收和理解。

---

① 肖扬伟：《参与式教学在高校课堂的应用研究》，《河南教育学院学报》（哲学社会科学版）2019 年第 4 期。
② 许建领：《大学参与性教学的内涵及其基本特征》，《江苏高教》2006 年第 1 期。

经过 Bloom（布鲁姆）的意识领域分类系统——理解、应用、分析、综合、评估——的检验，形成五种参与式教学模式。任何一种模式，在合适的背景下都可以起到积极的作用，只有实现这些模式的紧密耦合，才能使主动参与式教学法发挥最大作用。①

尤其是当前，"金课"和一流本科课程建设，对我国大学参与式教学改革提出了明确要求，并且指明了方向。

2018 年 6 月，教育部组织召开新时代全国高校本科教学会议，教育部部长陈宝生提出给大学生增负，把大学的"水课"转变为有一定难度、深度和具有挑战性的"金课"，随后教育部颁发文件支持高校开设更多的"金课"，取消"水课"。在"以学生为中心"理念的影响下，"学生满意度"成为高等教育的关键词，是高校当下各项活动成效的重要衡量标准。一项对河南大学 2200 名本科生进行的问卷调查显示，高满意度本科课程，除了具有明确具体且灵活表达的目标，课程内容与学生的认知图式和需求相匹配，还要求在课程实施中，教师表现出色。教师表现出色有两个突出的特征：一是教师潜心教学并有扎实的专业知识技能，二是教师强调学生参与课堂。调研中学生普遍反映，在最满意的课程中，教师善于激发学生积极思考，并能对学生的问题做出回应。而且，教师还注重利用多种合作学习机会，鼓励同伴交流。虽然教师试图鼓励学生参与课堂并积极互动，但学生实际的课堂参与和同伴互动仍不充分。这是在调研中发现的最突出的问题之一。② 可见，大学课堂中参与式教学的理想状态与现实仍然存在差距。

（3）参与式教学在高校课堂中的应用研究现状

有大学教师根据"参与"的管理学、组织行为学等学科含义，定义参与式教学是指在人文关怀的环境中，教师作为平等的主导者，学生作为平等的主体积极参与课堂教学的每一个环节，与教师共同互动形成的一种教学方法。参与式教学方法重视以学生为中心，鼓励学生参与，强调师生互动和反馈，"与传统的单向传授的教学方法相比，参与式教学方

---

① 姜波：《参与式教学法的教学模式研究》，《黑龙江高教研究》2017 年第 1 期。
② 吴洪富、谢泽银：《什么样的课学生最满意》，《光明日报》2019 年 10 月 22 日，第 13 版。

法注重学生的参与和教与学的互动，使学生变为主动的学习者"①。

　　蔺永诚和刘箴认为，参与式教学的特点主要体现在三个方面：平等参与、重视过程和完全开放。其中，完全开放是指，从教室桌椅的布置呈圆形或椭圆形、马蹄形、"U"形入手，到学生的行为举止，再到教学内容和方式都是开放的，学生可以对教学的设计提出自己的看法，教师也要定期了解学生对教学的看法、建议和要求，教师根据学生的需要随时调整教学的进程、内容与形式，以满足学生的学习要求，简称"以学定教"。参与式教学方法有两种主要形式，一种是正规的参与教学法，另一种是在传统的教学过程中加入参与式教学法的元素。正规的参与式教学法是以小组活动为主，每小组以 4～6 人为宜，活动形式灵活多样。也可以采用在传统的讲授式教学过程中加入参与式教学法的元素，这样既可以保留传统教学法的优势，又可以发挥参与式教学法的特点，使学生的学习积极性得到提高，动手能力和解决实际问题的能力得到加强。②本书研讨的"参与式教学"主要采取的是第二种形式。

　　有大学教师高度评价道，参与式教学方式是对传统教学方法的一次挑战。它以学生为主体，彻底让学生参与课堂的教学，让学生感受到学习的真正乐趣和师生共同参与教学的幸福感，是对传统"满堂灌"式教学的彻底颠覆，是教学改革的一次创新。并且将高校参与式教学方法分为三大类：第一类是实物分析类，包括案例、视频、图片、绘画教学；第二类是动作参与类，如做游戏、角色扮演、个体（作品）展示等教学；第三类是语言表达类，如学生演讲、讨论、辩论等。③ 章文珍以职校"思想政治理论课"参与式教学为例，认为相对于传统思想政治理论课的教学方法，参与式教学能激发学生的认知积极性，提高其对理论的认同度。在实际教学中，可根据教学内容和学生思想实际，有选择性地运用小组讨论、成果展示、实地调研、情景体验、演讲辩论等方式，提高教学效果。④ 蔺永诚和刘箴进一步指出，在高校课堂教学中运用参与

　　①　单颖：《参与式教学方法在高校课堂教学中的应用》，《皖西学院学报》2006 年第 4 期。
　　②　蔺永诚、刘箴：《参与式教学法：高校课堂教学中值得推行的教学方法》，《长沙铁道学院学报》（社会科学版）2009 年第 1 期。
　　③　方荣辉：《参与式教学"六步法"在高校"服务礼仪"课堂教学中的应用》，《管理工程师》2016 年第 2 期。
　　④　章文珍：《职校思想政治理论课参与式教学的尝试》，《职业技术教育》2005 年第 29 期。

式教学方法，应注重三个问题：一是注重教学效果的评估，二是注重教师自身修养和业务水平，三是注重面向所有的学生。[1]

杨振平等的《大学有机化学实验参与式教学方法》一文，研究了参与式教学法在大学有机化学实验教学中的实施过程及关键因素，设计了参与式教学法的模型，阐述了参与式教学法的具体案例，并且辨析了参与式教学设计与传统教学设计的明显区别。指出大学有机化学实验参与式教学体现了一种全新的教学理念，突出学生体验学习、实践学习、自主学习、合作学习、探索学习，对促进学生全面发展，特别是创造力、积极的情感态度和价值观的培养发挥了积极的作用。[2] 李晓潇的硕士学位论文《高校思想政治理论课教学中参与式教学研究》，从理论上介绍了参与式教学法的含义、特征、要求，根据高校思想政治理论课的教学现状和特点等，探究实施参与式教学法的必要性和可行性；并且结合"思想道德修养"课程里的爱国主义内容，对参与式教学在思想政治理论课教学中运用的具体实施策略和需要注意的问题进行了分析及总结。李晓潇指出，参与式教学的形式包括五种：问题型参与式教学、研究型参与式教学、体验型参与式教学、合作型参与式教学、案例型参与式教学。高校思想政治理论课教学中实施参与式教学的步骤大致包括五个：制定教学目标、启发学生兴趣、激发学生思维、指导实践和评价反馈。[3]

一项"参与式教学效果的实证研究"发现，根据参与式教学效果的评价应当以学生的"学习效果"为中心，可进一步细化为学生的参与效果和学习收获两个方面，对山东工商学院旅游管理和酒店管理专业的问卷调查与实证分析表明：第一，样本学生对参与式教学的总体认可程度较高，多数学生认为自己主动参与了课堂教学，并在知识掌握与应用、思维能力提升等方面获益明显，这充分体现了参与式教学的优越性；第二，样本参与课程教学的范围与程度以及学习收获方面仍有很大的提升空间，需要通过优化课程设置，完善教学内容、教学方法、课程考核、

[1] 蔺永诚、刘箴：《参与式教学方式在高校课堂教学中的应用》，《当代教育论坛》2008年第12期。
[2] 杨振平、王海滨、盛卫坚、孙莉、强根荣：《大学有机化学实验参与式教学方法》，《实验室研究与探索》2015年第10期。
[3] 李晓潇：《高校思想政治理论课教学中参与式教学研究》，硕士学位论文，中国地质大学，2010。

课堂组织等参与式教学体系。① 另一项对高职院校参与式教学的探索实践发现，通过对高职单招与统招混合班级学生"教"与"学"的现状调查分析，因为混合班级学生的"差异性"可以引入参与式教学模式，以建立课中分层次理论教学、探索性实训教学及课后的"传帮带"学习小组三种形式进行参与式教学实践。初步实践结果表明，参与式教学通过调动各方的有效参与，为该专业"双证制"人才培养目标的实现注入了更多活力。但是，在参与式教学的实施过程中仍存在一些急需解决的关键问题。②

（三）国内外有关课堂教学组织的形式及其发展方面的研究

在英文中，课堂（Classroom）是指专门用于师生互动的教学场所，也指以班级为单位进行的教育教学活动。对课堂的理解主要有三个视角。首先是传统视角，该视角是把年龄、知识掌握水平、身心发展水平大致相同的学生群体，按照课程方案、课程标准、课时计划要求，在固定的时间和地点进行的教学活动。③ 其次是信息交流视角，该视角认为课堂活动是一个师生信息传递、交换、储存、提取、使用的过程。④ 最后是社会视角，该视角认为课堂教学是师生互动共同参与的一种促进学生社会化的社会实践活动，也是师生之间的情感交流、心理交流活动过程。⑤因此，教学需要一种合适的组织形式才能实现，需要对教学活动过程各要素的选择、组织、课堂空间、师生交往过程、教学设施设备的使用等做出安排。

（四）教学组织形式的演变

纵观世界各国教学组织形式演变，主要有三个阶段。第一个阶段是传统的个别化教学阶段。这是世界古代各国学校普遍采用的一种教学组织形式，我国的私塾、书院，国外中世纪的大学，主要采取个别教学，

① 徐福英、刘涛：《参与式教学效果的实证研究——以山东工商学院本科生为样本》，《河南牧业经济学院学报》2017年第6期。
② 徐进军、江茫、刘思阳：《高职单招与统招混合班级的参与式教学探索——以长沙航空职业技术学院为例》，《机械职业教育》2017年第9期。
③ 胡乔木：《中国大百科全书》，中国大百科全书出版社，1985，第12页。
④ 裴新宁：《面向学习者的教学设计》，教育科学出版社，2006，第9~14页。
⑤ 裴新宁：《面向学习者的教学设计》，教育科学出版社，2006，第9~14页。

学生入学时间不一，规模小、效率低。第二个阶段是随着工业化的发展，社会对受教育人口不断增加，大规模提升人口素质的要求下，班级授课制的新的教学组织形式出现。17 世纪，捷克教育家夸美纽斯（Comenius）在其名著《大教学论》中系统阐述了这种教学组织形式的运行体制和机制，[1] 推动了班级授课制的发展。班级授课制在德国教育家赫尔巴特的进一步推动下，成为现代科学教育学的教学组织形式，逐渐代替了传统的个别教学组织形式。工业革命后，班级授课制成为西欧、北美等地区主要的教学组织形式。我国是在清朝末年引进班级授课制的。但是班级授课制不能适应个别差异、不能满足学生因材施教的需要，因此需要更好的教学组织形式出现，以便既满足工业化社会对大规模提高国民素质的要求，又适应个别差异的需求。第三个阶段出现了很多种如"道尔顿制""文纳特卡制""设计教学""特朗普制"等形式的班级授课制改革形式。同时，我国也在进行各种教学组织形式的改革和探索，自学辅导教学法，尝试教学法与目标教学法，自主、合作、探究教学法等新的教学组织形式的探索不断出现，有力提升了我国教育教学质量。

（五）国内外有关课堂管理方面的研究

国外课堂管理研究的著作有古德（Good，T. L.）、布罗菲（Brophy，J. E）所著的《透视课堂》[2]，麦克劳德（Mcleod，J.）、费希尔（Fisher，J.）、胡佛（Hoover，G.）合著的《课堂管理要素》[3]（2006），埃默（Edmund T. Emmer）等著的《中学课堂管理》[4]（2004），琼斯（Vernon F. Jones）等著的《全面课堂管理：创建一个共同的班集体》[5]（2002），上述著作从不同侧面对课堂教学组织形式及其课堂管理提出了独到见解，是参与式课堂教学组织主要的参考文献之一。

笔者所收集到的国内关于课堂管理的研究论著主要有：冯晓林主编

---

① 夸美纽斯：《大教学论》，傅任敢译，人民教育出版社，1984。
② 古德、布罗菲：《透视课堂》，中国轻工业出版社，陶志琼等译，2002。
③ Joyce McLeod、Jan Fisher、Ginny Hoover：《课堂管理要素》，中国轻工业出版社，赵丽译，2006。
④ Edmund T. Emmer 等：《中学课堂管理》，中国轻工业出版社，王毅译，2004。
⑤ Vernon F. Jones、Louise S. Jones：《全面课堂管理：创建一个共同的班集体》，中国轻工业出版社，方彤等译，2002。

的《课堂教学组织调控技巧全书》①，该书对课堂教学组织中运用的各种方法及各个环节的具体操作过程从策略的角度进行了全面系统的总结，不仅对启发式教学、循序渐进式教学、因材施教式教学、智能培养式教学等课堂操作过程做了全面系统的总结，而且包括每一种方式在课堂教学过程中应该采取的具体策略；李耀新编著的《课堂教学的组织与管理》② 提出，行之有效的课堂教学必须具备学生自觉遵守纪律、课堂秩序良好的前提和基础；张建社主编的《教学组织方法》③（2007），是"新视点教研指导"丛书之一，作者结合新时期教育理念、信息化教育、教学策略、师生沟通技巧以及教学方法等各方面的内容对教学组织进行阐释，力图系统展示新时期教育的发展状况及新时期教育背景下对教师素质的新要求；赵雪霞编著的《高效教学组织的优化策略》④ 聚焦国内外影响较大的个别教学、班级授课制等教学组织形式，并结合实际指出了每种教学组织形式所适合的具体教学内容，以及所适合用的具体教学方法，包括相关资源的有效利用、教学组织中师生的心理效应、与之对应的详细评价方式等，旨在提高学校教师优化课堂教学组织的水平；孔凡哲、梁红梅编著的《课堂教学观察、诊断与评价》⑤ 强调，无论时代如何变化，课堂教学的落脚点依然是有效的课堂教学组织，它既是学校教学改革成功与否的实践检验标准，也是确保课堂走向优雅高效的基石；李海林著的《美国中小学课堂观察——一位教育学教授的笔记》⑥，对美国的中小学课堂进行了细致的描绘与有效思考，并与中国中小学课堂教学进行了深入的对比，为重新理解中美教育异同提供了很多新视角，也为教师提供了丰富翔实的课堂观察参考。国内研究主要是从课堂问题行为、师生互动、课堂管理、教师角色等方面做了研究，并提出相关策略和建议，值得借鉴。

（六）参与式课堂教学组织对应用技术类院校教学的影响

参与式课堂教学组织提出要用参与的教学方法组织管理课堂，参与

①　冯晓林主编《课堂教学组织调控技巧全书》，国际文化出版公司，1996。
②　李耀新编著《课堂教学的组织与管理》，暨南大学出版社，2005。
③　张建社主编《教学组织方法》，远方出版社，2007。
④　赵雪霞：《高效教学组织的优化策略》，西南师范大学出版社，2013。
⑤　孔凡哲、梁红梅编《课堂教学观察、诊断与评价》，东北师范大学出版社，2015。
⑥　李海林：《美国中小学课堂观察　一位教育学教授的笔记》，教育科学出版社，2016。

是所有课堂活动的前提和基础，也是基本的教学方法。应用技术类院校应从以下三个方面开展参与式课堂组织教学的探索。

（1）参与式课堂教学组织进一步凸显了班级授课制的优点，如先行课堂、核心课堂的组织，皆是在班级授课制的基础上架构延伸的，有利于创新人才培养模式，适应应用技术类院校因材施教要求，提供实践路径。

（2）参与式课堂教学组织中的辅助课堂组织，扩展了班级授课制的场地限制，有利于走出教室，把课堂教学搬到企业、社会，为学生提供更多展示自己、培养能力的机会。

（3）参与式课堂教学组织提倡以学生为中心、以学生为主体的课堂教学理念，采取"参与—构建—实践—组织"的路径。"参与"指让学生积极投入到与所学专业相关的真实情境中去；"构建"指在教师的引导下重构知识体系，让理论知识和专业概念与学生未来实际就业岗位联系起来；"实践"指在有效参与中实现了师生把理论和概念与学生未来的工作实际全方位有效结合；"组织"指培养学生主人翁意识和领导力，使学生真正站在企业和市场管理者的角度去应用知识和思考问题。这样的培养路径势必推动我国职业教育的教学改革和创新。

四　相关概念阐释

1. 应用技术类院校

我国近年来对应用技术类院校的重视，有着深刻的社会背景。我国教育存在的一个大问题是，普通教育和职业教育相互隔绝，而职业教育的地位不高，无法满足社会经济发展的需要。《国家中长期教育改革和发展规划纲要（2010—2020年）》和2014年国务院出台的《关于加快发展现代职业教育的决定》都在宏观角度提出大力发展职业技术教育，改革职业技术教育教学方法、教学组织形式，培养数以亿计的高素质劳动者和技术技能型人才。在本书中，应用技术类院校是指以培养技术技能型人才为人才培养定位、重视技术技能教育、服务经济社会建设的院校，具体包括中等职业院校、高等职业院校和应用型本科高校三个层次。

2. 课堂教学的组织

课堂教学的组织主要是协调课堂教学过程中的各个要素，按照课程方案、课程标准、课时计划、教学设计的目标和路径组织师生共同活动，同时积极调整课堂活动秩序，顺利完成预定的教育教学目标的一种管理模式。[①]

3. 参与式教学

参与式教学是指在一定的教学目标下，采用合适的教学方法，促进师生共同参与教学活动，使学生身心健康发展、知识能力得到提升，培养正确的情感、态度、价值观的教学组织形式。参与式教学理念倡导民主决策，教学中以学生为本，学生是自我学习的设计者。总之，参与式教学重视过程，其教学设计由静态变为动态，其师生关系既融洽又平等，而多元性、交互性、整体性、开放性、协作性和差异性就是参与式教学设计的基本特征。参与式课堂教学的组织尤其关注学生的成长经历及学习过程中的情感体验，聚焦学生的点滴收获与细微发展，"学生被寄希望于从这一过程经历中的所获，能与从教学内容中所获相当"，Roz Ivanic 曾如此解释。[②]

4. 职业教育

职业教育就是在一定普通教育的基础上，对社会各种职业、各种岗位所需要的就业者和从业者所进行的职业知识、技能和态度的职前教育和职后培训，使其成为具有高尚的职业道德、遵守严明的职业纪律、掌握宽广的职业知识和熟练的职业技能的劳动者，从而适应就业的个人要求和客观的岗位需求，推动生产力的发展。[③] 中国的职业教育包括技术教育、技术培训，职业教育、职业培训，中等职业教育、高等职业教育。[④]

五　研究意义

"课堂教学是班级授课制的基本表现形式，也是现代教学的基本组织形式，学校教学的目标和任务，主要是通过课堂教学来完成的"[⑤]，但在

---

① 李耀新：《课堂教学的组织与管理》，暨南大学出版社，2010，第 27 页。
② Breen, M., and Andrew Little John: *Classroom Decision-Making*（Shanghai：Shanghai Foreign Language Education Press, 2002），p. 243.
③ 朱德全、张家琼：《职业教育课程与教学论》，西南师范大学出版社，2010，第 169 页。
④ 张华：《课程与教学论》，上海教育出版社，2010，第 314 页。
⑤ 黄甫泉：《现代课程与教学论》，人民教育出版社，2006，第 626 页。

目前应用技术类院校，尤其是中等和高等职业院校的教学活动中，受学生本身学习能力、学习态度以及家庭环境等因素的影响，学生学习积极性不高，给应用技术类院校教学带来不小的压力。近年来，伴随着互联网的普及和千禧一代学生步入校园，应用技术类院校的学生情况变得更加多元和复杂，单就院校高职生源来讲，就有"五年一贯制"、"3＋2"对口升学、单招、普通高招录取等形式。不同学习形式的生源，学生的学习起点很不一样，学生的学习准备及已掌握的知识能力水平有较大差异；同时，不同生源特点的学生又有不同的学习习惯、学习方法、学习能力、学习态度、学习特点及知识结构，而当下无论哪种形式的课堂教学，都强调对学习者最初知识储备有详细的了解，以便确定合理有效的教学目标，选择有效的教学资源，有利于教学活动的组织和开展。显然，面对学生的复杂学情，普通的教学模式满足不了不同类型学习者的学习需要，如何把因材施教具体落实，使每一名选择来应用技术类院校学习的学生都能学有所成，是职业院校必须解决的问题。

本书从"应用技术类院校参与式课堂教学组织研究"着手，并试着从先行课堂、核心课堂、辅助课堂三个方面来探讨应用技术类院校参与式课堂教学的有效组织。在教学方式方面，从关注教师主动"教"转化为关注学生主动"学"；在学习形式方面，从聚焦教师掌控主导到学生积极主动参与；在教学评价方面，从单一的知识技能评价转向学生态度、情感、价值观的评价[1]；在教学效果方面，重视学生学习态度的转变和学习能力的培养。

总之，本书通过信息化背景下应用技术类院校参与式课堂教学组织"1234"新实践模式（"1"指一颗热爱教育事业的心；"2"指教与学双方；"3"指先行课堂、核心课堂和辅助课堂三个维度；"4"指参与—构建—实践—组织的四步学习路径），希望进一步优化应用技术类院校的课堂教学组织，助力其教学改革，为推动我国应用技术类院校的教学改革创新觅得新动力。

---

[1]　Zedtwitz，M. V.，"Organizational Learning Through Post-project Reviews in R & D，" R & D Management 32（2002）.

第一章　应用技术类院校课堂
教学组织现状

　　近年来，在高等教育改革不断深化的新形势下，高等院校课堂教学的组织形式和人才培养模式发生了显著变化，尤其是在一些地方本科院校向应用技术类院校转型发展的背景下，应用技术类院校逐步改变传统的教学组织形式和管理方式，着力创新人才培养模式，提高人才培养质量。"学生已有的知识能力水平和学习准备状况是教师施教的基础，也是教学的起点，教学只有建立在学生现实发展水平的基础上，教与学之间的沟通才能成为可能。"[①] 为了了解当前应用技术类院校课堂教学的基本情况，我们选取应用技术类高职院校和应用型本科高校进行跟踪调查。在 2009 年 5 月至 6 月，根据不同类型的生源特点，随机抽取郑州信息科技职业学院"3 + 2"及"五年一贯制"11 个专业共 1100 名学生，填写了"应用技术类院校课堂教学组织现状调查问卷"（见附录一），样本分布情况为：一年级 550 人，占 50%；二年级 550 人，占 50%。男生 600 人，占 54.5%；女生 500 人，占 45.5%。在 2019 年 5 月至 6 月，随机抽取郑州信息科技职业学院 16 个专业共 1600 名学生，再次填写"应用技术类院校课堂教学组织现状调查问卷"（见附录一），与上次不同的是，这次的调查对象是以学校提前单招录取的高中生和参加普通高考录取的高中生为主，样本分布情况为：一年级 800 人，占 50%；二年级 800 人，占 50%。男生 960 人，占 60%；女生 640 人，占 40%。在 2019 年 9 月至 10 月，随机抽取许昌学院 28 个专业的 5085 名学生以同样的问卷进行第三次调查，样本分布情况为：一年级 1533 人，占 30.1%；二年级 1359 人，占 26.7%；三年级 1477 人，占 29.0%；四年级 716 人，占 14.1%。男生 3020 人，占 59.4%；女生 2065 人，占 40.6%。

---

① 李耀新：《课堂教学的组织与管理》，暨南大学出版社，2010，第 36 页。

一　调查结果分析

（一）教学对象的特点与学校的教学环境

为了了解教学对象的特点与学校的教学环境，问卷设置了相关的问题，这有利于在推行教学改革时把握教学对象的需求，以及有利于改进教学活动的外部环境。

学校环境对学生的学习积极性以及学习状态会产生一定的影响。现代课程论认为，校园课程是隐性课程的一部分，不仅影响学生对学习的态度和学习效果，而且其本身就是一种教育影响，优良的学校环境可以愉悦身心、陶冶情操。因此，"环境育人"是应用技术类院校育人工作的一个重要方面。当学生不喜欢学校环境时，很难有投入学习活动中的积极性。调查结果表明，在"3＋2"及"五年一贯制"高职、高中起点普通三年高职、应用型本科高校三个层次的学校当中，学生对学校环境的喜爱程度整体上偏低。具体而言，分别为 65.9%、61.3%、45.6% 的学生认为学校环境一般；分别为 13.2%、19.3%、2.6% 的学生对学校的环境表示不喜欢（见表 1－1）。这表明，学校为了改进教学，必须进一步优化学校环境，改善教学活动的外部条件。

表 1－1　学生对学校环境的态度

单位：人，%

调查问题	学生层次	选项	频数	百分比
你喜欢你所在学校的环境吗	"3＋2"及"五年一贯制"高职学生	喜欢	230	20.9
		一般	725	65.9
		不喜欢	145	13.2
	高中起点普通三年高职学生	喜欢	312	19.5
		一般	980	61.3
		不喜欢	308	19.3
	应用型本科高校学生	喜欢	2636	51.8
		一般	2319	45.6
		不喜欢	130	2.6

学生对学习生活的满意度，在一定程度上能够反映教学的质量和水平。调查结果表明，"3＋2"及"五年一贯制"高职学生、高中起点普通三年高职学生和应用型本科高校的学生对学习生活感到充实的比例较低，分别为19.4%、15.7%和46.1%。相反，认为不充实的比例则分别高达38.9%、46.6%和5.8%（见表1－2）。总的来说，应用技术类院校学生的学习生活质量令人担忧。

表1－2 对学生学习生活情况的调查结果

单位：人，%

调查内容	学生层次	选项	频数	百分比
你认为你的学校学习生活充实吗	"3＋2"及"五年一贯制"高职学生	充实	213	19.4
		一般	459	41.7
		不充实	428	38.9
	高中起点普通三年高职学生	充实	251	15.7
		一般	604	37.8
		不充实	745	46.6
	应用型本科高校学生	充实	2346	46.1
		一般	2446	48.1
		不充实	293	5.8

调查结果表明，无论是高职院校还是应用型本科高校，不管学生已有的知识能力和学习准备状况如何，学生都较为看重专业知识的重要性。也有相当一部分学生比较重视学习方法，有着学会学习的意愿，这部分学生的年龄偏小，主要以"3＋2"及"五年一贯制"高职学生为主（见表1－3）。

表1－3 对学生学习需求的调查结果

单位：人，%

调查内容	学生层次	选项	频数	百分比
你认为来学校学习什么知识对你最重要	"3＋2"及"五年一贯制"高职学生	掌握专业知识	429	39.0
		完善自己的人格	284	25.8
		学会学习的方法	387	35.2

续表

调查内容	学生层次	选项	频数	百分比
你认为来学校学习什么知识对你最重要	高中起点普通三年高职学生	掌握专业知识	1002	62.6
		完善自己的人格	210	13.1
		学会学习的方法	388	24.3
	应用型本科高校学生	掌握专业知识	2152	42.3
		完善自己的人格	1781	35.0
		学会学习的方法	1152	22.7

（二）理论课程教学活动的开展与组织方式

调查结果表明，学生的课前预习情况整体来讲不容乐观，教师没有要求预习的比例分别达到了 51.7%、28.8% 和 7.3%（见表 1-4）。特别是在高职院校，根据生源的特点，差别明显，虽然高中起点普通三年高职学生比"3+2"及"五年一贯制"高职学生的情况要好，但教师要求学生预习的比例大约只占一半。本次调查，选择的是根据生源特点组班上课的高职院校，若是把对口升学的学生和高中起点的普通班级混合在一起进行教学的班级，估计这个调查结果会更明显。应用型本科高校学生的预习情况整体较好，91.5% 的学生表示老师会要求自己进行课前预习。总的来说，教师对学生的预习要求过低，不利于保障教学质量，

表 1-4　学生的课前预习情况

单位：人，%

调查内容	学生层次	选项	频数	百分比
在理论课课堂教学中，老师是否要求你预习	"3+2"及"五年一贯制"高职学生	有	321	29.2
		没有	569	51.7
		不知道	210	19.1
	高中起点普通三年高职学生	有	805	50.3
		没有	460	28.8
		不知道	335	20.9
	应用型本科高校学生	有	4651	91.5
		没有	371	7.3
		不知道	63	1.2

也难以培养学生的自主学习意识。

　　教师是学生和教材之间的中介与桥梁，教师对教学内容的处理，不仅反映出教师自身的知识储备和教育专业素养，对学生的学习也有直接的影响。调查结果显示，教师对教学内容的处理方式较为传统，仍是以书本知识为主，按照教学内容的逻辑顺序来传递知识（见表1－5）。来自书本之外的教学内容，所占比重过低。然而，现代的课堂教学组织，要求教师的教学既要符合教学内容的逻辑顺序，又要兼顾可接受性的原则和学习者的实际情况，尤其是要注重知识和生产生活实际的联系，以及书本知识在相关行业的应用，按部就班地按照教材照本宣科，对于培养应用型人才而言，显然是不合适的。

表1－5　教师对教学内容的处理

单位：人，%

调查内容	学生层次	选项	频数	百分比
老师讲课的内容都是发的教材上的吗	"3＋2"及"五年一贯制"高职学生	是	598	54.4
		不是	224	20.4
		不知道	278	25.3
	高中起点普通三年高职学生	是	1169	73.1
		不是	261	16.3
		不知道	170	10.6
	应用型本科高校学生	是	2643	52.0
		不是	2397	47.1
		不知道	45	0.9

　　学生是教学活动的主体，教学的效果主要取决于学生做了些什么而不是教师讲了些什么。建构主义提出，知识是学生主动建构的，而不是由教师"教"会的。但调查结果显示，在应用技术类院校的课堂教学中，教师的教学方法仍然主要是讲授法。在三种不同类型的应用技术类院校，认为教师讲授多的比例分别达到了71.1%、78.1%和62.6%（见表1－6）。学生的课堂参与度普遍不高，学生在课堂上自主活动的时间较少，这不利于培养学生的实践能力与创新意识。改变传统单一化的教学方式与学生的学习方式，提高学生的参与度，应当是教学改革的重要

关注点。

表 1-6　教师讲授和学生活动情况

单位：人，%

调查内容	学生层次	选项	频数	百分比
老师讲授和学生活动哪个比例多一些	"3+2"及"五年一贯制"高职学生	老师多	782	71.1
		一样多	198	18.0
		学生多	120	10.9
	高中起点普通三年高职学生	老师多	1250	78.1
		一样多	282	17.6
		学生多	68	4.3
	应用型本科高校学生	老师多	3185	62.6
		一样多	1711	33.6
		学生多	189	3.7

　　课堂上的师生交流，对于促进学生的知识理解、提高教学效果都有十分重要的影响。新课程认为，在课堂教学过程中，教师与学生是平等的主体，学生有权利表达自己的见解和看法，教师应尊重学生的观点并给予学生表达的机会。但调查结果表明，绝大多数学生无法与教师进行平等的交流，教师在课堂上处于优势地位，拥有绝对的话语权（见表1-7），这是应用技术类院校普遍存在的现象。这既不利于学生深入理解教学内容，也不利于培养学生的批判性思维能力和创新素养。

表 1-7　课堂上的师生交流情况

单位：人，%

调查内容	学生层次	选项	频数	百分比
你觉得在课堂教学中可以与老师平等对话吗	"3+2"及"五年一贯制"高职学生	可以	78	7.0
		不可以	874	79.5
		偶尔	148	13.5
	高中起点普通三年高职学生	可以	102	6.4
		不可以	960	60.0
		偶尔	538	33.6

续表

调查内容	学生层次	选项	频数	百分比
你觉得在课堂教学中可以与老师平等对话吗	应用型本科高校学生	可以	1026	20.2
		不可以	3881	76.3
		偶尔	178	3.5

　　合作学习是 20 世纪 80 年代最早出现在苏联的一种教学组织形式，它是由 2~6 名能力、性格等不同的成员组成异质小组，以小组合作学习为核心，穿插组际间的交流，使全班同学对一个问题形成一致认识。其特点是：组内异质，组间同质；任务分割，结果整合；公平竞争，合理比较；分配角色，分享领导；既有竞争，又有合作；个人成绩，影响大局。发展到今天，小组合作学习已经成为一种重要的学习方式，既有利于学生进行知识学习，也有利于培养学生的团队意识和协作能力。调查结果显示，在应用技术类院校的课堂教学中已经较为普遍地运用学习小组，且随着学校层次的提高，成立学习小组的情况也有明显增多。但是，整体来讲，分别有 48.1%、31.1% 和 15.6% 的学生没有参与过合作学习，合作学习的运用有待进一步加强。

表 1-8　课堂上的小组合作学习情况

单位：人，%

调查内容	学生层次	选项	频数	百分比
课堂中，你们是否成立学习小组	"3+2"及"五年一贯制"高职学生	有	276	25.1
		没有	529	48.1
		有时候有	295	26.8
	高中起点普通三年高职学生	有	560	35.0
		没有	498	31.1
		有时候有	542	33.9
	应用型本科高校学生	有	3426	67.4
		没有	793	15.6
		有时候有	866	17.0

　　作为教学对象的学生是各不相同的，教师必须尊重差异，因材施教。但是，调查结果表明，仅有少部分教师对学生的个别差异性有所关注，

教师很关注学生个别差异的比例仅有8.9%、7.5%和21.0%（见表1-9）。差异既是教学的起点，也应当是教学追求的结果。教学应在尊重差异的基础上利用差异，使学生组成异质小组相互协作，优势互补，最终实现个性化发展。

表1-9　对学生差异性的关注情况

单位：人，%

调查内容	学生层次	选项	频数	百分比
老师在课堂教学中关注学生的个别差异吗	"3+2"及"五年一贯制"高职学生	很关注	98	8.9
		一般关注	497	45.2
		不关注	505	45.9
	高中起点普通三年高职学生	很关注	120	7.5
		一般关注	189	11.8
		不关注	1291	80.7
	应用型本科高校学生	很关注	1066	21.0
		一般关注	3099	60.9
		不关注	920	18.1

　　开放的课堂一定是充满不同观点和智慧的，这是高素质应用型人才培养所需要的教学。但是调查结果表明，有相当一部分学生认为老师在课堂上没有鼓励学生表达自己的观点。其中，有26.5%的"3+2"及"五年一贯制"高职学生和高达63.6%的高中起点普通三年高职学生认为自己的老师不会在课堂上鼓励学生勇敢表达自己的观点，而明确感受到教师鼓励学生表达自己观点的比例仅为19.7%、5.4%（见表1-10）。这种现象说明，应用技术类院校的课堂教学还比较传统，教师不善于激发学生的自我表达意愿，提供的自我表达机会有待提高。值得庆幸的是，在应用型本科高校，绝大多数学生表示老师会鼓励学生表达自己的观点。

　　由调查结果可见，在高中起点普通三年高职院校和应用型本科高校，有近半数的教师在布置作业时会征求学生的意见。但整体来看，教师仍然处于主导地位，把布置作业视为向学生安排学习任务，而不是学生主动参与的一个环节，视学生为被动学习者，不相信学生具有自我发展的主动愿望和自我管控能力（见表1-11）。这一点在"3+2"及"五年一贯制"高职学生中表现得更加明显。

表 1 - 10　学生表达观点的机会情况

单位：人，%

调查内容	学生层次	选项	频数	百分比
你印象中，老师经常鼓励同学表达自己的观点吗	"3 + 2"及"五年一贯制"高职学生	会	217	19.7
		少数会	591	53.7
		不会	292	26.5
	高中起点普通三年高职学生	会	86	5.4
		少数会	496	31.0
		不会	1018	63.6
	应用型本科高校学生	会	4455	87.6
		少数会	562	11.1
		不会	68	1.3

表 1 - 11　教师的作业布置方式情况

单位：人，%

调查内容	学生层次	选项	频数	百分比
老师在布置作业时，有征求学生意见吗	"3 + 2"及"五年一贯制"高职学生	有	189	17.2
		少数有	192	17.5
		没有	719	65.4
	高中起点普通三年高职学生	有	762	47.6
		少数有	467	29.2
		没有	371	23.2
	应用型本科高校学生	有	2342	46.1
		少数有	1765	34.7
		没有	978	19.2

（三）实践课程教学活动的开展与组织方式

应用技术类院校的实践课堂，是直接培养学生职业技能、服务学生就业的重要教学环节，但是调查结果发现，无论高职院校还是应用型本科高校，都有相当比例的学生对实践教学的安排不满意，实践教学的参与度不高；部分学生虽然能积极地关注和参与实践课堂，但也有一定比

例的学生不能如期完成实践任务。另外，分别有 61.7% 的 "3 + 2" 及
"五年一贯制" 高职学生、70.6% 的高中起点普通三年高职学生和
24.6% 的应用型本科高校学生认为学校实践课程的课时较少，不能满足
专业实训和职业技能提升的需要（见表 1 - 12）。这些都在一定程度说明
了应用技术类院校实践课堂组织形式不能满足应用型人才培养的需求。

表 1 - 12　实践性课程的教学情况

单位：人，%

调查内容	学生层次	选项	频数	百分比
在实践教学中，你能按时完成老师布置的学习任务吗	"3 + 2" 及 "五年一贯制" 高职学生	能	330	30.0
		少数能	521	47.4
		不能	249	22.6
	高中起点普通三年高职学生	能	600	37.5
		少数能	897	56.1
		不能	103	6.4
	应用型本科高校学生	能	4511	88.7
		少数能	520	10.2
		不能	54	1.1
对于学校安排的理论和实践课程你满意吗	"3 + 2" 及 "五年一贯制" 高职学生	满意	346	31.5
		基本满意	557	50.6
		不满意	197	17.9
	高中起点普通三年高职学生	满意	480	30.0
		基本满意	786	49.1
		不满意	334	20.9
	应用型本科高校学生	满意	2579	50.7
		基本满意	2307	45.4
		不满意	199	3.9
你觉得学校安排的实践课堂够用吗	"3 + 2" 及 "五年一贯制" 高职学生	够	256	23.2
		不够	679	61.7
		不知道	165	15.0
	高中起点普通三年高职学生	够	265	16.6
		不够	1130	70.6
		不知道	205	12.8

调查内容	学生层次	选项	频数	百分比
你觉得学校安排的实践课堂够用吗	应用型本科高校学生	够	3242	63.8
		不够	1249	24.6
		不知道	594	11.7

（四）对学生的指导、管理与评价

课外辅导是教学活动的重要组成部分，对于满足学生的学习需求、提高学生的学习效果具有重要作用。但是调查结果显示，只有极少数的学生反映学校提供了课外辅导，绝大多数学生在学习遇到困难时，得不到教师应有的帮助和指导。分别有 89.5% 的"3＋2"及"五年一贯制"高职学生、73.7% 的高中起点普通三年高职学生和 59.6% 的应用型本科高校学生表示学校没有安排课外辅导（见表 1－13）。因此，重视"辅助课堂"的组织和积极作用的发挥，应成为应用技术类院校教学改革的方向和趋势。

表 1－13　对学生的课外辅导情况

单位：人，%

调查内容	学生层次	选项	频数	百分比
课程学不会的时候，学校有安排课外的辅导吗	"3＋2"及"五年一贯制"高职学生	有	14	1.3
		没有	985	89.5
		不知道	101	9.2
	高中起点普通三年高职学生	有	136	8.5
		没有	1179	73.7
		不知道	285	17.8
	应用型本科高校学生	有	1277	25.1
		没有	3032	59.6
		不知道	776	15.3

调查结果表明，为了锻炼学生的应用能力和技能水平，应用技术类院校基本上都能够给学生提供展示的平台。存在的问题是，展示平台的数量较少，还不能满足学生专业成长和发展的需要。分别有高达 89.9% 的"3＋2"及"五年一贯制"高职学生、73.1% 的高中起点普通三年高

职学生和25.2%的应用型本科高校学生认为学校提供的自我展示平台不够多（见表1-14）。

表1-14　学生的自我展示平台情况

单位：人，%

调查内容	学生层次	选项	频数	百分比
你觉得学校给你提供展示的平台够了吗	"3+2"及"五年一贯制"高职学生	有	102	9.3
		平台不够多	989	89.9
		没有	9	0.8
	高中起点普通三年高职学生	有	156	9.8
		平台不够多	1169	73.1
		没有	275	17.2
	应用型本科高校学生	有	3654	71.9
		平台不够多	1278	25.2
		没有	153	3.0

对于期末考核形式，调查结果表明，教师是考核形式的主要决策者，学生的意愿和观点得不到老师的倾听（见表1-15）。根据多元评价的理念，在教学过程中，学生不仅是教学效果的体现者，也是重要的评价主体，教师如果能够吸纳学生对考核形式的意见，就可以设计出更好的考核体系。

表1-15　教师的期末考试情况

单位：人，%

调查内容	学生层次	选项	频数	百分比
在期末考试的形式上，老师有征求你们的意见吗	"3+2"及"五年一贯制"高职学生	有	239	21.7
		偶尔有	347	31.5
		从没有	514	46.7
	高中起点普通三年高职学生	有	356	22.3
		偶尔有	560	35.0
		从没有	684	42.8
	应用型本科高校学生	有	1523	30.0
		偶尔有	1806	35.5
		从没有	1756	34.5

调查结果表明，在应用型本科高校，绝大多数教师都能依据综合表现来对学生学习情况进行评价。但在中专和高职院校，对学生的评价仍然是沿用传统的评价方式，将学生的学习成绩作为主要的评价指标，而学生其他方面的素质较少受到关注而未被纳入评价体系当中（见表1-16）。因此，转变高职层次应用技术类院校的教学观念，尤其是评价理念迫在眉睫。

表1-16 教师的课堂评价标准

单位：人，%

调查内容	学生层次	选项	频数	百分比
在课堂上，老师经常用什么标准对同学进行评价	"3+2"及"五年一贯制"高职学生	学习成绩的好坏	589	53.5
		纪律	453	41.2
		综合表现	58	5.3
	高中起点普通三年高职学生	学习成绩的好坏	1289	80.6
		纪律	201	12.6
		综合表现	110	6.9
	应用型本科高校学生	学习成绩的好坏	400	7.9
		纪律	182	3.6
		综合表现	4503	88.6

二 应用技术类院校课堂教学组织存在的问题

（一）教学方式无法满足人才培养需求

调查结果显示，有较高比例的学生认为在应用技术类院校的课堂教学中，教师仍然拥有绝对的话语权，居于权威地位，扮演着知识传授者的角色，整体上主宰着课堂教学，而学生扮演着被动的知识接受者的角色，学习的积极性不高，主动学习的愿望受到传统课堂教学组织的限制。课堂教学深受"传统教学论"的影响，"以教师为中心""以教材为中心"，采用集体"授受"的组织形式，教学空间封闭，教师讲解成为课堂的主旋律，在教师权威面前学生没有自主选择的权利，在整个教学过程中扮演"海绵"的角色，被动地无条件接纳。

　　应用技术类院校想要提高教学质量，走内涵发展之路，迫切需要提升学生课堂教学的参与度，激发学生主动学习的意愿，培养学生良好的学习习惯，彻底改变学生在学习过程中的"被动"地位。而实现这一转变的关键是改革与优化课堂教学组织，构建以学生终身学习能力和职业技能培养为目标，以师生合作为基本活动形式，彰显学生主体地位的全新教学组织形式，造就合格的社会主义现代化建设人才。

（二）实践课程教学组织较为薄弱

　　调查发现，应用技术类院校中的实践课程比重普遍偏低，实践性教学活动的组织不能很好地满足学生技能提升的需求。应用技术类院校以培养高素质技能型人才为主，服务于地方社会经济的发展，注重对学生专业素养和专业能力的双重培养，这就要求在教学中要以就业为导向，"从工作岗位的需要出发组织教学内容，且要注重基础、淡化理论、够用为度、注重实用"①。应用技术类院校的教学目标设置，应当充分考虑行业或职业对人才素养的要求，以经济社会发展为基础，理论课和实践课的课时比例力争达到 1:1，提倡"理实一体化"教学，重视学生动手能力的培养，以提高学生实际应用知识的能力。

（三）教学评价模式有待完善

　　应用技术类院校的教学评价体系也存在颇多问题，其中表现较为突出的是单纯的知识理论考核仍占很大比例，无法客观有效地反映出学生的专业知识、技能水平和教师的真实教学效果，缺乏全面、系统的考核体系。② 在实际教学评价中，多数应用技术类院校没有很好地把握住教学评价的内涵，功利主义观念严重，教学评价多以模式化方式进行，"重结果，轻过程"的目标评价模式最为常见。该评价模式是在泰勒的评价原理和课程原理基础上形成的，关注的重点在课堂教学实际效果上，而较少关注学生在学习过程中的表现。该评价模式不能客观真实地反映教学中的短板，不能给教师和学生提供全面、有效的教学反馈信息，影响

---

① 朱德全、张家琼：《职业教育课程与教学论》，西南师范大学出版社，2010，第46页。
② 景韵：《高等职业学校教师课堂教学敏感研究》，博士学位论文，西南大学，2014，第44~49页。

教学效果的提高。现有教学评价模式存在的问题主要表现在以下四个
方面。

第一，课堂教学评价的量化指标设计缺乏系统性、权重不合理，不
能客观、全面地反映学生的学习质量和效果。一是偏重对学生知识掌握
程度的评价，忽视对学生专业情意、学习态度等的评价；二是教师在对
学科知识重点、难点的掌握中忽视了信息化教学设计，未能体现科技发
展的最新成果；三是课堂教学内容与学生专业实践的联系不够紧密，教
学评价偏重于课堂教学内容的掌握，对未来能否应用于实际工作关注
不够。

第二，评价指标设计片面化和程式化，关于探究性、发展性和应用
拓展方面的评价指标设计少之又少，致使教师在授课过程中功利心理太
强，教学过程急于求成。评价体系对应用技术类院校学生专业学习效果
评价的指标设定也有很多不当之处，多数学生学习效果的好坏主要是由
学生期中考试或者期末考试的卷面成绩来决定，考核的内容依然设定在
学生对所学理论的掌握上，至于学生实践动手操作能力的考评则往往被
忽视。这种指标设计仍偏重理论教学，缺乏对学生职业素养和实践操作
技能的有效评价指标，难以真实、客观、准确地反映应用技术类院校学
生实际的专业学习情况。

第三，评价结果仅用于评价学生学习情况，没有及时反馈给学校相
关部门，没有对教师在教学过程中遇到的问题迅速给出有效的解决措施。
并且，该评价方式多为教师主观性的人为操作，缺乏客观、科学的操作
程序，评价结果的合理性与真实性难以得到保障，与之相关的数据也不
能得到科学的分析处理，未能充分发挥课程与教学评价的反馈和调节
功能。

第四，评价目的缺乏科学的思考。"终结性"的课程教学评价，不
是为应用技术类院校教学的转型发展而设定。此评价体系难以发挥教学
评价的诊断性作用，对应用技术类院校教学效果的提高不能起到良好的
促进作用，未能充分体现评价促进学生发展和教师专业发展的目标，违
背现代发展性评价的理念。

三　问题产生的原因分析

（一）生源质量下降加重理论课程的教学负担

生源是指考生的来源地区，生源质量则是指考生的综合素质高低，一般用考生入学时的分类来衡量。生源质量受考生来源地区地理环境、文化传统、教学质量，学生群体的素质状况，个体的心理差异、学习成绩诸多因素的影响。生源质量决定着高校教育的起点高低，因此，生源质量也是应用技术类院校教学质量和人才培养质量的基础，是一切教学活动的出发点，直接影响着学校教学质量和人才培养质量的提高。在教育教学过程中，教师是主导，学生才是学习的主体，是影响人才培养质量的内因，教师、学校环境、学校文化、人才培养模式等外因必须通过内因才能发挥作用。从这个意义上来说，应用技术类院校人才培养质量很大程度上取决于生源质量。

近年来，在应用技术类院校中，职业类院校的生源质量令人担忧。尤其是应用型高职院校，有近80%的生源来自农村，一般是由于高考成绩较差才选择了高职院校，综合素质较低。这类学生在思想上求学的功利性比较明显，主要是以获得文凭和求职为主要目的；在知识结构上，基础知识和基本技能掌握得不扎实，思维水平较低；在学习态度上，厌学心理比较强烈且比较普遍；在师生关系上，在基础教育阶段大多数学生属于被老师边缘化的群体，很少得到老师的关注和肯定，更有部分学生对老师的批评已经习以为常。

应用型本科高校的生源质量虽然明显优于高等职业类院校，但随着我国高等教育大众化的到来和高等教育普及化的逐渐逼近，高校录取的比例不断提高，很多地方应用型本科院校的生源质量已经大不如前，很多考生由于基础教育阶段知识掌握得不扎实，自主学习能力欠缺，导致其在大学阶段学习困难。生源质量的下降也给教学管理带来了一系列问题，由于生源质量不一，老师很难确定学生的学习起点，无法因材施教。部分学生虽然考上了大学，但缺乏积极的学习动机和端正的学习态度，导致散漫、浮躁、懈怠、厌学等不良学习风气在校园当中蔓延，并由此导致应用型本科教学质量下降。

人才培养目标是高校教学的出发点和归宿，人才培养目标又需要依据职业和行业的需求来确定，因此，职业教育教学内容的选择既要依据人才培养目标，又要考虑职业的需求。随着经济的发展，社会日新月异的变化，我国职业教育教学内容选择范围在演变。"在知识本位教学价值观的指导下，我国职业教育教学内容选择范围主要是各种学科知识，而随着能力本位教学价值观占据职业教育教学指导思想的主导地位，职业教育教学内容的选择范围发生了较大的变化。其中，最为突出的是职业活动或者说经验成为职业教育教学选择的重要内容。"① 育人先育心，"人的成长，依靠直接经验和间接经验，而在接受教育期间，主要依靠间接经验。因此教学内容的选择，是从人类间接经验中，选择适合于学生学习特征和成长需要的经验。人类积累的经验以理论知识体系、技术方法体系和职业活动体系存在着，是人类经验的三大宝库。因此，职业教育教学内容应从理论知识体系、技术方法体系和职业活动体系中进行选择"②。在新时代背景下，我国的数字化资源异军突起，伴随着"人人建设资源，人人享有资源，人人善用资源"的发展现状，尽管已经出现"网上走班"的育人新模式，但是面对职业院校的生源特点与学情基础，应用职业类院校学生缺的不是可用的知识资源，而是学生学习兴趣的培养、学生断层知识的"包扎缝合"、学生学习目标的有效分层指导、学生学习的路径高效组织以及学生自主学习能力的培养。只有在此基础上，学生才能掌握扎实系统的专业知识，从而滋养其思考能力和创新能力的不断提高，为学校的理论课程教学组织减压减负。

（二）"双师型"教师缺乏造成理论和实践失衡

"双师型"教师是指既具备教师任职资格又具备相关行业从业资格，既具备理论教学素质也具备实践教学素质的教师。2014 年 9 月 9 日，习近平到北京师范大学看望教师学生时的讲话中提到："百年大计，教育为本；教育大计，教师为本。"在国家加强职业教育发展和地方本科院校向应用型高校转型的背景下，可以说"双师型"教师的数量和质量是影响

---

① 邓泽民：《我国职业教育教学内容及其组织的演变》，《山西大学学报》（哲学社会科学版）2012 年第 4 期，第 120 页。

② 邓泽民：《职业教育教学论》，中国铁道出版社，2012，第 11 页。

应用技术类院校教学质量的核心要素。

应用技术类院校要培养高素质的应用型人才，必须重视学生专业素养和专业能力的培养，要求理论与实践同步，实现"理实一体化"。但在现实中，学生掌握的理论知识和实践过程是不同步的。在理论课上，教师为了知识传授的效率，往往倾向于追求讲课速度和知识容量，并由此忽视对学生内在学习动机的激发、学习兴趣及自主学习能力的培养，从而导致学生的职业认同感不高，职业定向相关知识的学习兴趣不浓，课堂气氛不活跃，师生互动少，有效的沟通交流被截断，良性循环被破坏，个别学生在学理论知识的时候就已经厌倦了自己的专业，导致在实践环节不能积极动手操作。

要想改变以上现状，实现"理实一体化"，就需要大量的"双师型"教师。由于缺乏"双师型"教师，应用技术类院校的教学过程很少能从学生整体素质发展出发，学生的个性发展受到阻碍，教学目标脱离专业的实际操作技能，其直接结果是理论学习对学生实际操作能力的帮助不够，学生的综合能力和企业发展要求相结合的目标被搁置一边。另外，人才培养大多局限于课堂的教学过程，对校企合作及实习实训基地的有效利用不够，授课教师虽理论知识丰富但动手能力不强，使其教学中先理论后实践形成思维定式，因而急切需要加强"双师型"师资队伍建设来解决这一问题。

第二章　参与式课堂教学组织的
理论基础

应用技术类院校要深入实施参与式课堂教学组织形式，提高课堂教学效率和教学质量，就要掌握参与式教学组织的相关理论，然后把这些理论运用到课堂教学实践中，指导课堂教学顺利有效开展，进一步提高教育教学质量，提升学校办学质量和育人水平。

一　参与式课堂教学组织的内涵及特征

（一）参与式课堂教学组织的内涵

一般认为，参与式教学是指"在自由、民主、宽松和宽容的课堂气氛环境中，师生平等，学生发挥自身的积极性，全神贯注参加每一个教学环节，从而实现教学相长的一种教学形式"[①]。

（二）参与式课堂教学组织的特征

作为一种新生形态的参与式教学，它有别于传统教学，具有以下基本特征[②]。

1. 生成性

参与式教学是由师生一起发起，齐心协力，同向而行，大家共同参与的一种生命实践活动，活动内容和领域广义上包括师生的日常课堂生活、校园生活以及校外社会生活等。

2. 开放性

开放性是指参与式教学的组织实施过程以及教学目标达成是开放的、多元的，没有所谓的"标准答案"和条条框框的"教条"，它能兼容并

---

① 郑金洲：《参与教学》，福建教育出版社，2008，第 14 页。
② 郑金洲：《参与教学》，福建教育出版社，2008，第 15~20 页。

蓄和传授更丰富的教学内容，不拘泥于一种或传统的教学方式方法，特别是实施领导评教、同行评教和学生评教等多种教学考评方式。

3. 合作性

师生在参与式教学中的"参与"，不是传统课堂中偶尔的、"问答式"、单打独斗式的活动，而是以小组活动、小队活动、团体分组活动的形式来呈现，每位同学既可以畅所欲言，勇敢表达自己的观点，也可以认真倾听，听取其他同学的想法，培养其合作意识和团队精神。

4. 全体性

顾名思义，全体性是指参与式教学强调班级所有学生的全员参与，"一个也不能少"，而不只是常见的"优等生""特长生"的课堂表演。这体现了参与式教学的平等性。

5. 全面性

全面性有三层内涵，一是学生可以全程参与教师每个教学环节的设计，而不是只被允许参与"课堂提问""教师作业批阅"等部分环节；二是学生参与课堂教学必须自觉主动，全身心投入，不能心不在焉；三是教师虽然是教学活动的组织者和指导者，发挥着主导作用，但是也必须俯下身来，和学生一起参加"教学联欢"活动，然后进行教学总结和教学反思。

6. 宽容性

宽容性是指参与式教学反对教师"一言堂"和唱"独角戏"，而是通过创建宽松和谐、严肃活泼的课堂气氛，允许每个学生都有在课堂上下独抒己见的机会，并且宽容和理解每个学生的观点和答案都有试错、不周全的权利，从而培养师生的谦卑态度、尊重知识和理解他人的共情意识。

在具体的课程教学中，参与式教学方法的特点可概括为四个方面："开放的教学内容；提问式的讲课；无标准答案的习题；论文形式的考试。"①

---

① 过增元：《提倡参与式教学　强化创新意识》，《中国高等教育》2000 年第 6 期。

二　参与式课堂教学组织的类型

（一）根据学生学习的实质形式，分为静默观察式参与教学、发现式参与教学和超越式参与教学

1. 静默观察式参与教学

静默观察式参与教学是学生参与课堂教学的主要形式，学生在教学中以静默观察状态参与到教育教学活动中。我国传统文化把"讷于言而敏于行""智者不言、言者不智"的儒家传统作为一种美德来看待，静默观察也是课堂互动交流的一部分，是学生学习的一种方式，不应将传统教师讲授教学与参与式教学截然对立，以避免对传统课堂教学进行极端批判而出现矫枉过正的现象。

2. 发现式参与教学

发现式参与教学是一种基本问题学习的教学方法，在教学过程中教师不是将学习的内容直接提供给学生，而是向学生提供一种问题情境，引导学生积极思考，自行发现并掌握相应的原理和结论的一种教学方法。发现式参与教学体现了追求科学实证的真理精神，强调培养学生的好奇心、兴趣和探索的科学精神，坚持过程重于结果。"问题树""决策图"等"头脑风暴法"是发现式参与教学最为典型和有效的方法。

3. 超越式参与教学

在超越式参与教学中，学生的学习不是对既有知识的重复、背诵和复习，而是通过深度学习对学习领域进行拓展和挖掘，同时也是对给定知识的拷问、质疑、批判，进而有所创新，并形成自己的观点。超越式参与教学看重的是批判性思维，这是创造性思维的必由之路，鼓励学生去发问、思考、辩论，敢于表达自我、质疑权威和挑战传统。

（二）根据学生参与的教学策略分为项目参与式教学、小组合作教学、情境体验教学、交流展示教学

1. 项目参与式教学

顾名思义，项目参与式教学，是指学生参与课程模块或项目研究，教师以解决现实中的应用性问题为目标和核心讲授内容。学生分组后既参加教学过程也参加科学研究过程，通过多种多样、不拘一格的教学手段，在环环相扣、步步深入的教学环节中，培养自己发现问题、反思问题和解决问题的基本科学素养。如某学校"风景园林设计"课程，一个学期 72 个学时的课程被分成小庭院设计、城市广场及绿地设计、居住区设计、滨水及湿地综合景观设计四个设计项目，为学生的学习设置了真实情境，每个设计项目又分为任务布置、知识储备、项目调研、项目讨论与概念设计、详细设计、项目汇报、成果展示七大实施步骤，让学生能够真正掌握风景园林设计的基本理论和实操技能。

2. 小组合作教学

小组合作教学是世界各国普遍采用的一种教学组织形式，就是把学生组成若干合作学习小组，针对同一或不同学习任务，通过开放性的互动交流和"头脑风暴法"，兼容并蓄，集思广益，来刺激学生共同学习。和团体体育比赛一样，小组合作教学不是以个人成绩，而是以最终的小组或团体总积分为衡量标准，通过合作和竞争，一起完成教学目标的一种教学组织形态。在小组合作教学之前，教师应充分了解学生的能力、气质特征，根据需要采取同质分组、异质分组或随机分组。学生需要对学习内容进行预习，形成独立见解。学生之间应该建立监督互助体系，保证每一名学生都能勇于发言。小组合作过程需要处理好效率和时间的关系，把握参与的深度和广度，积极引导学生合作，必要时提供帮助。合作小组组长应起到带头引领作用，鼓励全组人员积极参与活动，记录员应及时记录活动状况，保证每个人都有发言机会。汇报员应及时总结全组观点，清晰且富有逻辑地进行陈述。

3. 情境体验教学

情境体验教学是根据教学目标、教学内容要求，创设类似现实情境，使学生身临其境，进而激发学生学习动机，积极参与学习活动、掌握相关知识、解决问题、形成技能和能力的一种参与式教学方式。情境体验教学最常见的一种方式是案例教学。在案例教学中，学生在教师的指导下，根据自己已经掌握的知识技能理论对案例进行分析和思考，提出自己的观点和对策，从而掌握知识技能，形成良好情感、态度和价值观。例如，某学校开设的艺术实践类通识核心课程"合唱"，课程主讲教师带领学生举行教学汇报音乐会，学生在演绎经典曲目这一情境中体验艺术的魅力。

4. 交流展示教学

交流展示教学是教师和学生经过相关研究后，将取得的成果进行交流展示的一种常见的参与式教学。学生在交流展示的过程中互相交流、互相学习、不断进步。交流展示教学有利于提升学生不断探索、积极解决问题的能力。交流展示的类型很多，包括文本展示、多媒体展示、实物模型和数据模型展示、实验报告和研究报告展示、艺术创作和才艺表演等。

三　参与式课堂教学组织的理论依据

参与式教学不仅是一种新兴的现代教育理念和教学形态，而且具有科学性，体现在它有哲学、心理学和教育学等多学科的相关理论依据。

（一）哲学依据

教育教学与哲学始终关系密切，如影随形，相辅相成。美国著名哲学家、教育学家杜威曾经说过："哲学是教育的一般理论，教育是哲学具体化并受到检验的实验室。"[1] 因此，现代教育教学也多从"教育哲学"[2]的学科视野和理论高度来思考、解决课程与教学论等问题。尤其是现象学和实用主义哲学作为参与式教学的主要理论基础，从不同维度论证了参与的重要性和意义。

1. 现象学

现象学是一种当代哲学理论，它强调："首先要把世界看作一个现象世界或感观世界、感性世界，而不是一个具有本质、规律的世界。通过主体间的彼此对话和行为合作，解放思想，突破主客观、理论与现实的二元对立认识论。对话和行为实践成为解释大千世界的唯一途径，每个人都需要尊重和理解他人的观点、主张和建议。这个过程使得传统认识世界的条件和根据有所改变，除了要重视思想理论的指导作用，还要重视直接的、间接的经验验证作用。同时，现象学强调人的行为'意义'和'对话'，认为人们对世界的解释不仅是现在的认知，而且是对过去、

---

① 杨汉麟、周采：《外国幼儿教育史》，广西教育出版社，1993，第213页。

② 《教育哲学》编写组：《教育哲学》，高等教育出版社，2019。

现在、将来的历时性长期思考，是不同认知主体及其不同视野之间的集成；学习者从中得到最大限度的类似'圆桌会议'的对话机会，展现和协商交流彼此对世界的不同认识，使个人的发言权得到了尊重，个人的生活经验和一己体悟被认为是他人宝贵的学习资源。"[1]

2．实用主义哲学

实用主义哲学认为，知识不仅来源于人类的社会劳动实践，而且反作用和指导劳动实践的开展，即"理论指导实践"。实用主义的教育观也非常重视沟通、交流、谈判、协商等"对话教学"行为在教育中的价值意义，强调人类经验的获得以及增长方式是通过人际互动和互帮互助式参与来完成的。美国著名教育学家杜威的实用主义思想及其阐述的"从做中学"教育教学原则认为，教育就是对人类经验的重组与改造，这为儿童"活动课程"（或称"经验课程""隐性课程"）尤其是参与式教学提供了直接的理论依据。他所倡导的"五步教学法"，更是被教育学界广泛认为是参与式教学一种比较系统、实操性较强的教学模式。

（二）心理学依据

从心理学视野来看，参与式教学的科学性主要体现在人本主义、建构主义及多元智能理论的支持。

1．人本主义

通常来讲，人本主义即"以人为本"，关注人、理解人、尊重人，帮助实现人的发展或使天性解放，强调人的价值诉求和基本需要的实现，发挥人的潜能、天赋和兴趣特长。人本主义在参与式教学中体现为，教师要认真研究学情，关注学生在课堂参与中的思想动态和真情实感，并为此创造严肃活泼、宽松自由的教育气氛，引导学生获得满足、充实和愉快的学习体验，使学生具有存在感和获得感，并不断挖掘学生潜能，增加其自信和成功体验，促进创造力的发挥。

2．建构主义

建构主义强调学习者的最初经验以及经验积累，认为知识是社会个体与外在环境彼此影响，从而获得价值意义的结果；认为有意义的学习不是靠死记硬背，重复应试教育，而是学生积极主动的知识建构活动，

---

[1]　陈向明：《在参与中学习与行动》，教育科学出版社，2003，第180页。

注重以"学习者为中心"的集体互动合作式学习方式。参与式教学也非常重视学生作为学习"主人翁"的主体性，并且提倡发散性思维和联想式学习，如"头脑风暴法"和思维导图法，并为学习者提供多种多样的学习资料，使其实现教学目标和为重难点服务，让学生通过集体学习和互动交流，主动构建自己的知识体系及观点主张。

3. 多元智能理论

该理论由哈佛大学教育研究院的发展心理学家霍华德·加德纳（Howard Gardner）在1983年提出。他认为，以往人们对智力的解释和测评过于狭窄，注重人的数理计算能力，以偏概全不能精准反映一个人的综合能力和特长。强调智能是人在特定的挑战性环境中，发现和解决问题的一种创造能力。一般来讲，每个人都拥有潜在的九种基本智能：言语智能、视觉智能、逻辑智能、音乐智能、身体智能、交往智能、观察智能、内省智能和存在智能。[①] 多元智能理论倡导一种探究性学习方式，关注学生的内在主观体验，提倡一种既自主创新又合作交流的学习方式。而参与式教学恰好是一种适合发现和发展学生观察能力、推理能力、记忆能力、空间能力、想象能力等"最强大脑"思维雷达图展示的多种智能的教学新模式。通过思维训练和能力演练，参与式教学不但关注学生的多种智能自我评估和发展，而且关注智能间的相互促进和相辅相成，具有传统教学所不具备的比较优势和综合优势。

（三）教育学依据

1. 主体性教育理论

马克思在探讨人的本质时指出：主体性是人作为实践主体的主体性，是人作为活动主体在对客体的作用过程中所表现出来的能动性、自主性和自为性。[②] 其中，能动性侧重于主体能力，表现为主体活动的自觉选择和创造；自主性侧重于主体权利，表现为主体对活动诸因素的占有和支配；自为性侧重于主体目的，表现为主体活动的内在尺度和根据。[③] 重视学生的主体性培养，是西方近现代教育的一个重要特征。就教育理

---

① 沈致隆：《多元智能理论之父加德纳》，山西人民出版社，2016，第71～89页。
② 袁贵仁：《马克思的人学思想》，北京师范大学出版社，1996。
③ 金佩华、李亚萍：《试论大学生主体性教育的意义及途径》，《高等农业教育》2002年第8期，第19～21页。

论而言，德国的冯堡在 19 世纪就提出了学生主体思想，美国的杜威强调高校德育的实用性与实效性，重视现实主体参与式的人格培养方式。

主体性教育是 20 世纪 80 年代以来在我国兴起的一股教育思潮，是针对传统教育中严重忽视人的主体性发展问题而提出来的。"主体性教育是致力于培养与提高学生主体性的教育，视学生为正在成长的主体，充分尊重学生，充分发挥师生主体性，使每个学生都得到全面、自由、充分的发展。"① 主体性教育是以教育的主体性方式建构受教育者主体性的过程。这一表述有三重规定："一是从教育的本体功能和教育目的看，教育是建构受教育者主体性的活动，我们称之为主体性的教育；二是从实现教育的功能和目的的方式来看，作为建构人的主体性的教育活动自身具有主体性，我们称之为教育的主体性；三是从教育活动的开展来看，主体性教育是一种主要的教育原则。"② 有学者评价，"主体性教育理论是一种时代的哲学，是本体的、价值的和实践的，它促进着中国教育思想和实践由传统向现代转型，已经成为我国教育改革的主要指导思想"③。参与式课堂教学组织倡导让学生积极参与教学计划制订、教学过程规划，以及拥有对教学评价的发言权和决定权，这些皆为尊重学生主体性的体现，有利于学生主体性的有效发挥。

2. 主体间性教育理论

主体间性主要有五个方面的含义：第一，主体间性意味着双方或多方主体的共同了解，不仅了解自我，而且了解"他我"；第二，主体间性意味着交往双方的彼此承认，承认"他我"与自我有相同的地位和权利；第三，主体间性意味着交往双方的人格平等与机会平等，反对强制和压迫；第四，交往双方必须遵守共同认可的规范；第五，主体间性意味着主体与自然界的和谐。主体间性充分、自由地发展即成为"类主体"。"类主体"强调的是人类的主体性，它是主体性发展的最高形态，是人与自然、人与社会、个人与类之间的真正统一。④

相应地，主体间性理论认为，封闭的"单子式"的存在，不是人的

---

① 张广兵：《参与式教学设计研究》，博士学位论文，西南大学，2009，第 31 页。
② 黄崴：《主体性教育论》，贵州人民出版社，1997，第 102 页。
③ 黄崴：《主体性教育理论：时代的教育哲学》，《教育研究》2002 年第 4 期。
④ 王锐生、陈荷清：《社会哲学导论》，人民出版社，1994，第 155 页。

本质的存在方式，主体间性才是。换言之，他人既不是外在的客体，也不是别人实现个人目的的工具，他人是与"我"一样有目的和对自由向往的人，是一个"他我"。"我"与"他"的关系不是"人对人是狼"的关系，而是一种"我与你相遇"的关系，是一种共在关系。主体间性理论意图通过强调人与自我、与他人、与社会、与自然、与世界的和谐关系，使人与世界重新获得意义，最终获得自由。① 有学者评价，"主体间性理论标志着人类思维范式的转向，即由传统的认识论思维转化为人类学思维方式，只有用人的方式理解人，人才能从根本上改变对自己和他人的看法"②。主体间性理论所带来的思维变化和实践变化，必然深刻影响到我们的教育观、学生观以及现代师生关系观。

主体间性教育是针对非主体性教育和个人主体性教育提出来的。其核心思想是：一方面强调承认并尊重受教育者在教育活动中的主体地位，以促进个体主体性的提高与发展；另一方面又是对主体性的超越，引导教育主体的主体人格向主体间性人格的提升，正确认识和处理人与自然、人与社会及自我与"他我"的关系，教育回归"生活世界"。因此，主体间性教育的主要特征体现在：教育目的表现为"主体共同体"主义；教育过程是师生间以教育资料为中介的交往活动；课程设置上呈现"人化"的特点，寓人格发展、人性关怀于一体。③ 主体间性教育理论既超越了主体性理论的自我化倾向，倡导一种主体间的共同性，又保留了个人主体性本身的根本特征；既不泯灭个人主体性，又强调整体性和和谐性的存在。这些对于应用技术类院校参与式教学中的全员自主参与、平等合作与交流分享、相互评价和协同创新等具有一定的理论指导价值。

3. 深度学习理论

一般来说，学习的层次可分为表层学习、浅层学习和深度学习。表层学习是在具备学习基本要素的前提下，学习者对学习内容进行全面了解和掌握的过程。浅层学习是在表层学习的基础上，学习者能自主加工

---

① 曹小艳：《主体间性教育论纲》，硕士学位论文，江西师范大学，2005。
② 邱德雄、姜新生：《现代教育的转向：主体间性教育》，《湖南师范大学教育科学学报》2009 年第 6 期。
③ 尹艳秋、叶绪江：《主体间性教育对个人主体性教育的超越》，《教育研究》2003 年第 2 期。

甚至尝试建构的过程。而深度学习是从浅层学习上升到一个更高的学习境界的表现。"深度学习缘起于人工智能中多层神经网络的机器学习方法，进而引申至教育学领域成为近来提倡的深度学习。教育学意义上的深度学习，其主要目标是培养和提升人的高层次的思维和问题解决能力。相关的学习策略主要包括研究性学习（或科学探究）、多维表征学习、有思考的做中学、主动学习，等等。从实践层面上来说，深度学习不只是 hands on（动手），更重要的是 minds on（动脑）。"[①]

从教学过程的完整视角来看，深度学习是指"在教师引领下，学生围绕着具有挑战性的学习主题，全身心积极参与、体验成功、获得发展的有意义的学习过程"[②]。该定义揭示了深度学习的重要特征——学习内容的深度、学生的高参与度以及学习结果的积极意义，并对教师引导学生深度学习的作用给予高度肯定。与中小学相比，大学教学的特征主要体现在：大学教学目标是培养具有专业知识技能的高素质人才；大学教学内容具有学术前沿性和职业倾向性；大学教学与科研紧密结合；大学师生在教学关系上具有相对独立性；大学教学与实践的联系更为紧密。[③]因此，深度学习追求深度思考，学习策略包括研究性学习、"做中学"、主动学习等，尤其是它考虑到人工智能、"互联网＋教育"等时代背景，对应用技术类院校大学生参与式教学具有重要的理论指导意义。当然，这里深度学习的"深度"是相对的，既要考虑学生的知识基础和可接受度，同时又要求教学具有一定的学业挑战性，通过学生的自主学习和教师的精心辅导，实现学生的"最近发展区"。

---

① 冯嘉慧：《深度学习的内涵与策略——访俄亥俄州立大学包雷教授》，《全球教育展望》2017 年第 9 期。

② 黎琼锋：《导向深度学习：高校课堂教学改革的路径》，《现代教育管理》2020 年第 3 期。

③ 徐辉、季诚钧：《大学教学概论》，浙江大学出版社，2004，第 118～128 页。

第三章 参与式课堂教学组织模式建构

培养学生的创新精神和参与能力不仅是新时代对教育的新要求，更是应用技术类院校人才应具备的核心素养。课堂是培养学生创新精神和参与能力的主渠道，主体参与、创新能力是课堂教学的主旋律，参与式课堂教学组织模式的提出和应用，对改变传统课堂教学模式具有重要的现实意义。

一 参与式课堂教学组织模式的提出

2017 年 12 月，国务院办公厅印发《关于深化产教融合的若干意见》（国办发〔2017〕95 号），提出"面向产业和区域发展需求，完善教育资源布局，加快人才培养结构调整，创新教育组织形态，促进教育和产业联动发展"。建立校企协同合作育人机制，"充分调动企业参与产教融合的积极性和主动性，强化政策引导，鼓励先试先行，促进供需对接和流程再造，构建校企合作长效机制"。2018 年 2 月，教育部等六部门印发了《职业学校校企合作促进办法》（教职成〔2018〕1 号）的通知，指出要在宏观层面上破解职业学校和企业"两张皮"现象，坚持以产业需求为根本指导方针，积极促进并深化校企合作，深度融合教育链与产业链、人才链与创新链，使"产教融合"成为教育学研究的一个新领域；文件同时要求在中观层面实现学校与企业"双主体"办学，坚持以协同育人为导向，"双主体"共同参与人才培养，使得"产教融合型企业"成为一种与学校具有同等地位和功能的教育机构，这无疑大大扩展了教育学关于教育机构的理解；而在微观层面，则要求摒弃"二元论"校企合作模式，瞄准劳动力市场，洞察市场需求，据此设定专业建设、科学研究、产业发展研究标准，稳妥建立完善的专业体系、课程体系、教学体系，明确课程教学标准，积极开发建设优质教材。2018 年 9 月 10日，习近平总书记在"全国教育大会"上提出，需要不断完善教育服务经济社会发展的本领，继续调整优化高校类型结构、学科结构、专业结构，稳步推进高校区域协调发展，形成良性的学科专业动态调整机制。李克强总理在提到职业教育时指出，鼓励社会各界办好职业院校，坚持以市场为导向，服务发展和促进就业平衡发展，加强产教融合、校企合作，培养数以百万计的高素质、高技能劳动者，中央领导同志的重要讲话精神对应用技术类院校的办学给出了方针上的指引。

根据目前应用技术类院校教学现状，要想解决学校办学与企业发展互相分离的体制机制，就需要不断开拓创新，努力实现教育链、人才链与产业链、创新链的深度融合，提高教学质量，而要想提高应用技术类院校的教学质量，就必须不断改进和完善教学组织策略。当前，全国很多应用技术类院校积极响应国家的号召，坚持市场需求原则，积极争取地方政府的支持，根据学校自身发展状况，明确以就业为导向，产业技能教育与学生综合素质为目标，充分调动全校教职员工全员参与的积极性，改革传统的课堂教学组织形式，形成了行动导向教学模式、多元智能教学模式、项目驱动教学模式、案例教学模式、参与式教学模式等多种新型教学模式，特别是参与式教学模式有效提升了课堂教学效率，人才培养质量逐年提升。参与式教学模式吸纳了多种学科理论，深度融合社会实践，特别是行动研究的教育学新方法，使其具有很强的适应性和创新活力。因此，根据应用技术类院校学生的知识、技能、态度、情感、价值观特点引进"参与式教学"不仅是可能的，而且是必要的。

应用技术类院校学生具有较强的自我意识但自信心及自律意识较弱、思维灵活多变但学习动机不强、个性张扬且具有批判精神、价值观呈现多样性但理想信念道德发展不强、基础知识掌握稍差但较务实且愿意尝试和探索实践的特点。应用技术类院校的生源特点是文化课成绩稍差但动手能力强，谋生愿望强烈。因此，在应用技术类院校开展参与式教学是比较适合的。

巴西知名新马克思主义教育学者弗莱雷在《被压迫者教育学》中较早提出了行动参与式教学主张，强调学生亲身参与寻找自我解放的重要性。①

---

① 保罗·弗莱雷：《被压迫者教育学》，顾建新等译，华东师范大学出版社，2001，第24～37页。

应用技术类院校的课堂教学应积极引导学生参与课堂教学，积极探索师生互动的教学组织形式，不断优化课堂教学，提升课堂教学质量。研究如何在应用技术类院校实施参与式课堂教学组织、教学组织的具体程序是什么，是本书的目的所在。

二　参与式课堂教学组织中的师生角色

（一）参与式课堂教学组织中的教师角色定位

相对于传统的课堂教学组织，参与式课堂教学组织需要教师不断调整自己的课堂角色，在教学计划设计方面需要教师由执行者转变为创设者；在教学实施方面需要教师由独白者转变为师生对话者；在课堂管理方面需要教师由课堂领导者转变为各种班级事务的协调者；在教学评价方面需要教师由批判者转变为学生发展的促进者；在教学研究方面需要教师由教学成果的应用者转变为教学研究者。[①] 因此，参与式课堂教学要求教师是具有"足够的敬业精神和专业能力，满足学生在认知、情感、学习等方面需要的专家型教师"[②]。随着人工智能时代的到来，参与式课堂教学组织对教师的要求更高。这些"00"后的学习者既要求教师有大局意识、跨界知识，同时也期待教师能陪伴他们一起共享大数据网络时代的学习便利，因此，参与式课堂教学组织对教师的信息化教学技术和能力也有更进一步的要求和期待。

（二）参与式课堂教学组织中的学生角色定位

参与式课堂教学组织打破了传统教师主导课堂的教学模式，学生成为课堂教学的主要参与者和学习主体，他们自己选择学习内容、把握学习进程、研究学习方法，并成为学习成果的评价者和反馈者。[③]

三　参与式课堂教学组织模式建构

本书所指的应用技术类院校主要针对的是高职院校的"3 + 2"专

---

① 王德清：《学校管理学》，四川大学出版社，2005，第215页。
② 郑金洲：《参与教学》，福建教育出版社，2008，第69页。
③ 郑金洲：《参与教学》，福建教育出版社，2008，第69页。

业、"五年一贯制"专业、普通高考录取及应用型本科高校的"3＋1""四年一贯制"等。随着现代信息技术的不断发展，在校企融合、产教结合的时代要求下，应用技术类院校学生在校课堂学习的时间呈现逐渐减少的趋势，在理论课和实践课比例确定的情况下，课堂理论学习时间一再被压缩，学习时间压缩需要不断提升课堂教学效率，只有这样才能保证理论课教学质量，但现今的应用技术类院校的课堂教学并不尽如人意，提高教学效果和教学质量的改革势在必行。

应用技术类院校在我国教育制度中处于与普通型院校平行的教育系统，但是受中国传统招生制度的影响，应用技术类院校的学生表现出生源不足、文化素质较低、厌学现象普遍、学制较短的特点，笔者尝试提出应用技术类院校参与式课堂教学组织模式，应用技术类院校参与式课堂组织不是仅仅局限于教室，而是局限于校园，只要学生进入校园就算进入了课堂。应用技术类院校的参与式课程分为三个：一是先行课堂，即入学教育课堂，主要是由学校领导、教师以及一般行政管理人员对学生实施的教学；二是核心课堂，即在课堂教学中间，由教师主导实施、学生主动参与的课堂教学；三是辅助课堂，辅助课堂是核心课堂的延伸，主要在课后进行，以巩固专业知识技能为主，主要实施者为优秀学生、产业界技术能手、教师、专家学者等。

（一）参与式课堂教学组织模式流程

应用技术类院校的参与式课堂教学组织模式主要由三个流程组成。首先，学生进入校园就等于进入了先行课堂学习，这是核心课堂教学的基础；其次，学生进入由教师、专家学者实施的核心课堂，由学生参与、主导学习的过程；最后，复习巩固核心课堂学习的知识技能，主要是由学习成绩卓越的优秀学生、企业技术专家、行业能手等参与的辅助课堂。优秀学生具有双重作用，他既能承担辅助课堂辅导教师的角色，也在先行课堂中起到榜样示范作用（见图3－1）。

（二）参与式课堂教学的具体组织过程建构

先行课堂，指的是我们所说的入学教育，主要有开学典礼、军训、培养方案设计、专业愿景、课程设置以及校训校风校纪辅导，参与人员包括学校领导、全体教职员工、优秀学生以及企业管理人员、专业技术

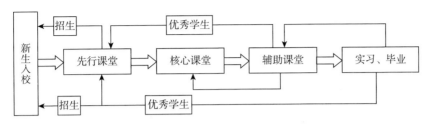

图 3 - 1　参与式课堂教学组织模式流程

人员等。先行课堂有两个场所，一个是校园内的开学典礼、军训等校园大课堂；另一个是我们通常所说的课室，相当于传统课堂的课前预习，包括培养方案说明，专业知识、技能、情感、态度、价值观的培养，以及课程的目标、运行时间、要求、人员分工等（见表 3 - 1）。

表 3 - 1　先行课堂的组织

参与对象	学校领导、全体教职员工、优秀学生以及企业管理人员等	
课程设置及注意事项	1. 课程主要有文化基础课程、素质拓展课程、时事政治和社会热点讲座等形式 2. 课程设置以学生为主体，除必修课程外，学生可自由选修相关课程	
学习目标	先行课堂主要目标是了解新生的科学文化知识基础、个性心理特征、学生学习态度及困难，做到因材施教，使学生形成良好的学习习惯	
持续时间	1～5 周	
授课环境	创设有益于学习的校园环境，既要重视校园整体物理环境的校园文化，也要增加具有特色的、能够引导人积极向上的精神文化的校园环境	
授课方式	专家讲座、讨论会、专题报告会等	
参与人员责任分工	学校领导	主要是对全校师生及员工提供物质和精神上的奖励，举办新生开学典礼，主持专题报告会，介绍学校发展历史、理念、使命、优秀校友、知名专家学者等
	专业责任教师	主要是由专业负责人或专业课教师介绍课程培养方案、课程设置、学分要求、专业愿景以及未来就业方向等
	优秀学科教师	优秀教师是学校师资的杰出代表，代表一个学校教师的学术水准、教师的道德情操、专业知识技能，优秀教师应积极参与课堂教学，勇于教学改革，激发学生学习积极性和主动性
	优秀辅导员	主要做好班级管理工作，学生思想政治工作，社会和专业实践工作等与学生学习生活相关的工作
	往届优秀学生	优秀毕业生可以起到榜样示范作用，利用自身成长故事，弘扬积极向上的专业学习氛围
	企业管理人员	主要负责一般行政服务工作，在学校的各个岗位上做好本职工作

特别提示	先行课堂主要是了解学生的学习基础、个性心理特征，做到有的放矢，因材施教，培养学生热爱专业的情感、态度、价值观

　　先行课堂是学生进入学校的第一课堂，做得好可以有效调动学生学习的积极性和主动性，激发学生热爱专业的情感，培养正确的专业态度和价值观，有助于实现应用技术型人才培养目标。做不好则会影响学生融入学校学习和生活的进程，进而延缓学生进入专业学习的积极性和主动性。

　　核心课堂是参与式课堂的核心，主要进行专业理论课和实践课的学习，包括文化素质基础课程、专业理论课程、专业实践课程等课堂教学组织（见表3-2）。

表3-2　核心课堂的组织

分类	组织过程	注意事项
文化素质基础课程	1. 任课教师需要积极参与先行课堂总结会了解学生文化素质基础和个性心理特征。 2. 任课教师需要积极钻研培养方案，掌握各种课程设置比例及专业重点知识技能。 3. 同学科的任课教师参加集体备课活动确定课程目标、课程内容、教学方法。 4. 任课教师积极准备上好第一节课；为新生班级配备优秀教师，同时积极实施"传帮带"的作用，邀请青年教师观摩学习课堂教学。 5. 按照参与式的理念实施课堂教学和分层教学。 6. 积极开展课后作业批改、辅导等	1. 讲课内容宜精简切忌繁、难、偏、旧； 2. 按照周日历制定课程进度计划表，并适时进行调整； 3. 及时了解学生学习心理和面临的困难； 4. 充分运用多媒体、在线教育教学优点，实施分组教学； 5. 切忌搞花式课堂、重形式轻内容的无效课堂； 6. 建立良好的评价机制，形成良好的学习习惯
专业理论课程	1. 加强教学设计，预先安排整个课堂活动，包括课堂教学进程、课堂提问、板书设计、多媒体技术使用等应详细编写进教案； 2. 重视理论联系实际，强调案例教学以及理论知识应用； 3. 发展学生的思维能力，包括创新能力、批判思维能力以及专业信仰、态度的培养； 4. 鼓励学生参与场景模拟训练，巩固所学知识和技能； 5. 知道科学合理的专业理论课程评价体制机制	1. 运用现代学生主体、教师主导的教学理念，精讲多练，切忌繁、难、偏、旧； 2. 重实践，偏应用，多用模拟训练和案例教学； 3. 强调理论知识应用和因材施教

分类	组织过程	注意事项
专业实践课程	1. 专业理论课教师、企业合作教师、优秀技师能手根据培养方案确定实践教学项目的方式、要求、方法等； 2. 结合学生实际制定个人实践学习进度表，重视实践安全教育，掌握学生实践状态并进行及时指导反馈； 3. 实践教学之后督促学生递交实践学习报告，并进行评价； 4. 积极开展学校职业技能竞赛活动、行业职业技能比赛、全国甚至全世界职业技能大赛，以赛促学，以比赛促进实践教学发展； 5. 做好优秀技能比赛、实践教学成果展示，鼓励学生学习	1. 实践教学强调实践性，充分发挥"双师型"教师作用，做好分层教学和因材施教； 2. 实践教育中的安全教育和职业道德教育贯穿始终； 3. 重视实践教学的组织工作，提高实践教学效率； 4. 严格按照实践课程标准、实践教学管理制度评价学生实践教学效果
特别提示	实践教学需要职业道德教育和安全教育伴随教学过程始终，鼓励学生参与实践教学，重视实践技能和能力教育、学习习惯培养	

核心课堂组织主要是由文化素质基础课、专业理论课、专业实践课三个部分组成，每个组成部分都有不同的组织过程和注意事项，要求也各不相同。

辅助课堂是以在核心课堂之后由辅导教师、优秀学生以及企业技术专家、行业能手为主导，以学生为主体的重视学生知识、技能应用能力培养的课堂。在参与式课堂教学组织中，辅助课堂的教师和教学场所都发生了变化，组织程序、教师角色也出现了相应的转换（见表3-3）。

表3-3　辅助课堂的组织

分类	课堂组织形式	主要责任	主要目的
任课教师	以教师为主导，以学生为主体的小组教学；在线教学；个人成长活动、职业技能大赛、行业比赛等	根据学生需求确定理论课程和实践课程作业及其标准；充分利用在线专业和职业教育资源，引导学生积极主动地学习	确定学生学习方向，提供学习成果展示平台和机会； 做学生的良师益友，坚定学生的专业信仰，培养学生正确的专业和职业态度、情感和价值观； 重视学生知识技能的集成和应用； 培养德才兼备的优秀职业技术人才

续表

分类	课堂组织形式	主要责任	主要目的
实训中心或企业技术专家	企业技术专家一对一专业技能辅导和监督；小组教学；观摩实践以及勤工助学、讨论会等	重视职业实践教学的安全教育、职业道德教育； 预先设计实践教学流程，制订合理的实践教学计划； 如实记录学生实践学习状况，为学生提供实践技能展示机会和平台	培养学生专业学习兴趣和能力，秉承终身教育理念，重视勤工助学积极引导和价值观导向作用
往届优秀学生	文化基础课程学习、行业职业技能竞赛辅导小组、学科学习小组、课外活动小组等	在帮助学弟、学妹学习的过程中反思自己的专业知识、技能、态度、情感、价值观； 做好各活动小组的"小先生"，并起到模范带头作用； 讲个人专业发展故事，帮助新生迅速进入专业角色，携手共进	优秀学生既锻炼了自身能力也有助于自身专业知识技能的发展和个人全面成长； 培养优秀学生的集体主义精神，帮助他人快乐自己； 有效减轻任课教师、专业实践教师、企业技术专家的工作负担
班级优秀学习者及班干部	各种学习小组、班级管理活动、一对一辅导学习互动等	协助各科教师建立各种学习小组； 帮助学习困难学生，积极策划各种班级文娱活动、体育活动、科技活动和社会实践活动； 积极解决班内纠纷，成为各任课教师和辅导员老师的小助手	牢固树立集体主义意识，培养班集体学习能力和学习习惯，积极参与班级文化建设，减轻教师授课负担
特别提示	用心引导学生，呵护学生成长，见证学生成人、成才		

　　辅助课堂是核心课堂的延伸，打破了传统课堂的边界限制，改变了课堂教学的时空环境，参与人员更加多元、参与地点更加灵活、教学组织形式更加多样，对培养学生学习积极性、主动性，提升教学效果具有重要意义。

四　参与式课堂教学组织环境创设

（一）教室环境

　　教室也被称为"课室"或"课堂"，是教师与学生进行交流与对话的重要场所。我们既要从物理性上了解它是师生教与学的时空场，也不能忽视它是一个微型"社会"的事实，是教师和学生开展形式多样教学活动的地方。就社会学而言，课堂是社会大系统中具有特殊功能的一个小系统。在此系统中，师生和环境持续发生相互作用，带着自己独特的个性、鲜明的情感和思想，或交流，或沟通，或对话，进行分享，因此冲突和矛盾也就难以避免。也正是这种相互作用的不间断影响和碰撞，才使教师的教学目标和教学任务得以顺利完成，学生才能在交流和碰撞中追求成果，不断突破极限，挑战自我，完善自我，走向成功。师生之间的相互作用和相互影响促进课堂不断发生变化。因此，课堂不仅是学生个体努力建构美好生活具体意义的重要环境，也是滋润教师不断促进个人人格魅力发展的一个场所，是师生情感交流的重要舞台。[①]

课堂环境是教学活动实施和开展的具体场所，对学生学习成绩、学习行为和学习动机都有至关重要的影响，从某种程度上来说，甚至影响着学生未来的就业选择。[②] 应用技术类院校的教室环境布置，应充分发挥学生主体参与的热情，结合学校和专业的特点，独具匠心，凸显班级的精神面貌。同时，还可以在教室内张贴班级集体荣誉的获得过程以及温馨的抓拍场面、"同学进步历程表"和"学生名言录"等。总之，应用技术类院校教室环境的布置，要改变课堂管理的传统固化模式，打造动静结合、贴近学生专业和心理的课堂；应该走出封闭的误区，改变传统上只张贴名人名言的单调做法，重视建设开放性的课堂，做好虚拟课堂和实体课堂的交叉运用，把行业企业的实际工作情景和应用技术类院校的具体育人方式相结合，做到知识性与趣味性兼顾；构建应用技术类院校课堂环境管理规范，重塑遵循自然法则的课堂，使教师教学的"序"呼应学生学习的"趣"，使课堂的内生秩序与外生秩序平衡发展。同时，把握好环境开放与信息反馈的适度融合，积极关注孕育有序生成的无序状态，扭转应用技术类院校课堂教学环境的负向能量，坚决摒弃那些杂乱涣散、消极乏味甚至导致师生冲突的低度唤醒课堂体验，努力构建协商、合作和融洽的课堂组织与管理路径，宣传互助和有生命活力的和谐、积极向上的班级精神文化，高度关注有意义的师生参与。超越应用技术类院校课堂环境组织管理中的物质导向，努力打造关怀生命的课堂，重视课堂交互中的信息流通，以及课堂生态系统的打磨和建构。

[①] 李耀新：《课堂教学的组织与管理》，暨南大学出版社，2010，第5页。

[②] 朱毓高：《高职院校课堂环境管理研究——基于重庆九所高职的实证分析》，博士学位论文，西南大学，2016，第1页。

总之，传统的应用技术类院校课堂把学生视为接受知识的容器，学生的生命价值时常得不到积极关注，而应用技术类院校的参与式课堂教学组织环境将更加"以人为本"，真正做到因材施教、分层教育，力争使所有学生学有所得，学有所成。[①]

（二）校园环境

参与式课堂教学组织校园环境建设，既要重视校园物质环境如实习实训实验室、课堂、校园景观设计等物质硬件环境建设，也要重视校园精神环境如学校传统理念、校风校纪、传统文化以及专业精神、校企合作文化、创业文化建设。

在物质硬件环境建设中，要重视学校的多媒体教室、计算机室和学生活动场地及设施的建设等，不断改善学校的办学条件，为专业实践提供充足的物力资源。尤其是那些从普通专科学校转型的职业学校和由普通高校转型的应用型大学，由于普通本科、专科高校重视理论知识，而应用技术类院校也重视实践能力的培养，转型后的应用技术类院校的校园大环境不能满足学生专业成长的需要，缺少必要的硬件设施，如数控专业缺少练习用的机床，计算机维修专业缺少练习用的计算机，汽车维修专业没有维修间等。这样的应用技术类院校就要不断地改善办学条件，使学校的硬件能够满足专业建设的需要。

在学校的精神文明环境创设中，要积极重视"互联网""云平台""校园广播站""校园宣传栏""校园文明监督岗""校园之星""校园礼仪队"等的宣教作用，对师生的教学与学习成果及时地跟踪报道，做好评优评先工作。同时，对国家政策尤其是与学生未来就业密切相关的政策，要及时进行宣传。总之，校园文化建设必须以科学发展观为指导，以构建和谐文明校园为目标，构建优良的校风、学风，为师生提供一个安静、祥和、奋进的学习环境。

（三）实习场地环境

实习基地是培养学生专业技术知识技能的重要场所，影响应用技术类院校人才的培养质量。2017年、2018年，国家先后颁布《国务院办公

---

① 朱毓高：《高职院校课堂环境管理研究——基于重庆九所高职的实证分析》，博士学位论文，西南大学，2016，第129~131页。

厅关于深化产教融合的若干意见》（国办发〔2017〕95 号）和《职业学校校企合作促进办法》（教职成〔2018〕1 号），提出建立校企协同合作育人机制，促进供需对接和流程再造，构建校企合作长效机制；坚持以产业需求为导向深化校企合作，实现教育链、人才链与产业链、创新链的有机衔接。

因此，应用技术类院校的实习场地布置必须依据培养目标和人才培养需求来组建，其环境创设应该满足：（1）有利于师生共同参与实践教学，实现教师教、学生学、学生做"三位一体"的实践环境。（2）积极利用校企融合提供的平台，建立实践教学和工程流程一体化实践教学体系。（3）按照企业生产要求建立企业化实践教学基地环境。有时候，学校即使对物理环境非常重视，但由于经费限制，也会有巧妇难为无米之炊的情况发生，因此，应用技术类院校必须加快与企业深度合作的步伐，共建实习基地。如在教师的培养进修过程中，建立行业企业、地方政府协同培养教师的新体制，积极与行业和企业建立专门的实训基地，培养"双师型"教师，积极组织教师不定期到行业企业或学生实习基地参观学习企业的管理运营制度，丰富教师的一线工作经验，有利于其在教学中更好地兼顾学生的职业特色；同时也可以组织学校教师积极加入企业技术攻关项目研究，使教师更加了解企业的未来发展，有利于其在将来的人才培养中统筹考虑企业的真实需求。

五　参与式课堂教学组织的实施保障

（一）学校领导的积极参与

无论先行课堂、核心课堂，还是辅助课堂，参与式课堂教学组织都需要学校领导特别是校长、书记、分管领导等主要领导的积极参与，学校领导的积极参与有助于全面提升人才培养质量。校园文化建设、良好教育教学设施、与社会各界和企业合作都需要学校领导的支持；校级、省级、国家级甚至国际间的职业技能、专业技能竞赛，以及对参赛教师的认可、表彰、宣传都需要学校主要领导具有战略眼光，并提供物质和精神支持。另外，教师业务教学水平的提高、职业经验的培养、高水平师资队伍的建设以及办学条件的不断改善、专业教学实践资源的拓展以及网络课程资源的建设都离不开学校领导的支持与努力。诸如学校教学管理文化的重建、教学规划制度的创建、教学评价制度的改革、教学监控制度的完善等一系列应用技术类院校教学管理制度的改革，都需要学校领导班子的通力合作和支持。

（二）教师人格魅力的培养

教师人格魅力可以影响学生学习积极性、学习态度以及专业情感、态度和价值观的培养（详见图3-2）。首先，教师的人格魅力影响学生对教师的态度，拥有人格魅力的教师的教学中会自带光芒，很容易成为学生积极关注的对象，尤其是在"互联网+教育"的当下，信息获得多元便捷，使学生有更多的途径去了解老师，从而进一步产生信任。再加上碎片化学习资源"满天飞"的知识爆炸年代，能够获得学生信任感的教师工作起来会更加得心应手，威信更加牢固树立，学生对教师的"教"怀有"敬意"，不仅学习态度会发生变化，还会在师生良好互动中进一步升华为对教师的感恩，从而对学业也会有更多期待。其次，影响课堂氛围变化。具有人格魅力的教师在个人能力、气质和性格等方面往往会自带"香气"，教学中学生愉快参与的热情高，学习氛围浓厚，使师生之间深度沟通，反馈及时，教学相长，课堂效果良好。最后，影响学生学习态度的变化。在对课堂充满好奇心的驱动下，有了亲身体验的勇气，从而获得学习上的满足与成就感，自然会对课程充满期待。总之，拥有人格魅力的教师师生关系和谐，教师主导、学生为主体的课堂使教师轻松教学、学生有效学习，课堂组织也就渐渐成为参与式的课堂教学

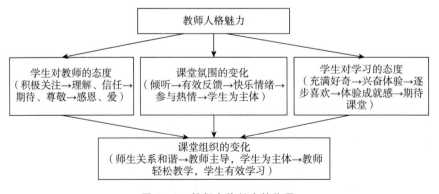

图3-2　教师人格魅力的作用

组织，从而保证了高效率的课堂教学。

应用技术类院校教师主要应从以下三个方面进行人格魅力培养。

1. 拥有渊博的知识、精湛的专业技术和认真的专业态度

特别是"双师型"教师，既要擅长专业基础理论知识，又要具有专业技能；既要懂得学生学习的心理学知识，又要鼓励学生提升参与学习的能力。这就要求教师要不断扩充学科专业知识、普通文化科学知识、教育学心理学知识以及专业技能和能力，要具有终身学习的能力。

2. 建立良好的师生关系

应用技术类院校由于众所周知的原因，学生会出现更多的学习困难、心理困扰、经济困难的情况，教师应根据不同学生的需求，因材施教，用爱去关怀学生、信任学生、理解学生，维护良好的师生关系。

3. 以身作则，忠诚于人民教育事业

以身作则就是用教师自身做榜样示范，在知识技能和道德情操方面都能产生很好的示范效应。中职学生正处于青春期后期，可塑性较强，教师的榜样示范作用能够引导其树立正确的学习态度、牢固的专业信仰，进而养成良好的学习习惯。高职和应用型本科的学生虽已成年，但仍然是发展中的人，具有极大的发展潜能和改变的可能性。因此，教师要以身作则，学高为师，身正为范。小到衣食住行，大到世界观、人生观、价值观的引导都需要教师时刻提醒自己应做好学生的楷模。目前，应用技术类院校师生关系普遍较为淡漠，学生缺乏师爱，教师应有责任心、事业心，为学生成长付出辛勤劳动，耐心指导学生的学习和生活，这样才能亲其师，信其道。要想建立良好的师生关系，教师还需要积极开拓专业事务，积极展示自己的教育教学能力和水平，提升自己的影响力，展示教师人格魅力。

（三）学生主观能动性的调动

1. 建立学生参与式的学校管理文化

积极创造一种民主、和谐、宽容、理解的学生管理氛围和文化，充分尊重和发挥学生参与管理的积极性，提供平台和机会让学生自己管理自己，并为学生参与学校层次管理设立途径和通道。

2. 形成参与式的班级文化

班级管理需要在辅导员的主持参与下，采用"人人有事做，事事有

人做"的管理策略，充分发扬班级管理民主，让学生积极参与班级文化建设，积极开展各种班级活动，在集体活动中形成参与式的班级文化。

3. 营造参与式课堂氛围

任课教师需要根据学生的个性心理特点和专业知识技能要求，积极营造特定的课堂氛围，创设各种课堂情境，影响感染学生形成思想共鸣，调动学生参与课堂的积极性，养成良好专业态度、情感和价值观。

4. 提供学生才艺展示的参与性平台和机会

在全校范围内广设课外活动课程，包括文学艺术课外活动，体育、学科活动，专业技能比赛活动，设立各种奖项，鼓励学生积极参与，展示自己的才华，培养锻炼学生的组织管理能力，提供参与全国性、行业性、专业性的比赛、竞赛活动机会。

5. 建立有效的学生参与式评价体制机制

建立各种有利于鼓励学生参与自身发展、班级发展、专业发展、学校发展的评价反馈机制，对各种活动中表现突出的学生，给予评先奖优的机会，积极引导，形成有利于人才成长的评价机制。

（四）建立健全课堂参与制度

在应用技术类院校参与式课堂组织中，教师处于主导地位，学生处于主体地位，教师是课堂活动中平等的首席，需要依据这一原则，建立参与式课堂组织制度。

（1）制定课堂活动规则。包括课堂提问、发言、讨论等规则，维持正常课堂秩序，保证课堂教学质量；

（2）设立违规惩戒制度。对课堂活动中出现的不良事件实施提醒、警告、严重警告、惩戒等相关制度，保证课堂参与环境风清气正；

（3）制定评价制度。坚持评价方式方法的多样性原则，多实施过程性评价，少采取终结性评价，定量评价和定性评价相结合，运用发展的观点对待评价中出现的各种问题、现象，鼓励学生进步，采取档案袋评价等新型评价手段，记录学生的成长过程。①

在参与式教学组织中，有关这三个方面规则的制定必须师生共同参与，集体决定。

_____

① 郑金洲：《参与教学》，福建教育出版社，2008，第 156~157 页。

第四章　应用技术类院校参与式课堂教学组织实践

在了解应用技术类院校参与式课堂教学组织的理论后，探索其实践模式就显得尤为重要。参与式课堂教学组织对于应用技术类院校来说，不但十分必要，而且切实可行。我们在一些应用技术类院校进行了具体实践，取得了一定的成果，为提高应用技术类院校课堂教学质量探索了一条新路。

一　应用技术类院校实施参与式课堂教学组织的必要性和可行性

（一）应用技术类院校实施参与式课堂教学组织的必要性

1. 传统的课堂教学组织形式已经不能满足社会对技术技能型人才培养的新需求

"明者因时而变，知者随事而制。"（桓宽《盐铁论》）新时代呼唤新的教师来担当使命。2010 年颁布的《国家中长期教育改革和发展规划纲要（2010—2020）》，为我国的教育发展描绘了蓝图。其中，关于应用型高校和职业教育的主要内容，包括创立高校与科研院所、行业、企业联合培养人才的新机制，把提高教学质量作为重点，注重"双师型"教师的培养及改革办学模式。

在 2018 年 9 月 10 日召开的全国教育大会上，习近平总书记指出要提升教育服务经济社会发展的能力。李克强总理强调，要大力办好职业院校，通过产教融合、校企合作，为社会培养高素质的技术人才。此次大会，对职业教育给出了方针上的指引。

2018 年 11 月 16 日审议通过的《国家职业教育改革实施方案》，更是把职业教育的地位提到应有的位置。职业教育的改革和完善，应当着眼于顺应科技进步和社会主义市场经济发展。为了给社会发展提供强有力的人才资源支持，职业教育机构必须调整育人机制，着力提高办学水平，培养社会经济发展所需的技能型人才。

2019 年 1 月 24 日，国务院颁发《国家职业教育改革实施方案》，明确提出要建立 50 所高水平高等职业学校、150 个骨干专业群、300 个高水平专业化产教融合实训基地、10 个左右技术技能人才紧缺领域开展的职业培训基地、100 个"双师型"教师培养培训基地、300 个示范职业教育集团（联盟）、数以万计的产教融合型企业。

国家社会经济的发展需求和一系列教育政策的制定促使我们思考，中国职业教育面对未来怎样继续前行？行动的方向性纲领是党的十九大报告，因为它进一步提出完善职业教育和培训体系，深化产教融合、校企合作；路径性指引是《国务院办公厅关于深化产教融合的若干意见》；操作性措施为教育部等六部门印发的《职业学校校企合作促进办法》；行动方案是国务院印发的《国家职业教育改革实施方案》。

那么，在时代的大背景下，应该如何培养技术型人才并落实国家制定的各项政策文件？我们还必须将目光聚焦于课堂教学。因为课堂是实现人才培养目标、达成育人目的的基本路径。应用技术类院校的教学活动，必须回应社会经济的发展和技术型人才培养的需要。

通过审视和反思，我们认为，对于应用技术类院校而言，传统的课堂教学组织形式，已经无法满足时代的发展和人才培养的新要求。

首先，传统的课堂教学活动，沿袭的是普通教育理论型人才的培养方式，教师的知识讲授和演示仍然占据主导地位，这导致学生的课堂参与度低、学习获得感不强。基于人才培养目标的定位存在差异，应用技术类院校的课堂教学，应当区别于研究性大学。在教师主宰课堂、学生缺乏自主学习的学习环境下，学生的动手能力、实践能力不可能得到很好的发展。

其次，传统的课堂教学注重知识学习和竞争，对学生的合作意识和交流能力关注不够。在课堂上，教师关注的往往是独立的个体或者没有交往关系的集体，没有对学生的合作交流素质进行专门训练。长此以往，即使面对需要协作才能完成的任务，学生也不敢合作、不会合作。事实上，在今天这样一个时代，只有发挥团队的力量，才能发展事业，合作与沟通是任何行业的人才都需要具备的重要素质。单一化的、仅仅注重个体化参与的课堂教学，无法培养出社会需要的人才。

最后，在传统的课堂教学活动中，学生的个性需求无法得到满足。应用型人才更多地和社会生产生活密切相关，而处在快速变化的时代，学生必须充分发挥自身的优势才能立于不败之地，因此学生的个性发展十分重要。然而，传统的课堂教学容易忽视学生的个性，对学生仍然是统一进度、统一要求。这样的教学是以教师为中心，而不是以学生为中心。教师考虑的，主要是如何完成知识讲授的教学任务，而不是学生的发展。

2. 传统的课堂教学组织不适合目前应用技术类院校的生源特点

近年来，报考职业学校的学生求职心切，"混文凭"的想法比较普遍，知识基础较差，不同程度地存在厌学心理。有的学生一开始也表现出积极的学习意愿，并有将来继续学习深造的想法。但是，过了一段时间以后，由于受到不良环境的影响，这些当初意愿良好的学生也逐渐变得消极颓废。爱学习的学生人数逐渐减少，甚至出现中途退学的学生。此外，面对移动互联网的普及及应用，学生玩手机现象也日益严重，学生课后沉溺手机网络而不能自拔，导致其上课无心学习。

地方应用型本科高校的生源质量虽然大大优于职业学校，但是相比研究型大学和综合型大学来说，学生的知识基础还是有明显差距，学习动机也不是太强烈。功利和短视是学生存在的普遍问题，"混文凭"的也大有人在。

面对这样的教学对象，传统的课堂教学在调动学生学习积极性、发展学生能力方面，显得虚弱无力。教师讲得再起劲，学生仍是昏昏欲睡，或者无精打采。因此，教师必须改革自己的教学方法，让教学更有魅力、更有参与感，将学生从手机、游戏中解救出来。

另外，在信息时代知识大爆炸的新环境影响下，学生接触信息资源的途径会更多、更广。教师依靠自己一成不变的教学内容、死板的教学组织形式，已经无法适应学生的特点，也无法树立自己的威信。

（二）应用技术类院校实施参与式课堂教学组织的可行性

1. 参与式课堂教学组织适合应用技术类院校人才的培养需求

为了提高教学质量和教学水平，改善人才培养途径，不少院校做出了不少努力。他们基于时代对人才的需求并结合自身实际，改革现有的教学组织形式，开展以技能教育等为目标的改革。其中，比较典型的有"行动导向教学模式""多元智能教学模式""学科教学模式""模块教学模式""综合教学模式""问题导向教学模式""案例教学模式""任务驱动教学模式""工作过程导向教学模式"等。这些教学改革基本都达到了预期的目的，不仅提高了学生的学习积极性和教学质量，而且使就业导向的应用技术类院校成长为学生个体融入社会的载体、个性生涯发展的媒介及个体张扬个性的平台，为应用技术类院校成为"我国经济发展的助推剂、社会发展的润滑剂、个性发展的动力源"起到了至关重要的作用。

2. 参与式课堂教学组织适合应用技术类院校学生的学习特点

伴随着"互联网 + 教育""人工智能 + 教育"发展的脚步，我们越来越清晰地认识到当今世界科技的竞争，实际是创新能力的竞争。经济的发展、科技的进步以及国际竞争力的提升，皆需要大力培养创新型人才来助力。近年来，高职扩招及地方普通本科高校向应用型的转变，使得我们的职业教育面临"三重变"：生源由单一走向多元、教学由刚性走向弹性、建制由封闭走向开放。这给应用技术类院校教学组织带来了新的机遇与挑战。

教育学领域的行动参与式研究（activist participatory research）和成人教育学的理论为参与式方法的运用提供了丰富的理论依据和实践指导。弗莱雷（Paulo Freire）在其名著《被压迫者教育学》中提出了"对话式教育"和"行动参与式研究"的主张，提倡倾听学生的声音，让他们亲身"参与"到自我解放的过程中。[①]

应用技术类院校的生源特点是文化课成绩稍差但动手能力强，谋生愿望强烈。而我们"中国职业教育的初心和使命在于谋求增进国家进步的民族精神，培植实现个人发展的职业幸福"[②]，人才培养中重视"职业教育要坚持力学笃行，以知识实际应用为导向"[③]。因此，在应用技术类

---

① 参见陈向明《在参与中学习与行动》，教育科学出版社，2003，第 144 页。
② 朱德全、熊晴：《民族精神与职业幸福：中国职业教育的初心与使命》，《贵州社会科学》2019 年第 11 期，第 12 ~ 15 页。
③ 姜大源：《完善职业教育和培训体系：现状、愿景与当务》，《中国职业教育技术》2017 年第 34 期，第 25 ~ 32 页。

院校开展参与式课堂教学是适合的、可行的，是符合学生学习特点的。

二 参与式课堂教学组织在应用技术类院校的实践

（一）实施目标及意义

参与式课堂教学组织是在结合应用技术类院校生源特点及应用技术类院校人才培养目标的前提下建构的，因此在应用技术类院校实施参与式课堂教学组织，可以使课堂教学焕然一新，有助于教学改革的推进和人才培养目标的落实。参与式教学的具体目标有三个。

（1）在先行课堂中，主要是对学生进行正式学习前的辅导，了解每个学生的具体情况和学习需求，如学生的学习成绩、兴趣爱好、成长经历等。

（2）在核心课堂中，基于先行课堂中对学生具体情况和学习需求的分析，引导学生尽可能地参与课堂，提高他们的课堂参与度和学习积极性，从而改善学生课堂学习的效果，提升学习质量。

（3）在辅助课堂中，学生主要是开展各种各样的学习实践活动和才艺展示活动，真正落实学生的主体地位，为他们提供将所学知识加以应用的机会及展示自我、合作交流的机会，为学生提供展示的舞台和拓宽其成长路径。

（二）实施原则

应用技术类院校参与式课堂教学组织的实施应遵循以下五项原则。

第一，以学生为中心。参与式课堂教学组织的基本着眼点，在于提高学生的课堂参与度和学习积极性。为此，必须充分了解学生的成长经历、学习现状和学习需求。

第二，全体参与。参与式课堂教学组织的三个课堂即先行课堂、核心课堂和辅助课堂是一个有机系统，需要全校师生的共同努力。

第三，个性化。参与式课堂教学组织要求教师做到因材施教，三个课堂（先行课堂、核心课堂和辅助课堂）的教学组织要细致化和具体化，学生学习进度表的制定要因人而异。

第四，系统化管理。参与式的三个课堂结构是有先后次序的一个整体，只有系统的全程管理才有利于组织好这三个课堂，从而提高课堂效率和育人的有效性。

第五，不断创新。参与式课堂教学组织是一个动态的过程，涉及教师、学生、企业需求等诸多因素。为此，教学改革需要不断进行创新，才能保持活力。

（三）组织形式和具体实施步骤

笔者研究的应用技术类院校参与式课堂教学组织，主要包括理论课教学中先行课堂、核心课堂、辅助课堂的参与式组织，实践课教学中先行课堂、核心课堂、辅助课堂的参与式组织，以及跨年级同专业之间先行课堂、核心课堂、辅助课堂的参与式组织。详细实施步骤如表4-1、表4-2和表4-3所示。

表4-1　理论课教学中先行课堂、核心课堂、辅助课堂的参与式组织

类型	课堂组织具体组织过程
先行课堂	1. 思想引领，重视学生世界观、价值观、人生观的成长指导； 2. 在细心、爱心和耐心"三心"的指引下，引导学生迅速熟悉学校的环境和设施； 3. 认真制定好切合学生实际的课程表，课程筛选以"快乐学习"为主； 4. 课程由人格魅力强的优秀教师实施； 5. 班主任在先行课堂学习期间与学生一起学习，包括晚自习； 6. 全校师生积极参与到欢迎新生的队伍中； 7. 课程学习结束后，教师写教学反思，学生写学习感受
核心课堂	1. 结合先行课堂，在了解学生学习心理的基础上，参与集体教研，筛选出授课内容，并整理成讲义； 2. 上好第一节课，如与学生一起分享"本学期课程教学计划及进度表"、用案例分享吸引学生逐步参与课堂，着重培养学生的兴趣； 3. 减少课堂理论知识容量，鼓励学生多分享所学知识的应用； 4. 创建良好的评价体制，鼓励每个学生畅所欲言； 5. 让学生参与并分层布置作业，减轻学生学习压力； 6. 教师用个人魅力给学生树立榜样； 7. 责任心和爱心当先，为每个学生提供才艺展示的平台
辅助课堂	1. 形式要多样； 2. 负责人要明确； 3. 制定相应的参与制度； 4. 建立合理的评价机制； 5. 教师引导，以学生自主学习为主

从表4-1可以看出，理论课教学中先行课堂、核心课堂、辅助课堂

的参与式组织重点必须要明确，先行课堂以培养学生学习兴趣为主要目的，核心课堂授课内容选择要把握好"够用"尺度，而辅助课堂要认真贯彻学生"先会后懂"的思想。同时，各个课堂组织要把握"参与"这条主线，充分调动学生的学习热情。

实践课教学中的先行课堂、核心课堂、辅助课堂的参与式组织表面看似简单，但想要做好的确不易，因为这里面涉及诸多变量，如实践场所既涉及校外合作企业，也涉及校内实训中心或实验基地；教师既有新加入的行业企业指导教师，又有优秀毕业生。因此，无论是先行课堂、核心课堂还是辅助课堂的参与式组织，除做好学生的职业荣誉感和社会责任感教育外，和谐师生关系的建立也十分重要，如为学生提供施展才艺的竞赛平台，一定要贯彻"友谊第一，比赛第二"的宗旨，实践练习中贯彻"日日新，又日新"的励志教育等。总之，"教师们"在课堂教学中要做到旧课常新，让学生的每次积极参与都有不一样的收获和体验。

表 4 – 2　实践课教学中先行课堂、核心课堂、辅助课堂的参与式组织

类型	课堂组织具体组织过程
先行课堂	1. 思想引领，重视学生世界观、价值观、人生观的成长指导； 2. 做好安全教育； 3. 培养学生职业荣誉感； 4. 做好就业形势分析； 5. 发挥树立好榜样的模范带动作用； 6. 为学生提供充分展示才艺的平台
核心课堂	1. 实践操作规范化； 2. 考评严格化； 3. 练习目标明确； 4. 模拟教学成果和效益； 5. 为学生提供才艺展示的平台； 6. 分层教育，因材施教，帮学生树立长远目标，指明前进方向
辅助课堂	1. 注意正面的宣传和引导，树立好榜样； 2. 学习形式要多样，时间要灵活； 3. 选好"教师"，责任心和组织能力强者优先； 4. 给学生提供才艺展示的平台，并做好成果展示； 5. 建立合理的评价机制； 6. 教师要认真做好督导

　　需要说明的是，表 4 - 3 中所指的跨年级同专业之间实行的参与式课堂组织，主要是针对高职院校"3 + 2"学生的教学模式，前两年或后两年是在校学习，第三年到企业实习。这三个课堂组织模式，充分发挥了学生的参与热情和主观能动性，使二年级学生的专业理论知识在指导一年级新生学习过程中得以有效实践。此环节可谓"一举两得"，既让二年级学生初步体验到学以致用的自豪感以及助人自助的成就感，也让一年级新生提前见识专业的未来，有利于学生专业兴趣的培养和学习主动性的提高。

表 4 - 3　跨年级同专业之间先行课堂、核心课堂、辅助课堂的参与式组织

类型	课堂组织具体组织过程
先行课堂	1. 二年级学生的实践学习环节，记入平时成绩； 2. 教师积极引导，随时指导学习实践环节中发现的问题； 3. 全体参与和谐校园的建立，有利于新生克服困难、适应新的学习生活
核心课堂	1. 一年级学生的课后作业，恰为二年级学生的实践作业，在作业布置上做好知识的衔接。 2. 在一年级新生课堂上展示并评比二年级学生的作业，让新生看到自己的未来。 3. 一年级新生的作业布置要具体而适量；二年级学生参与辅导新生实践的环节，要做好预设问题的有效处理，目标要明确，方法步骤要具体，便于操作和完成。 4. 广泛吸引学生参与进来，共同协商制定合理的考评机制。 5. 为学生创造广阔的才艺展示平台。 6. 对学生的进步和成绩要给出诚恳的表扬；做好优秀学生的正面宣传和榜样感召教育
辅助课堂	1. 全面考验二年级学生综合能力的时刻，教师要做好有效的跟踪指导； 2. 辅助课堂的形式尽量多样、有效，时间更要灵活机动； 3. 二年级学生要做好未来辅助课堂"接班人"的培训和挑选工作； 4. 建立合理的评价机制； 5. 为学生提供广阔的参与平台； 6. 对一年级新生要更多鼓励和引导，培养学生的兴趣，充分发挥学生的主观能动性，鼓励学生积极参与，在实践中培养自己的职业荣誉感，增强学习的信心和力量； 7. 二年级学生要做好学习规划，不断提高其综合素质和职业能力

　　总之，通过以上参与式课堂教学组织可以看出，三种课堂在应用技术类院校有效地实现了：①学生学习时间内，"教师"全程辅导跟随；②理论知识和实践知识有效衔接；③教师之间、学生之间以及师生之间建立了和谐的关系；④因材施教；⑤给学生提供了更广阔的施展才艺的

空间；⑥有效减少教师工作量的同时，提高了课堂教学质量，从而真正优化了课堂教学。

"先行课堂"在应用技术类院校参与式课堂教学中的重要性，使大家更清楚地了解了"先行课堂"的教学，表4-4提供了参考。

表4-4　某高职学校"五年一贯制"专业参与式课堂教学组织
"先行课堂"课程表

时间		星期一	星期二	星期三	星期四	星期五	星期六	星期日
8：00～11：50	第一节	专业介绍	我爱我的国	弟子规	三字经	弟子规		
	第二节	优秀师资介绍	体育健康	心理健康	形体礼仪	体育健康		
	第三节	入学手册学习	普通话	音乐教育	趣味数学	艺术欣赏		
	第四节	入学手册学习	文学欣赏	趣味物理	普通话	心理健康		
14：30～16：10	第一节	班会	计算机	快乐英语	计算机	文学欣赏		
	第二节	班会	计算机	艺术欣赏	计算机	音乐教育		
晚自习（19：00～20：30）		个人才艺展	命题演讲	班委竞选	主题教室布置研讨会	新老生联谊会		"老师，我想对您说"主题班会

注：课程45分钟/节，上午第三节、第四节课之间为大课间，休息20分钟，其他课间休息10分钟；晚上两节连上，19：00～19：35看《新闻联播》和《天气预报》。

三　参与式课堂教学组织的实践价值

参与式课堂教学组织打破了传统教学讲授式模式，不但有力地推动了教学改革，而且有利于学生的学习和教师的专业发展。对此，可以从"教学改革方面"、"学生成长方面"和"教师专业发展方面"来进行分析，详见表4-5①。

---

① 郑金洲：《参与教学》，福建教育出版社，2008，第1～11页。

表 4 - 5　参与式课堂教学组织的实践价值

类别	实践价值
教学改革方面	1. 有利于教师更新教学观念； 2. 有助于教师运用更多的教学方法，有效组织教学； 3. 有利于教师弹性管理课堂，建立和谐的师生关系； 4. 有利于教学评价的进一步完善，充分调动师生的主观能动性
学生成长方面	1. 生生互动和广泛深入的参与，有利于学生对知识的有效掌握； 2. 参与式课堂教学对学生的要求，有利于学生表达能力、合作能力和选择能力的培养和提高； 3. 学生的参与，有利于形成健康的情感和良好的态度，培养学生良好的学习兴趣
教师专业发展方面	1. 学生主体的参与，有利于教师综合运用知识能力的提高； 2. 师生和谐民主的课堂有利于教师良好职业情感的形成； 3. 有利于教师创新意识的提高和创造能力的发展

通过表 4 - 5 可以了解，对于“教学改革方面”、“学生成长方面”和“教师专业发展方面”，参与式课堂教学组织都具有十分重要的实践价值。教学组织方式的变化，可以提高教学活动的质量和水平。同时，学生作为教学服务的对象，可以改善自身的学习状态，促进自身的发展和能力的提高，因而从中受益最多。此外，教师在教学改革中也可以优化自己的教学设计，收获专业知识，提高自己的专业能力。

第五章　应用型本科院校参与式课堂教学组织案例与实践效果

　　世界已进入空前的创新密集和产业振兴时代，欧美国家大都在加快传统产业更新换代，寻找和发展能够支撑未来经济增长的高端产业。面对科技革命和产业变革浪潮带来的机遇与挑战，我国深入部署实施科教兴国、人才强国、创新驱动发展等强国战略，着力推进供给侧结构性改革，深化调整经济结构，加快产业升级步伐，以抢占新一轮国际竞争制高点。2015年，我国提出了"中国制造2025"战略，着力推动产业转型升级。产业结构调整和先进制造业、现代服务业的发展，需要一大批能够从事应用技术研发，具备扎实技术应用能力，能够解决生产一线实际问题的应用型人才。为此，必须有一批高校，在办学定位、专业设置、课程结构、教学内容、培养模式等方面进行革新，办成面向区域、贴近产业、突出应用的"新型"大学。新中国成立以后，我国高校沿着基本类似的发展轨迹，遵循几乎统一的标准体系发展，形成了较为一致的发展路径。这就造成了我国高等教育人才培养同质化严重，人才培养结构和质量不能适应经济结构调整和产业升级的要求，生产服务一线紧缺的应用型人才培养机制尚未建立的现状。这些迫切要求进一步优化我国高等教育结构，增强高等教育服务支撑现代化建设的能力，使高等教育担负起新时代赋予的新使命和新责任。2013年，教育部启动"应用科技大学改革试点"，全国有13个省（自治区、直辖市）的33所新建地方本科院校入选该项目，拉开了地方本科高校的应用型转型的帷幕。2014年，国务院出台《关于加快发展现代职业教育的决定》《现代职业教育体系建设规划（2014—2020年）》，提出要引导一批本科高校向应用技术类高校转型。2015年，教育部、国家发改委、财政部三部委印发《关于引导部分地方普通本科高校向应用型转变的指导意见》，初步完善了地方本科高校转型发展的顶层设计。至此，应用型本科高校建设上升为国家高等教育改革的重要战略。

　　自1999年以来，一大批专科学校升格为本科高校，因为它们组建时间短、举办本科教育时间不长，所以被称为"新建地方本科院校"。二十余年间，新建地方本科院校蓬勃发展，已经占据全国普通本科院校的半壁江山。升本之后，大多数新建地方本科院校提出了"地方性""应用型"的办学定位，但在发展模式和发展路径选择上，又偏离了这一定位，仍然跟随和模仿传统学术型大学，以综合性和学术性为发展目标，办学中存在定位不准、发展目标不清晰、学科专业求全求大、教师评价偏重学术、课程内容和教学环节偏重理论教学等问题，导致学科专业设置不合理、人才培养与地方经济社会发展需求不匹配，社会服务能力较弱，办学特色不明显，面临发展空间和方向的双重困境。新建本科院校积极响应国家关于地方普通本科高校向应用型转型的发展战略，调整学科专业结构，优化师资队伍，改革人才培养模式，强化校地校企合作，逐渐成为应用型本科院校的主力军。为深化人才培养模式改革，提高应用型人才培养质量，一批应用型本科院校积极推进参与式课堂教学组织改革。本章介绍许昌学院、河南工程学院、郑州科技学院围绕参与式课堂教学组织改革所进行的探索。

一　许昌学院参与式课堂教学组织
改革的探索与实践

　　许昌学院是一所省属全日制普通本科院校，是河南省首批地方本科高校转型发展试点单位、示范性应用技术类本科院校，并入选国家"十三五"产教融合发展工程应用型本科院校建设项目。学校坚持"地方性、应用型、服务性、国际化"的办学定位，扎根地方办学，强化内涵提升，深化改革创新，突出开放融合，努力培养高素质应用型人才，努力建设富有特色的高水平应用型大学。近年来，许昌学院以"四个回归"为基本遵循，坚持"学生中心、成效导向、持续改进"理念的应用型人才培养体系建设，着力深化参与式课堂教学组织改革，改进和提升课堂教学效果。围绕参与式课堂教学组织改革，学校制定出台了《许昌学院教学改革与发展五年规划》，实施"课堂教学范式改革计划"，大力推行启发式、探究式、讨论式、项目式等多元化教学方式，积极鼓励教师开拓参与式课程，逐步构建以开放性、自主性、数字化、差异化等为特征的新型教学模式。学校建立了督导听课、同行评教、学生信息反馈等制度化的参与式课堂教学组织实施情况评价制度，很好地促进了参与式课堂教学组织的开展。

（一）许昌学院参与式课堂教学组织改革实践

许昌学院积极开展多种形式的参与式课堂教学组织改革，尽管名称不同、形式各异，但以学生为中心的理念，让学生全体全过程参与的思想，提升学生知识、技能和能力，形成可取的情感、态度和价值观一直是学校努力的方向。

1. 实践能力提升计划

学校要求在培养方案中明确各专业核心专业技能培养目标，将专业核心能力这一课程体系中的隐性元素进行显性化表达，给予本科生明确的能力成长目标，明确专业能力教育责任。

开展"实践能力提升活动"。结合学科专业特点组织开展学科竞赛和应用技能竞赛活动，积极培育校级学科竞赛项目，并参加国内外学科竞赛活动，以学科专业竞赛带动学生实践能力提升。

完善实践教学质量标准。建立健全与应用型人才培养模式改革相适应的实践教学管理制度。围绕专业能力培养目标，制定专业核心课程实验和综合实习环节质量标准，使学生专业能力培养有依据、可测量。

开展实践基地和实践教学评估。建立支持职业资格证书考试制度，制定相关奖励制度鼓励学生获取职业资格证书。

增加实践教学基地。引入行业企业技术、装备等资源，合作共建实验室、实训室等实践教学平台。与地方行业企业合作，建设实习、实训、就业"三位一体"的实践教学基地。与地方产业界联合打造集产、学、研、培功能于一体的综合性实践教学基地。

提高实验教学质量。进一步完善实验教学规范，扩大实验室在实验内容、时间和空间上的开放程度。进一步提高综合性、设计性实验项目占比，理工科专业综合性、设计性实验项目占比提高到30%以上，文科专业课程实验中要有综合性或设计性实验项目。鼓励教师把有助于学生开展研究性实验的科研成果转化为创新实验项目。

2. 课程建设改革计划

学校积极实施参与式课堂教学组织改革计划，推广基于生产过程的课程开发模式，应用新的课程教学范式，增加课程的"应用性"特色。推广案例教学、项目教学、反思教学等教学方法，增加对开展研讨式教学课程的支持。许昌学院计划到 2020 年底，全校各专业拥有比较科学、与周边产业契合度较高、校企共同开发的应用型课程体系；每个专业建成 1~2 门核心应用型课程，全校建成示范性应用型课程 100 门左右，引导并实现全校 60% 以上的专业课程向应用型方向改革，上述应用型课程争取 20% 以上实现建成开放式在线课程。

许昌学院推进通识教育改革，制定了《通识教育改革方案》，明确了应用型人才应该具备的通识核心素养，并据此重构了通识课程体系。以通识写作课程为突破口，在多元化写作基础上，着重建设"思维与写作"通识必修课程，产出了一批应用写作优秀成果，初步形成"必修 + 多元化选修"的通识类写作课程体系。培育建设精品通识课程，遴选了 110 余门校本精品通识课程、40 余门通识核心课程，提升了通识课程质量；本着"线上引进、线下助学"的原则，引进和开发了 400 余门线上通识课程资源，并对核心课程采取线下助学模式，规范了网络课程学习管理。

3. 学业评价改革计划

以学习成效为中心，全面推进课程学习评价改革。以学生人格养成和综合能力评价为核心，考核实现了以知识为主向以能力为主的转变。综合考核模式实行分阶段全方位参与，不但内容涉及面广、综合性强，而且形式多样，如有先行课堂参与的指定阅读、自主阅读，有核心课堂参与的操作展示、课堂交流提问讨论、作业布置与完成情况，还有辅助课堂参与的研究报告、作品设计、自我评价及小组评价等。总之，重视过程评价，不再单纯地倾心结果性考核。学业评价改革计划的实施使学生学习评价领域拓宽，学业评价主体类别增加，促进了学生积极参与行业从业资格认证，提升了考试能力，实现了学业多元化评价主体。

4. 教学创新大赛

许昌学院着力推进 OBE 理念在课程教学层面的落实，审视"课程内容—课程目标—专业人才毕业要求"的逻辑支撑结构，强调从"教师教得好"到"学生学得好"的转变，翻转课堂、项目教学、案例教学等得到广泛推广，探究式、讨论式、参与式等新的教学方式得到普遍认同。越来越多的教师投身到教学改革实践中，使课堂教学焕发出更多的活力。为了显示课堂教学改革的导向和决心，学校把已连续举办多年的"教师课堂教学大奖赛""教师实践教学大奖赛"合并转化为"教师教学创新大赛"，要求教师秉承"学生中心、成效导向"的理念，在教学目标确定、教学内容重构、教学过程组织、教学手段运用等方面进行改革与创新。新的教学设计与现代化工具相得益彰，不仅提升了师生互动的层次，而且加强了学生间的思维碰撞，展现了参与式课堂组织教学的魅力。

（1）教师教学创新大赛

为了有效检验应用型课程改革与建设取得的新成效，进一步引导广大教师积极参与教学模式、教学内容、教学方法、教学手段和教学评价的改革与创新，整体提升教师的课堂教学能力和教学水平，全面提高课堂教学质量和应用型人才培养质量，许昌学院举行了以"改革与创新"为主题的教师教学创新大赛。比赛要求参赛教师以立德树人为基本遵循，紧紧围绕培养学生的认知能力、合作能力、创新能力和职业能力，在教学目标、教学内容、教学方法、教学手段、教学评价方式、学生思维和技能的训练、学法指导等方面有明确的改革与创新。比赛分为学院初赛和学校决赛两个阶段，学院初赛阶段全员参与，学校决赛阶段有来自全校 24 个院部中心的 91 名教师参与。

决赛分为理工科理论组、理工科实践组、文科初中级理论组、文科实践（高级理论）组、体音美组五个赛组进行。赛前理论课程参赛教师要申报三个课题，并从申报的三个课题中抽取一个课题进行比赛；实践课程参赛从申报的参赛课程中自选一个课题进行比赛。比赛开始前，参赛教师向评委提供五份参赛课程教学大纲和参赛课题教案。现场比赛分说课、上课和课后反思三个环节。

第一，说课。参赛教师向评委说明本课程在专业人才培养方案课程体系中的地位和作用，简要说明在教学目标、教学内容、教学方法、教学评价、学生思维和技能训练、学法指导等方面融入的创新要素。

第二，上课。理论课程以讲课形式进行，参赛教师要充分体现以学生为中心，灵活采用启发式讲授、批判式探讨和探究式学习等参与式教学方法，注重师生、生生之间的互动，能够为学生留足积极思考、主动参与教学环节的时间；实践课程以现场做课形式进行，参赛教师要充分调动学生动脑、动手的积极性，教师的技术指导或示范操作要娴熟、准确，能对学生的操作或训练进行及时的反馈、点评和总结。

第三，课后反思。参赛教师简要向评委说明课程目标和教学目标的达成度、改革创新点的落实情况，分析本次教学的成败得失和存在的问题，查找原因，提出以后重点改进的方向和举措。

教师教学创新大赛既是教师交流教学理念、切磋教学技艺、展示教学风采的平台，也是对教学改革成效的大检阅。通过连续举办多届教师教学创新大赛，涌现出一批善于改革、勇于创新的教坛新秀。大赛工作不仅得到了学校和各教学单位的高度重视和大力支持，也赢得了广大教师的高度认可和积极参与，现已成为增进教师业务素质、提升教学能力的重要载体和许昌学院教学工作的品牌。

（2）应用型课程设计大赛

课程是人才培养的核心要素，加强应用型课程建设是提高应用型人才培养质量的基础。许昌学院围绕培养高素质应用型人才的目标，制定出台《应用型课程建设方案》，以参与式教学改革为重点，推进应用型课程建设改革。许昌学院《应用型课程建设方案》在参与式教学组织方面着重强调两点。

一是采用参与式教学理念。应用型课程教学应根据课程特点和教学单元形式的不同，使用翻转课堂、对分课堂、慕课等现代化教学手段，采用尔雅、爱课程等互联网教育平台，构建线上、线下相结合的混合型学习方式，以促进学生自主学习意识和能力的提升。课前以学习基础理论知识为主，课堂以知识应用训练为主，课后以综合应用实践为主。课前，教师布置学习任务，学生通过微课、在线课程、小作业、调研等形式学习，初步掌握本次教学单元的基本知识，总结学习中存在的问题；课堂教学，可根据课程特点和教学内容不同，适时采用情景式、项目式、任务式、模块式、案例式、问题式、现场教学等多元化的教学形式，把学生分成不同的学习团队，通过研讨、体验、模拟、实操、仿真等方式，开展师生互动、团队互动的交互式教与学，整个过程中教师以引导为主，将学和做的过程交给学生，注意激活学生的思维，提高学生主动学习的兴趣；课后，教师引导学生依托学科竞赛、科研项目、现场实训、社会实践等方式，对所学知识进行进一步的综合应用实践。另外，加强实践教学环节，使实践形式多样化、上课地点多元化，课堂内外、校园内外、实践基地、企业工作一线等场所均可开展实操、模拟或仿真学习。

二是实行多元化评价方式。实行多个阶段、内容综合、多方参与、形式多样的综合考核模式。考核阶段包括随堂提问、平时测评、阶段考核、期中考核、期末考核等；考核内容以应用能力考核为主要导向，实行知识、能力、素质等综合考核模式，建立以表现行为和应用能力为主的评价体系，增加知识应用类和实践能力类内容的考核比重；考核应由主讲教师、行业专家、实习单位教师、校内实践教师、社会等级考试单位等多方共同评价；考核形式包括网络考核、试卷考核、调研考核、实操考核、设计考核等。对于课程教学效果的评价，由学校、实习单位、用人单位、行业团体等共同参与评价，采取定性与定量评价相结合的评价方式。

为建设参与式课堂教学组织为主的应用型课程，加快应用型课程体系建设，引导全体教师关注应用型课程建设，积极参与课程内容与教学方式、教学手段与教学资源、教学过程与教学评价等课程教学改革，整体提升教师课程改革与设计的能力和水平，全面提高学校应用型人才培养质量，学校举办了应用型课程设计大赛。依据本次参赛课程所属专业类别和课程特点，大赛分为理工科、文科、体音美三个组别进行，突出以学生为中心与持续改进的参与式课堂教学组织理念。课程建设坚持从"教师教"和"学生学"两个方面改革创新，从学生发展、学生学习和学习成效方面，持续改进和优化课程，建设人才培养方案中学科内涵与学生发展相融通的核心课程。

5. 参与式课堂教学组织监督评价

学校建立了以教学质量监控与评估处为管理单位的教学质量保障机构，负责全校的课程质量保障，主要是从督导听课反馈、学生信息反馈和领导听课反馈，了解和评价一线教师参与式教学实施情况。

一是督导听课反馈。学校督导听课作为学校日常教学质量监控的经常性、重要性工作，有条不紊地展开。听课采取计划性听课和随机性听课两种方式进行，听课对象主要为新进教师、学生反映教学方法有待改进的教师，所听课程类型主要为专业课、技能课及应用性较强的课程等。

　　二是学生信息反馈。学校建立了学生教学信息员队伍，收集掌握最真实的教学信息，广泛听取学生对教学的意见及对管理工作的建议，及时发现教学过程中存在的问题并有效解决，不断提高学校教育教学质量和管理水平。每个年级每个专业设一名教学信息员，负责反映学生对教学管理和人才培养方案、课程设置、教材选用、教学条件等方面的意见和建议，学生对教师思想政治素质和教学能力方面的评价与建议，以及学生的学习状态等。教学质量监控与评估处组织教学信息员开展教学信息采集工作和教学质量检查工作，并对全校各个教学单位的教学信息进行整理和分析。

　　三是领导听课反馈。为强化教学工作中心地位，加强教学过程管理，保证学校各级领导关心和支持教学工作，学校领导经常深入教学一线，全面了解和掌握教育教学状况。教师教学水平的不断提高使学校教学质量不断刷新，促使学校建立新的"领导干部听课制度"，明确提出校级领导干部、机关部门中层领导干部以及各教学单位科级以上干部每学期都要完成一定的听课任务。教学质量监控与评估处负责汇总整理听课反馈意见，督促相关部门采取措施，及时解决问题。每学期末，教学质量监控与评估处对领导干部听课任务完成情况进行检查，并将结果通报全校，听课任务完成情况将作为领导干部个人年度考核和单位评优评先重要依据。

　　从反馈情况看，大部分教师注重教学设计，教学过程中积极运用参与式课堂教学理念，注重与学生的交流和互动，注重对学生的启发和引导，能引导学生积极参与课堂教学，课堂氛围活跃，课堂教学质量较高，受到学生的喜爱和欢迎。注重发挥学生在课堂上的主体作用，采用参与式课堂教学、案例研讨教学等多种教学方法，以教师为主体的传统教学方式被彻底打破，学生参与热情高，学习劲头足，教学效果显著提升，受到师生的一致好评。

　　当然，在反馈中也发现，个别新手教师教学、学生学习等方面还存在不少问题与不足，需要改进提升。如少数教师教学理念落后，不能坚持参与式教学理念，仍然墨守着"以教师为中心、以教材为中心"的传统理念。虽然在处理教学设计、教学内容方面有思路，但是在课堂教学组织及教学方法选择等执行环节很容易忽略听课学生的真实需求和感受，课堂教学过程中学生主体地位缺少体现，学生的学习状态和学习效果也未及时被关注，缺乏师生间的有效互动和交流，导致课堂气氛沉闷，学生参与度不高。部分青年教师教学基本功不够扎实，教学方法单一，存在教学设计与组织能力低、现代教育技术运用不到位等问题，对学生的引导和启发力度不够，授课效率偏低、学生学习积极性不高。部分课程理论内容讲授过多，案例设计较少，与实践联系不够紧密，导致课堂教学效果欠佳。

针对发现的问题，提出改进建议：加强教师培训，有效贯彻落实参与式课堂教学理念，在教学设计及教学过程中，重视对突出学生主体地位的参与式课堂教学组织实施落地培训，通过分层的理论指导及实践锻炼，使教师在课堂上养成积极关注学生学习状态及学习效果的职业习惯，把培养学生学习兴趣、激发学生学习热情定为先行课堂备课的重要一环，促使学生养成学习主动性和不断提高学习积极性。在教学过程中突出学生的主体地位，加强师生课堂交流，激发学生学习热情，提升对学生启发与引导的能力。加强对青年教师的指导和培养力度，开展形式多样并具有针对性的培训活动；加强对青年教师教学基本功的培养和训练，帮助其尽快掌握教学技能，不断提高教学水平。组织教师开展教学内容及教学方法研究，改变传统的授课方式，注重在教学过程中融入案例、图表、模型等内容，增强教学方式、方法的灵活性与多样性，引导教师根据课程性质和教学需要，选择合适的教学手段，将传统的板书和现代多媒体教学技术有机结合，充分发挥其辅助教学的功能。切实发挥基层教学组织作用，通过开展类型多样、形式灵活的教学组织活动，凝聚教师队伍，提升教学和教研水平。尤其是要注重组织教师开展教学内容及教学方法的研究与改革，形成教学效果跟踪机制，对教学组织活动进行评价与反馈，切实促进教学质量的不断提高。不断完善教学质量监控与评价体系，明确各教学环节质量标准，坚持贯彻落实领导干部听课、教学督导巡视及听课评课、学生评教、教学质量考评等制度，不断强化教学质量管理。

（二）许昌学院参与式课堂教学组织改革优秀案例

本书以许昌学院优秀教师青青（化名）任教的视觉传达设计专业"包装设计"应用型课程的参与式课堂教学组织改革与实践为例，来探讨青青老师是如何有效实施参与式课堂教学组织的。

教师简介：青青老师是许昌学院美术与设计学院的一名优秀教师，2012 年毕业于中国戏曲学院舞台美术系，研究方向为艺术设计，热衷于工笔画、陶瓷，喜欢教师职业。自我评价：真诚、认真、坚持、努力、虚心。曾多次获得省级教育系统教师职业能力大赛一等奖，2014 年美国欧道明大学（Old Dominion University）访问学者。下面以青青老师的"包装设计"课程为例，介绍她的参与式课堂教学组织的具体实施过程。

1. 参与式课堂教学组织过程的设计

根据表 5-1 和表 5-2 可知，青青老师视觉传达设计专业的专业应用设计能力课程"包装设计"是理论与实践相结合的课程，共分为先行课堂、核心课堂和辅助课堂三个阶段，该课程是专业核心能力培养的重要课程。

表 5-1　青青老师授课情况记录

教学科目	包装设计	教学班级	2018 级视觉传达设计专业一班
班级人数	20 人	教学日期	2018 年 10 月 16 日上午，2 节/班
实到人数	20 人	教学性质	参与式课堂组织
缺课人数	无	教学效果	优秀

表 5-2　教学进程

第一阶段	先行课堂	理论学习，7~9 节课
第二阶段	核心课堂	理论学习 20~25 分钟，技能实践学习 25~30 分钟
第三阶段	辅助课堂	"理论+技能实践"学习，课后业余时间

2. 实施参与式课堂教学的准备

（1）先行课堂

伴随着经济全球化的发展，包装行业机遇与挑战并存，如何培养能够适应包装产业转型升级的高素质人才，是摆在教育者面前的迫切任务。[①]"包装设计"作为视觉传达设计专业的专业必修课，3 学分，60 学

---

① 朱和平、赵蓉：《关于现代包装设计人才培养体系改革的思考》，《中国包装》2014 年第 6 期，第 28 页。

时，大三上学期开课。依据职友网的最新就业排名，视觉传达设计专业在艺术设计类的就业中名列前茅，社会需求旺盛，就业前景光明；不足之处在于，学生在工作过程中的实践应用能力与预期结果存在差距。但"包装设计"是高等院校视觉传达设计专业的专业必修课，作为一门综合性、实践性极强的核心课程，在高速发展的日新月异的现代化教学中，传统的教学方式方法已经不能满足教学的需求和学生的期望，课程改革迫在眉睫。考虑到目前专业学生多为"00后"，他们富有个性、充满激情、喜荣誉、盼参与，而传统的教学方法削弱了学生参与学习的积极性，导致教学效果不理想，课堂学生参与度低。解决方法：一是改变教学目标，把以掌握知识为主的传统教学目标转变为以培养能力为主，满足社会各行各业的需求。二是教学过程转变，将以前的以教师为中心转变为现在的以学生为中心，使学生学习主动性被有效激发，主动学习意愿增强。而进行参与式的先行课堂，可以围绕课程定位、课程设计、课程实施和课程评价四个方面，与学生集体探讨"包装设计"课程改革到底该如何进行。所以，在先行课堂，青青老师会详细为同学们讲解"课程定位"方面的知识，如她会为同学们耐心讲解基础课与专业基础课、专业设计课皆为视觉传达设计专业的三大课程体系，既有区别又有联系。如"包装设计"就属于课程里面的专业设计课，同学们在学习这门课程之前，既需要专业理论基础的支持，也需要专业设计基础的助力，对自己已掌握知识程度的合理评估，是当下每个同学必须要清楚认知的重要任务。同时，青青老师除了自己设计题目测试学生实际掌握知识的水平外，还会去找学生的辅导员沟通和交流，以便更清楚地了解学生以前各门功课的详细掌握程度，为核心课堂的有效教学组织打下良好的基础。青青老师说，在先行课堂与同学们查漏补缺的积极对话中，她注意到同学们在学习过程中参与实践项目少，所以如何具体地实施项目成为困扰学生的普遍难题，也是她在教学过程中急需重点解决的问题。因为"包装设计"的课程定位，是将人才培养目标和职业能力目标与学校办学定位联系在一起，她必须在"包装设计"课程的先行课堂，围绕知识、技能和态度三维目标给学生讲透彻、说明白这门课程的教学目标（见图5-1）。因此她会以案例来助力，如以贵和堂苗仙草、脉动等饮品包装为例，耐心讲解此饮品包装中的字体、标志、版式、图形创意以及广告设计等，由此告知同学们该课程为什么是综合性极强的一门专业核心课，它把设计由平面领域转向立体领域。同时，在该课程的教学过程中，青青老师会格外重视学生实践应用能力、理论知识的理解能力及创新创意能力的培养。这样的构思落地还需要参与式课堂教学组织的助力，通过先行课堂的积极组织，使学生意识到专业基础能力的提高一定要围绕知识目标来学习；通过核心课堂的教学过程，使学生进一步清晰自身的实践能力和创新能力，提高对老师设计的课程技能目标的掌握；而通过辅助课堂，相当于老师为学生提供了一个免费的助教机会，使学生的综合应用能力围绕着教师设计的梯度目标节节攀升。这样的有机结合，使师生在互动中相互滋养，从而培养出高质量、高素质创新设计人才，以满足社会各行业的需求。当然，师生对课堂的认知都会进一步提高，为核心课堂、辅助课堂的组织打下了良好的基础。

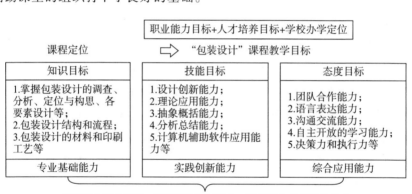

图 5-1　青青老师先行课堂的"课程定位"设计

（2）核心课堂

因为该课程是对大三学生开设的，青青老师会根据大三学生的特点，结合专业特点，与学生辅导员沟通，进一步了解学生情况，如过去的学业成绩、现在的学习状态、未来的职业规划，甚至具体到学生的心理健康状况等，之后才开始成立学习小组；选好课代表；制定课堂参与式制度；告知学生学习成绩的评估方式，鼓励同学积极参与。她说只有这样，才会对自己先行课堂的教学效果有更真切的认知，把因材施教落到实处。

（3）辅助课堂

青青老师的辅助课堂内容非常丰富，她会指导学生积极参加各种竞赛活动，指导学生进行职业生涯规划，和学生一起走进企业，把学生设计的作品变成现实，但她更多的时间是带学生走进田野，如校企合作企业、大型超市、网红店等，进行现场体验指导。同时，她也是学生创办的"包装设计达人俱乐部""魅力包装创意之家"的固定指导教师，如果学生有比赛，她不仅亲力亲为地加班指导学生，而且会做陪伴学生个人心灵成长的"知心姐姐"。

3. 参与式课堂教学组织的环境创设

（1）先行课堂

教室要干净、整洁，桌椅摆放符合教学设计要求，给人视觉以美的享受；多媒体及网络畅通，硬件设施齐全，给学生创造良好的学习环境。

（2）核心课堂

教室布置模拟设计师实际工作场景，给学生营造临场感，打造真实感浓郁的学习氛围。

（3）辅助课堂

充分利用校园广播、校园海报、校园报纸、校园网络、公众号等平台宣传和报道学习形式及学习成果，同时与校企合作企业积极联系，大力宣传和推广学生的设计作品，对有进步的学生予以表彰和激励，鼓励学生举办设计作品展。

4. 参与式课堂教学组织的具体实施

（1）先行课堂

（整理自青青老师部分口述）"大三的学生，没有了大一新生的青涩，也没有大四学生面对毕业要进行种种选择的压力，正是努力奋斗的美好时光。如果结合我个人的成长经历来思考，那么我的大部分学生应该有清晰的学习目标。可是，我通过的学院走访、同行交流及个别学生访谈才发现，现实远比想象中真实，很多学生都还比较迷茫。虽然每天被学习、生活安排得满满的，但是他们的内心有很多的不安和恐慌，觉得什么知识都得学习，凡是证书都非常重要，总之，多储备总比没有要好。所以，学生们热衷于各种证书的考试、各种线上线下兴趣培训班的学习，甚至也有开始尝试自己创业开工作室的。当然，每班也总有那么几个学生，按部就班地安心学习，静等毕业。结合以上分析，我决定在先行课堂上结合学生的专业特点，以帮助学生梳理思路，聚焦前行目标为基础，围绕'导趣、导学、导思、导行'八个字来设计参与式先行课堂教学组织，并结合课程特点给学生设计了 8 小时的先行课堂内容，既有我自己的专业成长分享、名家的创业经历，也有结合课程谈未来行业发展，社会进步的历程中该课程的责任、使命，以及同学们的担当、紧迫感。我的出发点非常简单，我希望未来我的课堂上，学生学习时能一开始就有清晰的课程学习定位，不迷茫、不敷衍，更不允许有'身在曹营心在汉'的逃课心理。8 小时的课堂，理论实践各半。今年是我任教本门课程的第六年，我对课程内容非常熟悉，所以 4 节理论课程的组织形式也各不相同，既有线上的也有线下的。因为学校目前在推进参与式课堂教学组织的实施，有的时候计算机室、实训室的使用会比较紧张，为了不受客观条件的影响，我就把课程搬到了线上，尽管一开始也颇费周折，但是经过向信息中心及相关老师的请教学习，我自己也成长了许多。如今，我的线上先行课堂教学也有了一定的成绩，学生们评价很好。再者，我想和同行交流分享的就是关于先行课堂的实践部分。我知道，作为应用技术类本科院校，很多老师结合专业特点的实践可能会在课程讲解完后，学生有了一定理论基础的支撑，后续实践环节才带学生去参加实训，而我是从课程一开始的先行课堂就启动，并且实践环节多由我前几届的学生担任讲解'老师'，他们大部分或升学或就业，也有自己创业开工作室的，我觉得这样的参与式先行课堂组织的分享相当于心理学上的'朋辈指导'，学生们更容易接受和理解。但这都不算什么，最让我吃惊的是，会提高学生们的自信和语言表达能力，激发学生无与伦比的学习热情。当然，如果是从我的毕业学生口中听到对我的肯定、认可或赞美，那要比写在网页上的个人介绍形象生动得多。所以我这几年一直热衷于先行课堂的组织，它是我连接新生和毕业生的情感桥梁，更是核心课堂和辅助课堂参与式课堂教学组织中必不可少的重要一环。"

　　青青老师看笔者并没有真正地理解，就说给笔者讲讲她的整个参与式教学组织设计。下面是她的分享：

　　　我的参与式课堂教学组织课程设计原则有三个：以项目为载体，

以学生为中心，以能力培养为目标。以项目为载体要求学校以真实项目为基础，按照职业岗位能力要求重新梳理学习内容，激发学生学习积极性，变被动学习为主动学习，从而帮助学生在真实的环境中真学、真做、掌握真本领。具体来说就是，围绕"先行课堂、核心课堂和辅助课堂"来组织以学生为中心的参与式课堂教学，教学中要求一切从学生的角度出发，站在学生的立场想问题。考虑到目前教学现状中存在理论与实践分离、课堂以老师讲授为主、教学评价中只有教师评价、教学实践命题模糊等现象，不利于培养学生课堂兴趣，学生的能力得不到提高，教学效果得不到体现。因此，需要将知识体系重新安排，解构和重构旧的传统学科教学体系，建设新的行动教学体系，积极组织课堂教学。我会以能力培养为目标在核心课堂专注于培养学生的创造能力，并根据能力目标将教学情境分为三大类：情境一为洗化用品包装设计；情境二为食品包装设计；情境三为文创产品包装设计。情境的设计遵循由易到难、由浅入深的规律。根据情境的难易程度，采用不同的教学方式：情境一，老师讲，学生照着做；情境二，老师引导，学生学着做；情境三，老师放手，学生自主做。例如，在包装设计功能的知识块中，情境一讲物理功能，情境二讲生理功能，情境三讲心理功能；在绿色包装材料的知识块中，情境一讲可重复利用或再生包装材料，情境二讲可食性包装材料，情境三讲利用自然资源开发天然生物包装材料。不同的情境对应着不同的能力模块，同时，每个情境模块配备辅助软件、知识块和预计成果，且不同情境的设计项目内容虽然有所改变，但是工作过程是不变的。工作过程一般包括五个步骤：市场调研、项目构思、方案设计、成果制作、产品评价。项目的来源广泛，既可由老师推荐、网络征集，也可由学生自立项目。学生在重复的工作过程中逐渐培养自身能力，最终能够将作品转化为产品，投入生产，真正做到真项目、真学、真做、真受益。但是这部分内容单靠先行课堂、核心课堂是不行的，需要辅助课堂的积极组织来助力。

见笔者似乎对她讲的课程有了更多的认识和理解，青青老师主动给笔者分享了她的核心课堂组织。

（2）核心课堂

为了更真实地了解应用型本科院校参与式核心课堂的教学组织，笔者决定走进青青老师的核心课堂。下面是谈话摘录：

在参与式核心课堂课程实施的教学过程中，我采取以老师为主导、学生为主体的方式，整个教学过程工作化，具体过程是这样的：我会给学生下达任务书，学生分小组进行合作，每班20人，3~4人为一组。因为在先行课堂同学们都已相互了解，所以核心课堂的小组分配问题一般不用我多操心，学委就可以做得很好，分组会考虑学生的知识背景和兴趣爱好等，我只要把下关就好了。以小组的形式进行参与式课堂教学组织的学习活动有利于课程顺利实施，这是因为：第一，有利于培养团队合作能力，小组任务中，学生根据自己的特长，分工明确，比如，有的同学语言表达能力强，善于和客户交流；有的同学熟练掌握计算机辅助软件；有的同学文案策划能力强。学生可充分发挥特长，展示个人价值。第二，有利于推进学生主动学习，我会在课前给学生下达任务书和布置学习要求，课堂上随机抽查提问，被抽查者的成绩便是小组的成绩，因此小组成员之间可相互督促学习，实现共同参与，共同进步，这很好地帮助被动学习的同学转为主动学习。第三，小组的组长实行轮流制，既能提高学生的学习积极性，又能锻炼学生的组织能力，很好地培养了每位同学主人翁的精神。我会在学生分组讨论后，进行重难点讲解，同时对于学生小组讨论和制订方案，我会答疑辅助，小组确定方案后，进行项目制作及任务实施和成果展示。当然，在学生制作过程中，我主要起指导作用，学生在做中学、学中做。例如，指导毕业生韩瑶以十二生肖为元素，为山西"冀州黄"小米做了系列包装设计，真项目真做，取得了毕业设计作品一等奖的优秀成绩。对学有余力的同学，我会进行知识延展，提升创新创意能力，指导参加各级设计比赛，不过那就是我们辅助课堂的组织了。

（3）辅助课堂

笔者在与青青老师的交谈中了解到，辅助课堂组织中，务必要做好针对各种学习形式的前期宣传和针对学习结果的后期表彰激励工作，充分利用校园海报、校园广播站、校园报纸和校园网络等线上线下平台，为学生展示自我充分创造条件。青青老师说在先行课堂、核心课堂教学中，以学生自讲自评为主，她讲授为辅，师生约定老师授课时间不超过整堂课的一半时间。学生参与度增强的课堂，师生双方互动频繁，在此教学模式下，课堂惊喜不断，学生思想约束少，奇思妙想的灵感就会不经意间涌现，会诞生极富个性、特色的"绝世"好作品。参与式课堂教学组织非常有利于调动学生学习主动性，使学生在自由的氛围中快乐学习，几年的实践已很好地证明，特别是那些由学生自主创作，而被政府各部门、社会各团体或商界大小企业所采用的作品。对该专业的学生来说，他们既做到了学以致用，获得了荣誉和激励，也服务了社会，可谓"双赢"。因此，他们的辅助课堂形式丰富多彩：比赛性质的课堂组织、设计性质的课堂组织、校企合作的实训基地课堂组织及学生自己组织的沙龙分享和工作坊才艺秀等。青青老师分享说，她只是在学生需要她的时候才会去助一臂之力，其余时间都是学生自己组织，多是高年级指导低年级或是跨年级、跨专业的兴趣爱好者在一起，又或者是企业的设计师来分析交流，或者是请名家讲座分享等。总之，学生会积极地组织，认真地管理，目前课堂体系运作平稳。这样，三个课堂的组织形式环环相扣，会把学生真正吸引到课堂，既培养了学生的社交能力，又提高了学生的专业技能。说到专业技能，笔者很希望青青老师分享一下她是如何评价她的学生学习效果的。

　　见笔者好奇心重，青青老师分享说，包装设计课程评价体系由注重对学生学习结果的考核评价，转变为对学生学习过程的全程评价。不是以结果为导向，而是更注重过程，在课程评价上平时成绩占总成绩的70%，考试成绩占30%，其中校企合作占总成绩的40%。实行考试与考查相结合、平时成绩与考试成绩相结合、实践过程与实践结果相结合、实践技能与实践素质相结合的多元评价考核体系，将教学效果转化为产品进行推广，促进教学发展。[①] 多元评价体系分为校内评价、校外评价。

---

　　① 邢明、杨道陵、张凤丹：《包装设计实验课程项目制教学改革研究与实践》，《轻工科技》2015年第7期，第185页。

校内评价分为学生自评、互评、小组评价和教师评价四种方式，力求做到公平、公正。校外评价邀请包括行业专家、教授、客户在内的第三方对项目实施的设计成果进行点评，多视角发现问题并提出改进建议，帮助学生在真实项目的实践过程中，综合思考包装设计的社会性和市场性，有利于真实项目与实践教学的有机融合，真正实现学校与社会的紧密对接。总之，她将学生评价分为三个部分：课堂兴趣度、知识掌握度、课程难易度。随着应用型课程的开发和逐步应用，学生的整体满意度稳步提高。据统计，学生参加的设计比赛，参赛人数、获奖数量大幅增加，获奖名次也有所提高。在项目总结汇报表和评分表中，有详细的对知识、技能、态度目标的评分要求。由此我们可以看出，青青老师提倡设计和创新，重视三个课堂的衔接和任务分工，独具匠心。

5. 案例解析及实施效果

青青老师的参与式课堂教学组织对学生成长、教师专业发展和教学改革等方面都起到了积极的促进作用。

（1）学生成长方面

据统计，学校实施参与式课堂教学组织后，提高了师生参加该行业设计比赛的积极性，使参赛人数、获奖数量明显增加，质量有了明显提高。目前，设计艺术学院已与 15 家单位建立校企合作，随着参与式课堂教学组织的进一步推进，高质量人才不断涌现，近几年用人企业对该专业学生的工作从态度到能力都非常满意，学生就业率喜人。单就 2019 年学生取得的优秀成绩来讲，例如，指导学生创作的许昌市中心血站包装设计已被采用，应用于 2019 年 6 月 14 日国际献血日，受到社会的广泛关注和好评，为中心血站无偿献血的宣传工作起到了积极的助推作用。毕业生柴煜洲说："老师的课有趣而且实用，参加工作以后更是深有体会，我在老师的课堂上学到的东西，工作后仍然能从中汲取营养"。

（2）教师专业发展方面

青青老师参与式课堂教学组织实施以来，学生参与学习的热情被充分调动，从而减少了教师课堂教学组织中管理课堂的工作量，可以有更多时间进行教学研究，这使她在教学成效上也有很大收获，多次获得教学技能竞赛一等奖、省"教学标兵"等荣誉称号，这些也更加坚定了她的职业信心，不忘初心、孜孜进取。

（3）教学改革方面

参与式课堂教学组织很好地契合了"包装设计"课程教学的真实有趣以及实践中带有职场化的特点，能使学生在快乐中学，在实践中学，不知不觉中本领见长而不自知，能力提高而不费劲儿。通过参与式课堂教学组织的实践改革，学生自主学习能力、掌握新知识能力、实际动手能力均得到大幅度提高。总之，面对变化多端的企业市场，学生会运用学到的综合知识解决实际遇到的问题，用校企合作单位的评价就是"这样的参与式课堂教学组织改革就应该多多推广，感觉培养出来的学生不但专业知识过关，而且对行业发展的感悟力以及团队沟通协作能力都非常强，大大减少了我们就业前培训的压力"。参与式下的先行课堂、核心课堂和辅助课堂使应用型的课程教学更加紧密有效地对接用人单位人才需求，提供学生创业基础支撑以及学生深造所需专业基本功。

"包装设计"这门应用型课程，以学生为中心积极推进参与式课堂教学组织教学改革，与时俱进紧跟办学理念步伐。"课改"以来，在构建"包装设计"课程体系方面，教学目标清晰，前进方向明确，传统教学模式已被打破，教学体系更加完善。结合行业实际情况，兼顾学生意愿与社会人才需求，应用型课程参与式课堂教学组织不断改革和实践，以便为社会培养更多高质量、创新复合型专业人才。同时，使教师在参与中不断拓宽自己的知识领域，不断刷新自己的成绩，如案例中的青青老师，刚在 2020 年河南省本科教育疫情防控期间获得线上教学优秀课程一等奖；在 2019 年"包装设计"上线中国大学慕课，获评河南省精品在线开放课程；在 2018 年全国第七期应用型课程建设大课堂获得说课竞赛二等奖；荣获 2017 年度河南省教育系统教学技能竞赛一等奖，河南省教学标兵；荣获 2017 年许昌学院第一届应用型课程设计竞赛一等奖等。她激动地分享自己的教学感悟：在成为一名优秀的一线教师过程中要循序渐进，一步一个脚印，虚心进取，不能急于求成；要多思考、多交流，多向优秀的前辈和同事学习，要有团队合作意识；珍惜每一次国内外的学习交流机会，开阔视野，跨行学习，创新借鉴，广泛吸收多元的教学思想、方法理念，从而提高自己的教学能力；在高科技信息化时代，知识更迭日新月异，要不断地充实完善自己的知识技能储备；在教学过程中以学生为中心，注重思政教育，注重学生的实践应用能力和创新创意能力，为社会培养合格的新时代工作者。

表 5 - 3　青青老师的授课计划

"包装设计"课程设计方案授课方式		课堂讲授（√），实践课（　）	教学时数	备注
授课计划	教学目的和要求	1. 知识目标：掌握包装设计的三个设计原则：视觉醒目原则、信息明确原则、情感表达原则。在包装设计实践中灵活运用设计原则，形成清晰概念 2. 能力目标：培养学生的设计思维、创新能力、多角度分析思考问题能力、语言组织能力和团队精神等专业素养，使学生能够用设计者的思维，从消费者的角度出发，根据商品的品牌特征，设计出应用于生产的包装设计 3. 态度目标：注重积极广阔的市场调研，对学习、实践资源进行创造性的利用		
	重点和难点	重点：视觉醒目原则　　　　　难点：情感表达原则		
	教学方法	通过讲授法、情景教学法、讨论法、案例教学法等师生互动活动来加强学生对知识重难点的理解和掌握，注重培养学生的实践应用能力。 1. 讲授法：对课程知识点进行讲授和分析，帮助学生理解知识重难点，启发学生创新思维 2. 情景教学法：模拟商场场景，请学生以消费者的身份，选择购买同类产品中不同包装的产品，简述选择原因。激发学生课堂参与的积极性，提升学生的创新思维和语言表达能力 3. 讨论法：同学们通过小组讨论的方法，运用专业基础课程"色彩构成"所学知识，提出问题，例如，为儿童洗浴用品进行包装设计你会选择哪些颜色？简述原因。由此说明，视觉醒目原则中运用色彩影响受众心理的重要性。通过师生之间、生生之间的讨论，引出知识点的讲授，深化知识点的理解，促进学生消化课程 4. 案例教学法：南方黑芝麻糊是一种普通食品，售价低廉，为了达到产品销售的目的，其包装设计站在消费者的角度，从情感诉求中寻求重点，用回忆的手法，把消费者带到黑芝麻香甜可口的情境之中，使平淡无奇的普通饮食南方黑芝麻糊，既有了生气，也有了人情味，从而达到了引起消费者购买欲望、促进销售的目的，这是包装设计原则中情感表达原则的经典案例		

教和学的过程

教学方法	教学内容	教学目的	学生活动	时间
	第一部分　说课和导课			
讲授法	进行课程内容、教学重难点分析	对本节课程整体把握	聆听记录	1 分钟30 秒

教学方法	教学内容	教学目的	学生活动	时间
教和学的过程				
第一部分　说课和导课				
情景教学法	★模拟场景：在商场中以消费者身份，从三种不同包装的矿泉水中选出你喜欢的一种，简述原因	启发式教学法引出这节课的主题	讨论发言	3分钟30秒
第二部分　视觉醒目原则（★重点）				
多媒体辅助案例教学法	1. 经典造型案例——可口可乐 2. 茶包设计（飞鸟茶包设计、英国皇室人物茶包设计）	学习知识点1：运用造型突出展示	聆听、记录	3分钟
小组讨论法	问题： 1. 为儿童洗浴用品进行包装设计你会选择哪些颜色 2. 为奶酪包装进行设计你会选择哪些颜色	学习知识点2：运用色彩影响受众心理	讨论发言	3分钟
多媒体辅助案例教学法	1. Superdrug kids 儿童包装设计欣赏 2. Say CHEEESE 奶酪品牌包装设计欣赏 3. 玫瑰火烈鸟酒品牌包装设计欣赏	学习知识点2：运用色彩影响受众心理	聆听	2分钟
	1. 吴裕泰北京老字号茶庄 2. 苗仙草饮品 3. 同仁堂月饼包装设计	学习知识点3：突出商品和品名	聆听、记录	3分钟
	1. Coconut Water 香皂盒包装 2. 深泽直人创意果汁系列包装欣赏	学习知识点4：独特的材质引人关注	聆听	3分钟
★归纳设计原则一：视觉醒目原则（重点）	1. 运用造型突出展示 2. 运用色彩影响受众心理 3. 商标在包装设计中的重要性 4. 独特的材质引人关注	加深学生理解、记忆	讨论、记录	1分钟
第三部分　信息明确原则				
多媒体辅助案例教学法	1. Freshmax 水果包装设计欣赏 2. 饼干包装设计等	学习知识点1：真实传达产品信息	聆听、提问、记录	5分钟
	1. 香奈儿化妆品包装设计 2. 中华牙膏包装设计	学习知识点2：准确传递产品信息		
归纳设计原则二：信息明确原则	1. 真实地传递产品形象 2. 准确地传递产品信息	加深学生理解、记忆	思考、练习	1分钟

续表

教和学的过程				
教学方法	教学内容	教学目的	学生活动	时间
第四部分　情感表达原则（★难点）				
多媒体辅助案例教学法	1. 新型口香糖包装设计 2. 新型矿泉水	学习知识点 1：实用性	聆听	3 分钟
	1. 小时代 4 纪念版微红酒系列包装设计	学习知识点 2：情感诉求	聆听、回答问题	2 分钟
引入视频提出问题	南方黑芝麻糊视频：南方黑芝麻糊是一种普通食品，售价低廉，其包装应如何做，才能登上"大雅之堂"，才能在消费者心中占据较高的地位呢	学习知识点 2：情感诉求	思考、观看、互动	4 分钟
★归纳设计原则三：情感表达原则（难点）	1. 实用性 2. 情感诉求	加深学生理解、记忆	聆听	1 分钟
第五部分　课堂总结和课后练习				
课堂总结	重复要点，对本章内容进行总结。解决学生的疑惑，鼓励学生通过亲友、网络等途径积极寻找可利用的实践演练资源	回顾知识点	互动讨论	
课后作业	收集你认为优秀的三项包装设计作品，从包装设计的设计原则角度进行赏析，以 PPT 的形式完成	加深对知识的理解，到商场、大型超市进行实地调查，提高实践应用能力	聆听、记录	
推荐书目	朱和平：《世界经典包装设计》，湖南大学出版社，2016	变被动为主动学习，了解包装设计的前沿知识	聆听、记录	5 分钟
分享学习网站	中国大学慕课《包装设计》，http://www.icourse163.org/course/；XCU－1206703845 中国包装设计网，http://bz.cndesign.com/； 国际创意品牌包装网，http://www.redocn.com/； 站酷，http://www.zcool.com.cn/； 视觉同盟，http://www.visionunion.com/	丰富学生的眼界，变模仿性设计为创造性设计	聆听记录	

续表

	教和学的过程			
教学方法	教学内容	教学目的	学生活动	时间
	板书设计			

包装设计的设计原则
一、视觉醒目原则
　　造型　色彩　商标　材质
二、信息明确原则
三、情感表达原则

（三）许昌学院参与式课堂教学组织课程改革创新案例

我们选取许昌学院"食品机械与设备"课程为案例来分析参与式课堂教学组织形式在教学中的应用。

在食品工业生产各环节中，食品机械与设备至关重要，不仅是食品原料制成成品或半成品的必备工具，而且是食品现代化生产组成部分中必不可少的。"食品机械与设备"课程涉及食品加工过程所需的各种单元操作机械，系统生产线的性能参数、结构组成、操作规程、工作原理及使用过程中的注意事项等，是一门专业基础课，实践性、工程性非常强。本课程就是为了提升食品类专业学生的应用能力，是以通用型食品机械设备的基本工作原理、基本结构、性能特点、选型及操作要点为主要内容，以"项目任务"为主要教学形式，以"工程实践项目"为课程的主要应用能力提升手段，以"设计项目任务"为学生创新思维培养训练的主要方式，最重要的是以"参与式课堂教学组织"实现教学效果。其中，包括食品的清理和分选机械与设备、食品的输送机械与设备、粉碎机械与设备、混合和均质机械与设备、分离机械与设备、食品浓缩机械与设备、干燥机械与设备、杀菌机械与设备以及制冷机械与设备在内的通用型食品机械与设备，对其进行逐步认识、比较理解、实践应用及技术创新等，从而使学生的综合职业素养得到提高。

1. 参与式课堂教学组织过程的设计

（1）先行课堂：将布卢姆分类认知理论应用至本课程

布卢姆认知理论认为，学生的认知应该分为六个阶段，分别是记忆、理解、应用、分析、评估、创造。其中，前三个为低阶目标，后三个为高阶目标。① 传统的课程教学安排，仅能实现低阶目标，例如，课前预习、课堂听讲、课后复习的最好效果，仅能实现记忆和理解目标，而实验环节也仅能实现应用目标，都是低阶目标。本课程将在保证低阶目标完成的基础上，力图突破三个高阶目标。主要方式就是增加课后的创新设计环节：学生通过自主选题，锻炼分析和评估问题的能力，通过设计、展示、反思，锻炼创造力，并在整个过程中，锻炼团队协作力等。

自主学习：对于食品机械与设备所涉及的基本概念、设备结构、简单设备的运行原理等记忆性内容，学生自主学习。采取的学习方式包括任务式学习法结合基于小组学习法。

课堂讲授：对于复杂设备结构及运行原理，采用多媒体辅助、虚拟仿真教学等手段帮助学生理解。

课程实验：课程实验通过实验环节，让学生进行设备应用练习，包括设备的组装、调试、操作，锻炼学生的综合应用能力，为创新设计奠定基础。

课程设计—选题：设置自主性任务。设计题目的选择过程就是学生自主分析现有设备不足，分析未来发展方向的过程。

设计任务—设计：自主性评价过程。小组内讨论、教师辅导，形成对任务效果及成员贡献的基本评价能力。

设计任务—成果：通过对作品进行展示、介绍、答疑、总结、讨论、反思、互评等过程，形成创新意识、锻炼创新思维。

（2）核心课堂：将系统化的生产过程引入课堂

新时代滋养了我国食品工业迅猛发展，随之而来的是食品企业对从业专业人才的实际要求增高，不但需要相关人才有过硬的专业能力，还需要有与时俱进的实践能力、行业发展需要的创新思维能力。而目前的应用型本科院校学生，创新意识不强、创新能力也比较薄弱，团队协作精神也急需进一步培养。与此同时，食品企业首要关注的工作实践经验和专业规范操作技能也是该专业毕业生所欠缺的能力。当下，食品专业的毕业生普遍工作适应能力不强，除了综合能力不高外，更多的体现在

---

① B. S. 布卢姆等编《教育目标分类学》（第一分册　认知领域），罗黎辉等译，华东师范大学出版社，1986。

动手实操能力不强，直接导致创新能力止步，专业综合素质亟待提高。总之，食品专业毕业生的企业适应能力表现一般，目前还没有得到食品相关企业的积极认可，企业对毕业生已学知识的实用性产生了严重怀疑，这也从侧面反映出，应用型本科院校在学生专业实际运用能力、行业创新能力方面培养不足。

"食品机械与设备"，是所有食品科学类专业的核心课程之一。教学内容主要包括工作原理、结构组件、操作方法和性能参数等，具有设备结构复杂种类多、内容更新快、信息量大的特点，且专业学习需要学生有较强的空间想象力和广博知识面。应用型人才培养需以教学内容为导向，实行参与式课堂教学组织，并分模块进行，以此教学方式彰显专业特色。"食品机械与设备"课程现行教学内容方面，教材章节的划分多按加工单位操作类型进行，主要包括的食品机械与设备有：输送、清理和分选、粉碎、分离、混合、成型、浓缩、干燥、速冻以及典型食品生产线等，条理虽清楚，有利于学生对各类设备的整体特性掌握，但对其进行实际应用的详细案例不够具体明确，理论多，综合应用性弱。学生按照此知识体系学习后，容易理论脱离实际，若想结合食品加工的工艺方案，来自己进行设备选型或是生产线设计和改造是相当困难的。除此之外，新技术在食品机械的生产过程中不断推陈出新，机械行业在食品领域的发展日新月异，也使新型食品机械设备不能与时俱进及时进入学生学习的教材中。

为了解决上述问题，并使该课程更好地起到联系食品工艺学与食品工厂设计的桥梁作用，对该课程内容进行优选、整合，将食品机械与设备课程内容按照几大典型食品生产线类型进行划分，主要内容分为干制食品生产设备、冷冻食品生产设备、饮料生产设备和制粉设备四大项目，每个项目下设 3 个情境，情境有理论部分、实践部分和创新课程部分，将传统知识体系的内容分解在 12 个子情境中。同时，为了更好地提高学生的实践创新能力，食品科学与工程专业的"食品机械与设备"课程在理论课程的基础上加开了 16 学时的实验课程，这在 2018 级的培养方案中已有体现，到 2019 级培养方案中，实验课程进一步增加至 32 学时。

（3）辅助课堂：把系统化的生产过程具体化

第一，课程内容与食品加工工艺有机连接。如干制食品生产设备，以几种典型的干制食品生产工艺为主线，将干燥、分离、混合机械与设备放入实际的食品工艺中讲解。在这个模块中设置了三个情境：奶粉生产设备、蛋白粉生产设备、果脯生产设备。学生看到这些情境名称就直观地知道了这些设备的作用，这些设备要解决什么问题，有了解才想深入地探讨，这让学生身临其境，求知欲望提高，以主人翁的心态去学习，达到事半功倍的效果。在冷冻食品生产设备、饮料生产设备和制粉设备三大模块中也分别设计三个子情境，子情境之间的关系更多的为递进，逐步增加难度，重点单元设备重复出现，但侧重内容不同，强化学生的学习理解。

第二，理论课程与实践课程相交融。实践性强是"食品机械与设备"这门课程的特色，强调理实一体化，实践、理论课程相互渗透。在实践教学中重视学生"做中学"，构建开放式、多层次与一体化相结合的实践教学平台，实践中学习、学习中实践，使学生的主动实践能力得到培养，逻辑创新思维能力得到提高，间接提高学生学习理论课的兴趣。如建立学习小组，经常组织学生观摩已有实验室的小型食品机械加工设备，鼓励学生亲自动手拆装这些设备，从而实时地对机械设备结构组、工作原理及工作中应该高度注意的使用事项等有更直观、清晰的认识，进一步加深学生对已学理论知识的深度理解。同时，在此基础上适当增设相关食品加工的趣味小实验，带领学生一起亲自操作，一起见证实践生产，实现实践、理论相交融，有利于学生在操作中快乐学习。特别是实践环节中教师的"手把手"示范讲解，也促使教师更加放心地"放开手"，把主动权还给学生，信任不但滋养着师生的情谊，也使学生动手能力迅速得到提高。

第三，创新课程和基础课程相交替培育"能手"。不同类型食品生产线的有效划分成为改革后教学内容的重要路径，分门别类地介绍线上，不但介绍了各种食品机械设备的工作原理、结构组成，而且有使用注意事项及特性介绍等。许昌学院的食品与生物工程学院，有校内食品加工"实验室"，共有水、酸奶、啤酒、腐竹和焙烤5条食品生产线。教师会在食品生产线相关理论教学完结后，带领学生去中试车间实地见习。基础内容学习完成后，学生可以成立专门的兴趣小组，对现有生产线上的设备提出改良建议，并进行设计，从而培育出一部分在食品机械设备选型、工艺设备设计和性能改进方面有一定成绩的"能手"。辅助课堂通过对教学内容的优化，按模块内容教学，使整个"食品机械与设备"课程的内容既有侧重点又有条理性，同时通过以生产线划分模块的方式使食品加工工艺与设备有机连接，有利于学生根据工艺方案进行设备选型和生产线的设计与改造。

2. 参与式课堂教学组织的具体实施

（1）先行课堂

以往的以"教师"为中心的授课方式，存在以下问题：首先，在课堂准备过程中，教师更关注授课内容的充实性、完整性，忽视学生的参与性；其次，在课堂讲授过程中，教师更关注自身授课，忽视学生学习兴趣、过程及接受程度；最后，在课程考核过程中，采用常见的期末试卷形式，仅能涉及知识及理解层面，与认知目标相去甚远。对于学生来说，去教室上课，他们仅仅是观众、是听众，而舞台（讲台）上的内容却枯燥难懂，无法很好地吸引他们，是被迫参与；在形式上，教师在台上，学生在台下，中间鸿沟很深。我们经常看到这样的课堂——来得早的学生往教室后面跑，来得晚的学生被迫坐在前面，如果教室足够大，前面几排座位根本没有学生，教师与学生之间仿佛隔着"长江"和"黄河"。因此，在先行课堂阶段，教师首先需要做的事情是改变观念，在学生认知过程中做好支持与促进工作；课堂上不再表演，而是当好导演；课程教学所采用的方法也亟须改变，尽可能减少演讲，增加启发；设置合适情境，营造思考氛围；努力为学生营造在做中学，学后再做，层层递进的自主性学习氛围。

先行课堂的参与式课堂教学组织包括线上和线下两种，线上主要是录播课或直播课堂，线下是面授课。先行课堂的学习方式主要有两种，包括阅读教学参考资料、课前调研。阅读教学参考资料是最简单的方式，教学参考资料包括教材、参考书以及文献、网络资源等。课前调研的目的是了解课堂内容所涉及行业信息，通过采用项目式学习的方式进行小组合作。课堂之前，需要学生先对本项目所涉及的机械种类进行调研，并进行小组讨论，以备课堂分享。这两种课前学习方式既可以单独进行，也可以结合进行，主要根据教师发布的课前学习任务的学习需要来决定。

（2）核心课堂

本课程参与式课堂教学组织核心课堂具体采用的实施方法包括以下几个方面。

①小组式学习（team-based learning）

小组式学习没有知识的灌输倾向性，学习情绪更加平和，没有绝对权威，随时质疑，可加深对知识的理解；而且，学生的学习基础相似，难点把握得更加精准，有助于解决真实的疑点难点；有利于实现在做中学，成员互相帮扶，共同进步。

②合作式学习（cooperative learning）

以法国教育学家 Joseph Joubert 的 To teach is to learn twice——"教相当于学两遍"理论为理论基础，学生先在小组内进行学习，而学习并非其最终任务，"学"后要"教"，因此每个小组成员的学习过程均不敢懈怠，专注力显著提升；在"教"的过程中，学生要随时接受质疑，通过教师的及时辅导，促使相关知识"盲点"得到及时清除；经过"学""教"结合，学生自我认同与客观表现紧密结合，更加有利于体验成果和个人价值及时体现。

通过"学""教"结合，激发学习情绪。主要采用的是"拼图教学法"（Jigsaw）。

分小组学习拼图教学法具体执行过程：

第一步：3～4人一组，组成小组（学习组）；

第二步：以小组为单位取3～4个任务，每位成员拿一个任务；

第三步：拿到同一任务的同学组成一个新的小组（专家组）；

第四步：专家组进行任务学习；

第五步：专家组成员回归到各学习组进行任务教学；

第六步：考核。

③项目式学习（project-based learning）

在先行课堂和核心课堂阶段，课堂的开展，主要围绕本项目所涉及的核心设备进行。对于简单的知识，学生通过自主学习完成，对于复杂的知识，教师将通过讲解、多媒体辅助、组织学生开展合作式学习等方式，帮助学生突破难点。

④利用网络工具 Kahoot 进行课堂活动

Kahoot 是一个很好的教学网站，不但包含许多教学资源，更重要的是它可以让课堂变得活泼，激发学生的学习热情。而且，通过 Kahoot 活动，学生的答题情况能够被及时记录，便于教师及时了解学生的学习情况，同时更好地实现过程性评价。表5-4是某一小节课堂的设计方案。

表5-4 气力输送设备参与式课堂教学组织课程设计方案

单位：分钟

步骤	教学内容	教师活动 （方法与手段）	学生活动	时间 分配
引入 （气力输送设备）	引入一实际项目： 小麦制粉过程中的物料输送问题 比较使用带式输送机和斗式提升机存在的挑战，引入气力输送设备 汇报课前小组调研成果：所调研企业名称、所采用输送设备种类	组织小组讨论 启发式教学法 指示全班分成两个小组，分别讨论带式输送机和斗式提升机在小麦制粉过程中的应用问题	讨论 归纳 陈述 发现 总结	5
铺垫1★ （基本原理、基础知识介绍）	气力输送设备的基本原理1 颗粒在垂直管的悬浮机制	启发式教学法 讲解法 在理想状态下进行受力分析，分析颗粒在垂直管中的运动规律，提出自由沉降、颗粒的悬浮速度等概念	听讲互动 思考 提问	4
铺垫2★ （基本原理、基础知识介绍）	气力输送设备的基本原理2 颗粒在水平管的悬浮机制	启发式教学法 案例教学法 提出问题：在理想状态下，颗粒在水平管中是否可以悬浮？ 引入思政内容——"正确认识理想与现实的关系"	分析（物料受力分析） 分小组讨论理想化过程中所忽视的现实问题	3
铺垫3★ （基本原理、基础知识介绍）	气力输送设备的基本原理3 颗粒运动状态与气流速度的关系	多媒体辅助教学 案例教学法 借用"沙尘暴""沙漠形成"等原理说明气流速度对颗粒运动状态的影响	听讲互动 思考 提问	2

续表

步骤	教学内容	教师活动 （方法与手段）	学生活动	时间 分配
任务1★ （掌握初步或 基本能力）	气力输送设备的种类、结构及特点 两种气力输送设备（吸送式、压送式） 组成学习小组	组织分组（2人/组） 分发学习任务单（每小组两个成员拿到不同任务） 提出学习思路和关键性问题	快速形成小组 理解教师任务 关键点	2
	气力输送设备的种类、结构及特点 两种气力输送设备（吸送式、压送式） 组成专家学习小组	指示重新组成小组 下指令，让拿到同一学习任务的学生到指定地点形成共同学习小组（专家组）开始学习 指导答疑 考核专家组学习成果	快速形成新的小组 开始对单一任务进行深入学习 朋辈学习	4
	气力输送设备的种类、结构及特点 两种气力输送设备（吸送式、压送式） 回归原学习小组 分享所学内容，并进行知识对比、拼接	指示回归原小组 组织小组成员小组内分享学习内容 巡视各组 发现问题及时纠正	回到原小组 开始相互学习 讲解 质疑 讨论	4
	气力输送设备的种类、结构及特点 两种气力输送设备（吸送式、压送式）	发布3~5道与学习内容紧密相关的问题 了解学习情况	回答问题 提出疑问 相互解释	3
课堂活动★ （参与课堂并 分析问题）	吸送式气力输送设备的核心故障问题分析	设置比赛（两瓶饮料，各插入一根吸管，其中一根吸管有漏气点）	选两位学生参与比赛 发现吸送式输送机的核心故障问题	4
任务2▲ （掌握分析 和解决实际 问题能力）	气力输送设备的种类、结构及特点 头脑风暴：设置一个问题，之前学习的两种气力输送设备都无法应用，引出"综合式气力输送设备"	考核 提出问题 引入综合式气力输送设备 安排小组作业	互动 思考 接受新任务 学习 讨论 分享	5
归纳 （知识和能力）	教师对各小组任务完成情况进行点评，根据教学目标对本次课内容及任务完成情况进行分析	总结 点评指导 提问	听讲互动 记笔记	4

续表

步骤	教学内容	教师活动 （方法与手段）	学生活动	时间 分配
巩固 拓展 提升	影响气力输送设备运行的四个物料参数分析 运用食品工艺思维解决机械问题	启发谈话法 案例教学法 引入已发表的论文分析气力输送设备的性能参数	听讲互动 提问 思考	3
总结 作业 反思	根据教学情况，教师对本次课程教学内容及教学目标达成情况进行简单总结。 课后作业： "一个复合粉制粉企业，需要配置一台气力输送设备，要求，要同时从不同仓库吸取不同物料，形成的复合粉要同时被输送到不同包装车间，需要什么样的输送机？画出此输送机的简图，并阐述设备的运行过程或运行原理"，分小组完成	多媒体教学法 启发谈话法 多媒体教学法 思考总结	听讲互动 总结 思考	2 1 课后

（3）辅助课堂

本课程的辅助课堂环节主要为通过食品机械创新设计工作坊，一方面起到夯实课中学习内容的作用；另一方面通过运用所学，训练分析、评估、创新的综合性能力，从而达到本课程的高阶目标。主要形式为项目式学习。设计题目的确定、设计、修改、反思、展示、修改等各个环节都由学生自主开展，教师主要是审核以及在学生遇到困难时进行辅助。

3. 参与式课堂教学组织的具体考核方式

传统的考试方法主要是以平时成绩结合期末考试成绩的方式进行，一般来说，平时成绩占30%，期末考试成绩占70%。这样的考试方式，既是一种典型的以考查记忆和理解程度为主要目的的方式，也是多年来大学生"平时上课不努力，考前成立突击连"现象的推动者；而且，许多学生考试前也不努力，考个四十几分，有些教师"心软"，就把学生的平时成绩给高一些，通过比例折算，学生也能拿到60分及格过关。我们知道，这样的考核方式，无法真正促进学生通过主动学习提高综合能力。因此，本课程进行考核方式的相应研讨和改革。改革以后的考核方式主要包括三个方面。

第一，过程性考核（30%）。

考勤满分 20 分，涵盖理论课和实验课。迟到 1 次扣 0.6 分，请假 1 次扣 1 分，旷课 1 次扣 2 分，本项最低 12 分才能参加期末考试。

课堂表现 20 分，涵盖理论课及实验课。具体评价标准包括：能够积极主动参与课程，能够提出问题，主动回答他人提出的问题，16～20 分；能够参与课堂讨论，能够对其他人提出的问题做出回应，12～15 分；不参与课堂讨论，不专注于课堂，12 分以下。课堂表现的评价主体分别为教师评价（12 分）和学生自评（8 分），其中学生自评包括组内学生互评（4 分）以及组间学生互评（4 分）两个部分。

课程作业 20 分，包括理论课作业和实验报告，具体评价标准：理论课作业共计 20 分，共 4 次大作业（小组完成），每次大作业记 3 分，共计 12 分，4 次小作业（独立完成），每次小作业记 2 分，共计 8 分；实验报告共计 20 分，共 5 次报告，每次 4 分。

期中考试 20 分，采取分小组、双段考试法，开卷进行。具体方式如下：第一阶段，分小组，3～4 人一个小组，共同讨论答题，30 分钟；第二阶段，小组间讨论答题，纠正，10 分钟。这样的考试方式，其主要目的有三个：首先是以考促学，期中的考试内容主要涉及课程前期的学习内容，通过考试，让学生及时进行课程重要内容回顾，以加深记忆，提升理解程度。其次是促进合作式学习，看似在考试，实际上是小组成员在相互教学，分享学习心得的过程。最后是提高思辨能力，到了考试的第二阶段，学生可以对第一阶段组内答题时无法解决的问题通过组间讨论的形式进行解决，第二阶段可以进行答案的修改，但是有一个规则，涂改会被扣分（例如，一道不定项选择题的满分为 5 分，错答、漏答均不计分，如果答对，涂改一处扣 1 分，两处扣 2 分，以此类推）。这样就能促使学生不盲从，通过讨论结合自主剖析，探索答案，最终夯实知识基础，提高思辨能力。

过程性考核的主要目的是综合性考查学生在整个课程学习过程中的参与和能力提高情况。

第二，创新设备及生产线设计考核（30%）。

创新设备及生产线设计考核的主要目的是评价学生对本课程高阶目标（分析、评估、创造）的提高情况。设计过程及展示60分，其中，学生评价占15%，组内互评占5%，小组成员依据贡献率互评；组间互评占5%，组间成员依据作品效果互相评分；朋辈评价占5%，其他学生依据作品展示成果评分；教师评价占10%，包括设计题目确定的先后次序占2%，设计最终作品占5%，展示效果占3%；企业人员评价占5%，邀请2名企业人员参与，通过展示作品打分，各占2.5%。设计成果40分，包括立项依据10分、设计方案15分、创新性和现实性10分、文本规范5分。

第三，期末考试（40%）。

由于期末考试所考查的主要是学生对本课程低阶目标（记忆、理解）的掌握情况，因此采取的是传统闭卷考试法，考试题型包括填空题、名词解释题、简答题、识图题和论述题等。

4. 参与式课堂教学组织课程的实施效果

第一，自课程开设以来，学生的学习主动性得到充分激发，学习效果得到保证，受到学生的一致好评。"食品机械与设备"课程采用的考核方式是以过程性考核为主，过程性考核、创新设计以及期末考试"三位一体"，充分发挥以考促学的目的。

第二，本课程最大限度地促进学生的课堂参与。先行课堂阶段，学生通过小组学习，小组进行行业调研、自主分析、讨论、总结调研结果等，对课程内容进行提前探究，每个学生都带着一定的收获进入课堂，在这种情况下，他们参与课堂的积极性、进行课堂分享的内在冲动被大大激发。在核心课堂上，通过学教结合的形式，为了在后面为同学做讲解时能有好的表现，在学习时就不敢懈怠，学习热情被大大激发。而教的过程，不但是加深对知识理解程度的过程，而且是接受质疑，发现并排除知识盲区的过程。辅助课堂的创新设计过程，通过自主性项目，不但进一步提升了学生小组合作学习的效果，更通过海报展示的方式结合小组内评价、小组间评价、教师及行业企业人员评价等多种形式，让学生的参与感、获得感、自我认同感大大提升。通过课前、课中、课后的三个阶段，更加充分、具体地达成了布卢姆分类认知理论的六个目标。

　　第三，该课程的设计于 2019 年同加拿大英属哥伦比亚大学进行了交流，受到了评委的一致好评，获得了该校教育学院颁发的"优秀典型创新教学案例奖"；4 月，参加学院第二届应用型课程大赛，获得一等奖。本课程与国内外同类课程相比，更加注重课程内容的生产性，更加关注学习过程，具有鲜明的特色和创新特色，符合应用型本科大学建设的需求。

　　简评：近年来，大学生创新能力培养受到了国家、社会以及学界的极大关注。在全国教育工作大会上，习近平总书记强调了推进产学研协同创新，着重培养创新型、复合型、应用型人才。因此，创新能力已被定位为新时代应用型人才的核心素养，创新能力的培养将是今后高校人才培养的核心任务。《国家中长期科学和技术发展规划纲要（2006—2020)》中明确提出："鼓励本科生投入科研工作，在创新实践中培养他们的探索兴趣和学科精神。"《教育部关于深化本科教育教学改革　全面提高人才培养质量的意见》中也明确提出要科研反哺教学，强化科研育人功能，加强对学生科研活动的指导，支持学生早进课题、早进实验室、早进团队，以高水平科学研究提高学生的创新能力和实践能力，从而为本科生创新能力培养指出了一条可行之路。

　　基于上述认识，为了给国家输送更多符合新时代要求的人才，该校的教学一直在进行积极的改革，不断探索与尝试。本科生创新能力的培养必须坚持开放和实践的指导思想，必须从课程设置、教学模式、实践教学平台建设尤其是课堂教学组织等方面打破传统封闭的课程和课堂模式，从习以为常的常规工作中捕捉创新点并借此机会培养学生的逻辑思维能力和求异思维能力，锻炼其觉察力。而参与式的先行课堂、核心课堂和辅助课堂可以打破传统的课堂教学壁垒，使课程设置不再拘泥于学期课程或学年课程体系架构，可以贯穿整个本科学程；教学不再局限于50 分钟的课堂教学时间，而是让学生从教室走入实验室，使实验室成为向学生全天、全员开放的创新实践教学平台；实践教学平台建设不再局限于校内专业实验室，而是将校企合作科技创新平台作为创新实践教学的主阵地，引导学生参与横向课题，使学生提前了解行业科技前沿，接触企业生产中的复杂问题、产品研发以及事业单位的用人需求，把学生的学习和生活很好地融合在一起，实现全方位的成长，为其适应未来行业科技快速发展，成为合格的行业需要人才打下良好基础。

由此，许昌学院提出了"开放·实践·创新"的教育理念，在多年的教学改革实践中，逐渐形成了面向本科生创新能力培养的体系。一方面为地方本科院校本科生创新能力培养提供了新方案，解决了地方本科院校长期存在的科研与教学之间的矛盾；另一方面为科教、产教协同育人，构建"产、学、研、教、创"一体化人才培养机制提供了新模式，更好地满足了新时代国家对创新科技人才的需求。该体系以开放实践创新课程体系的构建为主线，以校企合作开放科技创新平台和"双师型"教师队伍建设为基础，以导师制的实施为抓手，以学生参与教师科研创新为路径，实施项目驱动式教学模式，建立开放多元的教学评价体系和奖励激励机制，形成了"产、学、研、教、创"一体化创新人才培养模式，即把开放、实践、创新的教育教学理念贯穿人才培养全过程，渗透人才培养各环节，把科研和教学深度融合，以科研反哺教学，使学生在开放中实践，在实践中创新。

（1）构建了新理念下的课程体系

自参与式课堂教学组织实施以来，我们在总结多年改革实践经验的基础上，全面修订了人才培养方案，正式开启参与式先行课堂、核心课堂及辅助课堂教学组织，并设置了开放平台实践课程。课程的设置打破了传统课程体系中先理论后实践的课程逻辑结构，作为一条主线把相关专业理论课程与专业基础实验、工业实习、毕业实习、毕业设计（论文）等实践课程贯穿在一起，融理论学习、技能训练、科学探索、技术革新以及行业实践为一体，从而构成了完整的参与式课程体系，使学生在实践中领悟并自主获取理论知识，在研究过程中掌握专业技能，得到科学研究、生产实践与发明创造的训练，最终达到独立思考并对未知领域能够研究的目的，能够独立创新设计并积极完成目标。

（2）积极推进以实践和创新为导向的参与式课堂教学组织改革

第一，实行导师制。先行课堂中以项目驱动吸引学生积极参与进行研究性学习，通过导师制引导实施项目驱动的研究性学习。双向选择，每位导师都带有一个由不同年级学生组成的本科生团队，引导学生熟悉实验室工作，掌握实验技能，结合学科前沿、生产实践和教师科研，布置相应的短期或长期项目研究任务，指导学生开展创新实践课程的学习，参与真实或模拟的实践活动。使学生知识获得与专业实践、科学探索融合，习得理实结合、知识创新一体化、程序性知识以及方法论指导思想，团队合作观念意识养成，创新思维能力、综合实践素质得以提高。

第二，构建教学评价体系多元化。如核心课堂环节，为了促使所有学生都能积极参与，为每位学生创新能力的提升提供个性化发展空间，制定了多元开放的教学评价体系。首先，注重过程性评价，将学生的学习态度、工作能力、研究成果等全部纳入评价内容，对学生的全程参与度给予全方位的客观评价。其次，除了导师外，将实验室管理人员、企业参与指导人员、学生团队成员也作为评价主体纳入评价体系。最后，针对不同学习水平的学生，制定了不同的评价标准，学生的综合评价成绩和研究成果决定其所获得的学分。如一般学生只要按要求完成每一阶段的研究报告，即可获得课程学分；能够最终获得研究成果、发表科技论文或获得专利的学生，则可以额外获得创新学分及资金奖励等，这受到学生的普遍称赞。

（3）搭建了校企协同创新人才培养平台

如在辅助课堂组织中，借助学校转型发展的东风，围绕市场主导产业、特色产业、战略新兴产业，建设实习实训基地、研发实验室、工程实验室、开放教学实验中心等，协同创新平台，并将其作为我们实施创新课程、拓展创新教育空间的主要阵地，通过多维度合作形式，使校企合作创新平台在深度推进教学改革、培养应用型创新人才中起到了重要作用。其一，拓展了校外实践场所，充分保证见习、实习等实践教学的质量；其二，为学生"实战演习"式的研究性学习提供了优越的条件，为创新训练计划的实施提供了足够的资源保障，为开放创新实践平台课程提供了实施空间；其三，聘请企业专家担任导师，为学生的项目研究提供更加接近实践的精准指导。

（4）实施了创新训练计划

如依托开放实践创新平台和校企联合创新实践平台，成功实施了层层递进、四年贯通的"三层次金字塔式"创新训练计划。第一层次，基本技能和方法训练阶段。面向所有学生开展基本技能训练、操作规程和安全教育以及基础科研方法培训，结合专业基础课程和见习，使学生从一开始就在专业学习中达到知行合一。第二层次，科研方法强化训练阶段。学生进入教师拟定的项目研究，同时进行大型操作训练以及与项目有关的企业调研、产品市场调研等，一直持续到第六学期。这一阶段，学生将完成一个到两个项目的研究，每学期完成一篇研究进展报告，最后形成一篇科技论文、专业设计或者研究报告。同期安排了专业核心课程及相关实验、专业模块选修课程及综合实验和实习，这些课程与学生的项目研究相互融合、相互支撑，使学生能够将理论、科研、工程实践有机结合，举一反三。第三层次，创新能力提升阶段。选拔优秀学生直接全程参与教师正式立项的各级各类科研课题和技术攻关项目，或组建各种学科竞赛小组开展学科竞赛训练。同时，支持部分能力较强的优秀学生最终完成高质量的科技论文、毕业设计（论文）或发明专利方案。

（5）开展了"双师型"教师培训，让教师在参与中快速成长

借助校企合作创新平台的建设，建立起高校教师进企业、企业专家进课堂的双方人员交流长效机制，搭建了"双师型"教师队伍建设和创新型人才培养的立交桥。首先，定期派出教师到企业挂职锻炼半年到一年时间，一方面可以使校内教师深入了解企业需要和行业发展状况，熟悉企业生产技术信息，并将之融入自己的教学；另一方面派出的教师利用自己的专业知识和学术优势，带领学生与企业联合开展技术革新、产品研发、技术攻关等，为企业创下显著效益，达到校、企、师、生多方共赢，也使校企合作关系越来越密切。其次，聘请知名企业高级工程师、管理者担任学生创新活动的指导教师，带领学生开展应用型研究，将企业生产和管理的实践经验带进大学课堂，从本质上拉近了课堂到实际生产的距离，产生很好的育人效果。

二　河南工程学院思想政治理论课参与式课堂教学组织实践

河南工程学院是一所省属公办普通本科院校，是河南省转型发展试点院校、河南省示范性应用技术类型本科院校、教育部"高校数字媒体产教融合创新应用示范基地"、全国应用技术大学联盟成员单位以及全国新建本科院校联盟成员单位。学校坚持"育人为本、德育为先、能力为重、应用为主"的办学理念；坚持质量立校、人才强校、科研兴校、特

色名校战略；以学科建设为依托，以专业建设为基础，以科学研究为支撑，以师资队伍建设为重点，稳定规模，优化结构，凝练特色，改革创新，走出了一条以质量提升为核心的内涵式发展道路。

学校以培养高层次应用型人才为目标，根据专业对应的岗位群所需要的知识、能力和素质要求，按照一条主线（以高层次应用型人才培养为主线）、两个育人环境（学校和企业）、三个教育体系（通识教育体系、专业基础教育体系、专业教育体系）、四个结合（学校教育与企业教育相结合、课堂教学与实践能力要求相结合、课程设置与企业标准相结合、学习与工作相结合）的建设思路，构建起具有显著特色的应用型人才培养模式。根据教育部公布的本科专业类教学质量国家标准，结合经济社会发展需要和专业特色，依据应用型人才培养目标和培养要求，先后两次修订完善人才培养方案。一是围绕培养较强学习能力、实践能力和创业就业能力，鼓励各专业特色发展；二是遵循"通识教育培养人文情怀，专业基础教育搭建知识、能力桥梁，专业教育面向职业生涯"的原则，合理调整通识教育、专业基础教育、专业教育的学分比例；三是注重应用型专业群、课程群建设，增强专业教育及人文素养教育在课程体系中的融合，使课程体系特色鲜明；四是加强实验实训等、实践实习等、实践教学环节和创新创业学分，使各专业实践教学环节学分占该专业总学分的比例均达30%以上。

学校高度重视思想政治理论课建设，成立了马克思主义学院，负责全校学生的思想政治理论课教学工作。学院设有马克思主义基本原理、毛泽东思想和中国特色社会主义理论体系概论、思想道德修养与法律基础、中国近现代史纲要、形势与政策五个教研室。学院全面落实全国教育大会、全国高校思想政治工作会议精神、习近平总书记在学校思想政治理论课教师座谈会上的重要讲话精神和中共中央办公厅、国务院办公厅《关于深化新时代学校思想政治理论课改革创新的若干意见》精神，切实加强思想政治理论课教学改革和创新，以"毛泽东思想和中国特色社会主义理论体系概论""马克思主义基本原理概论""思想道德修养与法律基础""中国近现代史纲要""形势与政策"五门课程为抓手，以课内课外、网上网下为阵地，以参与式教学改革与创新为手段，以不断增强学生的思想政治理论课获得感和政治认同感为目标，使思想政治理论课教学水平稳步提升。

（一）思想政治理论课参与式课堂教学组织的探索

1. 提高对思想政治理论课参与式课堂教学组织的认识

通过学习习近平总书记关于思想政治理论课建设的重要讲话精神，学院领导和广大教师深刻认识到，当前深化思想政治理论课教学改革不但重要而且迫切。经过思想政治理论课教师的不断努力，学校思想政治理论课教学虽然取得了一定的成效，但是与新时代的要求及学生的期望相比，其针对性和实效性还不够强，在一定程度上影响了学生的健康成长和全面发展。参与式课堂教学强调学生主体性的发挥，学生积极参与教学活动，从中获取知识和体悟，得到情感体验和能力锻炼，与传统的教学方法相比，是一次创新和发展，具有重要的意义。

（1）促进大学生健康成长和全面发展的客观需要

大学阶段是人生的"拔节孕穗"期，大学生处于生理日益成熟而心理还未成熟的阶段。他们思想积极健康、关心国家大事、有较强的责任感，也富有激情，具有独立的个性、民主意识和创新精神。但是他们的心智还不够成熟、理性还不够强，再加上受到外来思想和各种因素的影响，他们的理想信念、道德观念、价值理念还不够稳定，出现了思想迷茫和心理困惑，在一定程度上影响了自身的健康成长和全面发展。针对这一问题，思想政治理论课教师不能再照搬以往的经验，而是要寻找一种能够与当代大学生年龄特点和心理特征相匹配的教学方法。参与式教学能够确立学生的主体地位，培养学生的主体性和创造性，充分引导和调动学生学习的积极性和主动性。高校思想政治理论课实施参与式课堂教学方法，强调学生是学习的主体，因此要尊重学生的主体地位，强化学生的主体意识，让学生真正成为学习的主人。教师通过多种途径引导学生从被动接受到主动参与，通过创设一种和谐、宽松、平等、愉快的教学情景，使学生产生强烈的学习兴趣和积极的情感体验。参与式教学能够充分考虑学生的兴趣和特点，尊重学生的个体差异，使学生能够主动参与到教学中，获得自我教育和自我提升。教师也可以在学生参与教学的过程中，发现学生的思维困惑，以便以后在教学中能够结合大学生的实际情况来制定满足学生需求的教学内容，增强思想政治理论课的针对性和实效性，促进学生的健康成长和全面发展。

（2）深化高校思想政治理论课教学改革的迫切需要

传统的思想政治理论课往往采取"灌输"式或"填鸭"式的教学方法，这种方法虽然能够系统地传授理论知识，但是忽视了学生的主体作用，造成了教师在课堂上讲得滔滔不绝，学生在下面昏昏欲睡，教学效率低下的情况。在这种教学过程中，教师观念保守，不能与时俱进，不敢创新和开拓进取，难以做到理论和实践的有机结合。学习内容的陈旧落后，不仅局限了学生的知识面，禁锢了学生开放的思维，也使学生丧失了对思想政治理论课学习的积极性、主动性和创造性。再加上考核方式不够科学合理，学生的学习积极性没有得到充分发挥。在高校思想政治理论课中实施参与式课堂教学，能够打破传统的教学方式对学生和教师的束缚。在参与式课堂教学的过程中，学生以主体的身份参与，教师也由原来的支配者转变为教学的支持者和引导者，有利于活跃课堂教学气氛，增强教学实效性，提高思想政治理论课教学质量。

（3）提高大学生思想政治教育实效的现实需要

高校思想政治理论课教学是进行大学生思想政治教育的主要途径。思想政治教育具有内在的规律性，大学生思想政治教育只有把握了这一规律性，才能使思想政治教育具有更强的针对性和创造性。在高校思想政治理论课教学中实施参与式教学，就是通过采取不同的参与方式，把思想政治理论课的内容融入学生参与过程。要求教师鼓励、指导学生参与教学活动全过程，体现师生两个主体在"教"与"学"之间建立相互参与、相互激励、相互协调、相互促进的和谐关系，在此基础上又强调在教学中充分体现学生的主体地位，充分调动教师和学生的积极性，创造师生平等、和谐的学习氛围，提高学生自主学习和独立思考的意识，激发学生自身的潜能和创造力。参与式课堂教学是面向全体学生的、多种形式的、为学生提供充分展示自我和彰显个性的舞台。参与过程的每一个环节都是从学生能力培养和素质提高入手，着力打造学生的创新意识，提高学生的实践能力，并在此基础上激发学生的创造活力。

2. 制定思想政治理论课参与式课堂教学的步骤

参与式课堂教学突出学生的主体地位，充分调动教师和学生在参与过程中的积极性，贯彻教学民主的理念，参与过程从学生能力培养和素质提高方面入手，有效地完成教学目标，实现师生双主体的交流互动。

其具有以下五个步骤。

（1）制定教学目标

教学目标是教学活动的出发点和归宿，对教师的教学和学生的学习起着定向作用。传统的教学目标，主要是知识的传授和技能的训练。参与式课堂教学在确定教学目标时，不仅重视知识和技能，而且强调通过教学提高学生的能力，强调学生内化和外化的统一。

（2）启发学生兴趣

启发学生的兴趣，可以使其感知力敏锐、思维活跃、想象力丰富，同时能激发其强烈的学习热情。旨在采取有效的教学策略，通过设计促进学生参与课堂教学的各种问题情境，激发学生学习的主动性和思维的展开，促进学生产生强烈的求知欲望和学习动机，使学生具有浓厚的学习兴趣和高涨的学习热情，主动学习，乐于学习。在教学中发扬教学民主，尊重学生意愿，创设宽松、和谐的教学氛围。

（3）激发学生思维

激发学生思维以促进学生思维能力发展为突破口，引导学生理解和掌握所学的知识，联系学生实际，认识问题，解决问题，把知识转化成深层的认识和信念，并指导自己的行为。在讲授前引导学生自学，通过布置预习任务，自拟学习提纲，自列思考题，引导学生阅读教材，提高自学能力；在授课中，克服“教师讲、学生听”的教学模式，精心设计问题引导学生理解知识，鼓励学生提出问题、思考问题，并学会大胆地阐述自己的看法，或是采用讨论、辩论等学习方式，使学生用所学的知识分析问题，提高分辨是非的能力；在授课后的实践活动和评价反馈中，引导学生反思自我，提高其道德判断力和决策能力。

（4）指导实践

指导实践的任务是引导学生将书本上的知识与自己的学习和社会生活联系起来，在理论的指导下，通过实践活动养成良好的行为习惯。引导学生把自己的道德知识转化成道德行为，用自己所学的知识去分析、认识社会的一些现象，并丰富自己的道德认知，指导自己的行为，促进知行统一。

（5）评价反馈

评价反馈是思想政治理论课参与式课堂教学的基本环节。其目的在于充分发挥评价的反馈和导向作用，让学生学会自省，促进发展。把学生平时参与教学活动如发言、演讲、讨论、实践等的表现列为评价范围，转化为学生的考核成绩。通过加强过程评价，强化学生参与的意识和机制。评价反馈要求学生做出书面分析报告，撰写小论文，把自己对问题的分析、理解、判断等以书面形式总结报告，并作为成绩考核的重要依据。这样做不仅可以极大地激发学生的积极性，而且有助于把课堂传授的知识和提高学生的综合能力有机结合起来，培养学生的实践能力和创新意识，实现预定的教学目标。

3. 把握思想政治理论课参与式课堂教学的环节

（1）教学条件

思想政治理论课参与式课堂教学实施受到一些教学条件的制约。思想政治理论课教学班的人数普遍较多，思想政治理论课教学中参与式教学的中心环节是课堂参与，随着在校大学生人数的不断增加，思想政治理论课教学的班级过大，教师很难做到对每一个学生十分了解，难以关注每个学生的个体差异。参与式课堂教学是面向每一个学生，让每一个学生都能主动参与到教学中来。因此，要求教师了解每一个学生的特点，关注他们的个体差异，这样才能采取不同的方法引导学生参与到教学活动中。班级过大导致教师无法保证教学效果，因此，应该实施分班教学，加强思想政治理论课教师队伍建设，确保参与式教学的顺利有效进行。

（2）教师观念

教师的教学观念直接影响教学效果。传统的教学过于强调教学过程，即教师向学生传授知识的过程，忽视了学生的需要、兴趣、自由选择、个性差异和创造性，以及主体地位。因此，思想政治理论课教学必须转变传统的教学观念，明确教师的职责是做学生学习的辅导者、组织者和引导者，注意研究如何引导学生自觉、自主地学习，如何培养学生勤于思考、善于思考的能力和习惯，如何培养学生理解教材、分析教材的能力和习惯，如何培养学生发现问题、思考问题和解决问题的能力，提高思想政治理论课教学的实效。

（3）教学氛围

要有效地实施参与式教学，就必须激发学生发现问题、思考问题、解决问题的胆量和勇气。教师要通过有效的方法创设积极、和谐、愉快、活泼的课堂氛围,鼓励学生树立信心、激励他们向权威挑战、向结论质疑,以消除学生的紧张感、拘束感,解除学生的抵触心理,使学生学中有乐、乐中有获。教师要把学生放在与自己平等的位置,把学生当作自己的朋友,尊重学生的人格,平等地与学生交流,形成和谐的师生关系。教师要以自己的积极情感感染学生、提高自身的亲和力。在课堂上,教师要保持充沛的精力和高昂的情绪,全身心投入教学活动,激励学生勤奋学习和深入思考。

(4)评价制度

传统教学偏重于终结性评价,将学生的考试分数作为唯一的评价标准。实施参与式教学,就要把学生的参与过程作为教学评价的重要内容,如学生的课堂发言、质疑、课堂活动的参与、完成作业情况以及平时测验成绩等作为形成性评价,结合教学效果反馈、学生学分完成情况,按照一定比例进行综合,形成全程评价。最终使形成性评价与终结性评价相结合,实现评价方式的多元化,让评价伴随参与的全过程。要采取多样的评价手段,促使教师不断分析和反思自己的教学行为,掌握和接受新的教学理念和教学方式,发挥教师的主导作用和学生的主体作用,把参与式课堂教学不断推向深入。

4. 归纳思想政治理论课参与式课堂教学的形式

(1)课堂主讲

首先是学生进行主讲,是以 PPT 展示为主。这种参与式教学实践方式,使学生真正成了课堂的主导者,有益于锻炼学生的动手操作能力,培养学生创新意识和实践能力。为了最大限度地展示自己的研究水准,学生需要花费大量的时间和精力来做准备。准备的过程即无形中提高自己能力的过程。其次是这种方式对教师来讲,意味着教学的任务更加艰巨。教师是课堂的灵魂,在每位学生主讲后,要做画龙点睛式的分析点评,概括其优点和不足。这对教师提出了更高的要求,既要求非常充分地备课,又要求具有临场应变能力,对具体问题具体分析。由此可见,参与式课堂教学既发挥了学生的主观能动性,又很好地体现了教师的主导作用,使师生互动、教学相长。例如,在讲解"思想道德修养与法律基础"这门课程的第五章"明大德守公德严私德"时,学生作为主讲,教师作为辅助就是参与式教学研究的最优选择。因为这一章道德规范较多，各道德规范相互交织，只有通过结合日常生活才能全面系统理解理论的深刻内涵。如果教师只是在课堂上进行简单的概述，学生就不能领悟理论的实质和精髓，通过学生自己准备翔实的资料，再由教师点出精粹之处，才能使教学内容转化为学生所掌握的知识。高校实施参与式课堂教学的调查研究也印证了课堂主讲的必要性和重要性。在思想政治理论课参与式课堂教学调查研究中，接受调查的 50 名教师中，认为教学应该以"学生"为中心的占 65.8%，认为教学应该以"教师"为中心的仅占 34.2%。而在接受调查的学生中，有 69.1% 的大学生认为在教学过程中应该以"学生"为中心，只有 30.9% 的大学生认为教学应该以"教师"为中心（见表 5-5），这说明无论教师还是学生都推崇以学生为主的参与式课堂教学。

表 5-5　教学过程中的中心

单位：%

调查人群	教学中心	
	学生	教师
大学生	69.1	30.9
教师	65.8	34.2

（2）课堂问答与讨论

首先，教师必须精心设计讨论话题，并事先向学生通报，让学生在课前进行资料收集，了解有关信息，在课堂讨论时做到有的放矢，言之有理。其次，精心设计讨论话题。教师要提出发散性和启发性的问题，聚焦热点和难点问题，使学生在课堂上展开交流讨论，在讨论交流的思想碰撞中捕捉创新的火花，在学术讨论中相互取长补短，不断提高理论的研究水准，挖掘理论的深度，拓展理论的宽度。例如，在讲解"思想道德修养与法律基础"这门课程的第六章"尊法学法守法用法"时，如果教师只是把"公民的权利与义务"进行讲解，学生只会机械地听讲或记录，而把这作为一个话题"你觉得如何做一名中国公民"让学生来说，学生就会发散思维，提出多种观点，与老师、同学进行讨论，甚至可以为教师带来一些重要启发。在参与式课堂教学调查中，当问及"您通常用哪种方式与学生交流"时，68.6% 的教师选择了"课堂提问"，

52.5%的教师选择"讨论方式",36.3%的人选择"聊天方式",23.2%的人使用"网上信件";还是这个问题,学生选"课堂提问"的占72.3%,选择"讨论方式"的占43.9%,选择"网上信件"和"聊天方式"的分别占13.6%和15.8%(见表5-6)。结果说明,课堂提问和讨论是师生间进行互动的最优选择,学生也更适应课堂提问和讨论方式的教学。

表5-6 教师与学生交流的方式

单位:%

人群交流方式	课堂提问	讨论方式	聊天方式	网上信件
教师	68.6	52.5	36.3	23.2
学生	72.3	43.9	15.8	13.6

(3)课后辩论赛

首先,要提前做好辩论组织。要使辩论赛顺利有效进行,就必须认真组织好辩论前的准备工作。一般来说,辩论赛由于需要大量的时间支持,因此宜放在课后教学中进行,与读书会活动、沙龙活动等相互配合,亦可丰富学生的业余活动。其次,组织者需要精心挑选辩论题目,让学生在课后最大限度地收集资料。通过辩论,让学生更好地理解书本知识。尤其是对于哲学社会科学这些抽象的学说,在辩论中若能举出具体例证,使抽象的东西具体化、晦涩的东西形象化,那么将不仅有助于对学术本身进行理解,还能够在理解的基础上进行提升与创新。例如,就最常见的论题"道德和法律哪个更重要"这一问题就可以组织一场辩论赛,一方面,学生可以通过前期准备夯实自身理论基础,并在辩论中培养合作能力和应变能力;另一方面,通过辩论,反思议题实际价值,从事物本原出发,真切体会到学习思想政治理论课的意义和价值。

(4)课后读书会

针对原著的晦涩和理解的艰难,教师有计划地在课后进行原著导读显得尤为必要。一般可以通过两种方式进行:其一,针对一本书,教师进行领读和精讲,这对教师的要求较高,教师要具备极强的学术功底和无私的奉献精神。这种方式对于夯实学生的学术基础,提高学生的学术研究水平,具有重要意义。其二,在一段时间内,每个学生将自己最近所读的书、所做的笔记、所得的收获、所有的心得等与大家一起分享和交流，这种形式可使用 PPT，向大家汇报和展示。

（5）学术沙龙

以河南工程学院的学术沙龙为例，沙龙每期都会请一位指导教师把自己的学术成果与经验体会向研究生展示，就国际国内形势、理论前沿问题与社会热点问题等与学生展开对话、交流。这是一种建立在问答模式基础上的参与式教学实践，有助于提高学生的学术能力。思想政治理论课参与式课堂教学的最终目的是拓宽学生的视野与知识面，提升学生的思想道德素养，培养学生的自主学习能力，陶冶学生的道德情操以及增进师生交流。

5. 分析思想政治理论课参与式课堂教学应注意的问题

（1）树立参与式教学意识

河南工程学院思想政治理论课参与式课堂教学实施以来，受到了学生的广泛欢迎。通过这一教学改革尝试，我们认为应当树立正确认识。首先，参与式教学不仅是一种教学方法，而且是一种教学实践活动和一种教学理念。在教学过程中，需要综合运用、合理实践才能取得较为满意的教学效果。其次，思想政治理论课参与式课堂教学是以学生为主导的教学模式，是教学过程的一次主体转换，不能变这种主体转换为主体压力，让学生被迫参与，应当使学生积极主动参与教学实践活动。最后，在思想政治理论课参与式课堂教学中，教师要发挥主导作用，做好教学的引导和设计。教师作用发挥得如何是参与式教学顺利进行的关键，教师只有不断地提升自我、更新知识，才能设计好的问题，进行精彩点评；要转变对传统师生关系的认识，师生双方是可以平等交流和相互理解的，要相互尊重。

（2）树立师生关系意识

首先，学生的主体作用体现在自主性、能动性和创造性上，但不代表可以完全替代教师，盲目无序地进行实践。其次，教师的主导作用体现于与学生主体作用的相得益彰。教师要发挥主导作用，既要做好顶层设计，确定教学目标，又要了解学生的性格特点、思想状况和知识水平，还要恰如其分地给学生以启发和诱导，并能够及时纠正偏离主题的讨论，达到预期的目标。最后，在师生关系方面，虽然教学主客体有所调整，但并非意味着颠倒师生关系。教师发挥主导作用,既不代表压制灌输,也不代表放任自流,而是要想方设法激发学生的创造力,锻炼学生能力,启迪学生思维。学生学会自主学习的根本目的是"授之以渔"而非"授之以鱼",只有如此,学生才能认真进行思考,积极实践,师生之间才能形成和谐的教学秩序。

(3)树立前期了解意识

首先,教师要认真做好前期的了解,通过问卷、访谈等方式了解学生真实的想法和关注的问题,了解学生想学习哪些知识、想通过哪种方法来获得知识,希望教师提供哪些帮助等。其次,在充分了解学生想法后,教师需要担任教学实践总设计师的角色。教师需要设计好课堂讨论的主题、PPT主讲的内容、读书会等的论题,让学生通过查阅文献、撰写讲稿、制作PPT、准备发言材料等方式展开研究。对于学生来说,这同时也是挖掘潜力、锻炼能力的过程。再次,教师要及时做好总结工作,并与师生交流分享经验,为下一次组织参与式课堂教学实践积累经验。参与式课堂教学使师生都能最大限度地发挥自己的水平,但必须摆正心态,及时解决实践中遇到的问题,为教学实践总结经验,使参与式课堂教学真正发挥应有的作用。最后,应做好评价与激励工作,调动学生参与各项学术活动的积极性。科学的评价和有效的激励,能够调动学生的积极性和创造性,使学生感受到公平、和谐的气氛,积极参与到新的参与式课堂教学活动中。

(二)思想政治理论课参与式课堂教学取得的成效

为了客观准确地统计学生对思想政治理论课的学习满意度,学校完善了《学生对学校教学工作及教学效果满意度调查表》,从"对自己对思想政治理论课教师的满意度""思想政治理论课教学计划安排和课程设置满意度"等方面全面了解学生思想政治理论课的学习满意程度,期中教学检查期间以院(部)为单位将调查表向学生发放并回收。2018学年共发放调查问卷3088份,回收2986份,其中有效问卷为2916份。统计结果表明,学生学习满意度较高,学生对思想政治理论课教学工作及教学效果等的综合满意度为94.02%。同时,学校组织学生通过教学管理系统的网络评价平台对思想政治理论课教师的课堂教学质量进行评价。由于思想政治理论课教学采取了参与式课堂教学法,极大地提高了学生学习的积极性和创造性，使学生的学习成绩及整体素质日益提高，毕业生的考研率和就业率不断提升，社会用人单位对河南工程学院的毕业生给予了积极评价。思想政治理论课教学所取得的成绩主要体现在以下几个方面。

1. 营造了严谨活泼的学术氛围

通过调查分析，我们发现，学生的学术基础得到了夯实，创新能力得到了提高，对知识的理解力和运用力也获得了提升，养成了良好的学习习惯。同时，使学生把学术交流与学术对话作为日常学术研究的方式。因此，参与式课堂教学造就了既严谨又活跃的学术氛围。

2. 形成合理有序的竞争环境

参与式课堂教学使师生的学习积极性和学术功底均有所增强。参与式课堂教学通过各种具体实践形式形成公开公正的评价机制。对于每一种实践形式，教师都可以评分，或通过学生平时的表现予以公正评价，体现了评价机制的程序合理性。应制定相应的参与式课堂教学实践评价机制。

3. 活跃思想政治理论课课堂气氛

将传统"教师讲、学生听"的教学模式转变为以教师为主导，以学生为主体，充分发挥学生主观能动性的参与式课堂教学模式，极大地活跃了思想政治理论课的课堂气氛。参与式课堂教学模式使师生集中精力，积极参与到各种实践活动中。

4. 有效延伸了课堂教学时间

参与式教学增加了学生的课外阅读时间。在传统课堂教学中，教师讲完知识点就意味着课程结束，而参与式课堂教学则是即便课堂中的课程结束，课后学生也要进行研究性学习。参与式课堂教学使学生的学习时间有了大幅度增加。此外，读书会、辩论赛、学术沙龙等实践活动，丰富了学生的业余生活。

5. 提高了学生毕业论文质量

通过参与式课堂教学组织的改革，学生在实践中提高了学术能力，增强了学术自信心，收获的学术成果自然会体现在论文中，进而提高论文质量。学生既是参与式课堂教学组织的体验者，也是参与式课堂教学组织的最大受益者，学生的感受是参与式课堂教学组织是否具有成效的决定性因素。表5－7客观地反映了参与式课堂教学组织效果的学生感受，调查结果显示，在问及"你在参与式课堂教学组织过程中，是否会感到轻松、愉快，有一种成就感"时，36.7%的人选择了"经常会"，有29.3%的人选择了"会"。这充分表明，大多数学生在参与式课堂教学组织中的学习热情很高。在问及"你认为参与式课堂教学法能调动同学们学习的主动性、积极性吗"时，有26.7%的人选择了"能"，有47.7%的人选择了"多数情况下能"。这表明，大部分学生认可和喜爱参与式课堂教学组织。在问及"如果某位同学在课堂上表现出色，老师通常会怎样"时，选择"用'你做得很好'或'你表现得很出色'等语言给予肯定"的比例达36.3%，这说明很多教师注重用鼓励的方式来调动学生学习的积极性和主动性。在问及"老师在使用参与式课堂教学法时，是否会给学生做结论性的总结"时，有23.3%的人选择"会"，40.7%的人选择"经常会"，说明大多数教师在参与式课堂教学中能够进行认真总结，以便学生系统地掌握所学知识（见表5－7）。

表5－7　参与式课堂教学实施效果学生调查

单位：人，%

问答内容	选项	人数	比例
你在参与式课堂教学组织过程中，是否会感到轻松、愉快，有一种成就感	A. 会	88	29.3
	B. 经常会	110	36.7
	C. 偶尔会	90	30.0
	D. 不会	12	4.0
你认为参与式课堂教学法能调动同学们学习的主动性、积极性吗	A. 能	80	26.7
	B. 多数情况下能	143	47.7
	C. 少数情况下能	51	17.0
	D. 不能	26	8.7
如果某位同学在课堂上表现出色，老师通常会怎样	A. 给予积极评价，大为赞扬	96	32.0
	B. 给予肯定，让大家鼓掌示意	70	23.3
	C. 用"你做得很好"或"你表现得很出色"等语言给予肯定	109	36.3
	D. 表现得与平常没有什么不同	18	6.0
	E. 其他	7	5.0

续表

问答内容	选项	人数	比例
老师在使用参与式课堂教学法时，是否会给学生做结论性的总结	A. 会	70	23.3
	B. 经常会	122	40.7
	C. 偶尔会	94	31.3
	D. 不会	14	4.7

6. 毕业生考取硕士研究生人数再创新高

思想政治理论课教学的成效如何，直接关系到学生对政治理论的掌握和理解，在硕士研究生考试中，政治考试成绩十分重要，是否能过线、是否能取得优异成绩，直接关系到学生是否能够被录取。河南工程学院切实加强和创新思想政治理论课教学，大力实施参与式思想政治理论课教学，受到学生的普遍欢迎，提高了学生的思想政治理论素质和修养水平，为毕业生考研奠定了坚实的知识基础。2019 届本科毕业生 4925 人中，有 691 人被录取攻读硕士研究生学位，占毕业生总数的 14.03%，其中考取国（境）外高校研究生 4 人，考取"双一流"院校 229 人，考取"985""211"高校 231 人。

7. 毕业生就业形势向好

毕业生的质量直接决定着毕业生能否顺利就业，思想政治素质、道德修养水平、文明素质等都关系着毕业生的学习、生活、就业和工作。由于河南工程学院大力加强思想政治理论课建设，提升学生的思想政治素质和综合能力，使毕业生深受社会及企业的信任和欢迎。学校 2019 届本科毕业生共 4925 人，截至 2019 年 8 月 31 日，学校应届本科毕业生总体就业率达 87.15%。毕业生最主要的去向是企业，占 36.41%。升学 691人，占 14.03%，其中出国（境）留学 4 人，占 0.08%（见表 5 - 8）。

表 5 - 8　2019 届本科毕业生就业情况统计

单位：人，%

类别	人数	比例
就业	4292	87.15
攻读硕士研究生学位	691	14.03
其中：出国（境）	4	0.08

续表

类别	人数	比例
政府机关及事业单位	13	0.26
国家或地方项目	0	0
自主创业	3	0.06
企业	1793	36.41
灵活就业	1792	36.39

8. 社会用人单位对毕业生的评价

在 2019 届毕业生离校前，学校组织初次就业的毕业生向其工作单位发放调查问卷，进行跟踪调查。此次调查发放用人单位调查问卷 100 份，收回有效问卷 80 份，回收率为 80%，经统计，评价为满意及以上的达到 98.37%（见表 5 - 9）。

表 5 - 9 用人单位对毕业生评价统计

单位：人，%

项目	非常满意		满意		一般		不满意	
	人数	比例	人数	比例	人数	比例	人数	比例
专业水平	988	73.13	337	24.94	26	1.92	0	0
事业心与责任感	1035	75.27	336	24.46	4	0.29	0	0
团队协作能力	957	69.34	373	27.03	50	3.62	0	0
沟通能力	989	75.50	317	24.20	4	0.31	0	0
适应能力	949	69.78	370	27.21	41	3.01	0	0
动手能力	938	69.48	381	28.22	31	2.30	0	0
创新能力	896	65.59	433	31.70	37	2.71	0	0
组织管理能力	882	65.33	441	32.67	27	2.00	0	0
对毕业生的总体评价	961	71.19	389	28.81	0	0	0	0
对就业工作的总体评价	1074	79.38	279	20.62	0	0	0	0
合计	9669	71.38	3656	26.99	220	1.62	0	0

河南工程学院落实"立德树人"的根本任务，加强思想政治工作，深化思想政治理论课教学改革，进一步提高了应用型人才的培养质量，促进了学校高质量发展。河南工程学院在"中国新建（应用型）本科高

校科研竞争力排行榜"中居全国第 10 位、河南省第 1 位；在"2015～2019 年全国普通高等学校学科竞赛排行榜"中居全国新建本科院校第 17 位、省内本科高校第 10 位；在"2019《广州日报》应用大学排行榜"中居全国应用型高校第 73 位；在"全国普通高校教师教学竞赛分析报告（2012～2019）"中居全国新建本科院校第 61 位，学校的人才培养质量和综合实力日益提升。

三　郑州科技学院参与式教学
在实践教学中的运用

郑州科技学院是一所以工科为主，以培养本科层次的应用型人才为目标的民办本科高校，学校紧紧围绕"立德树人"的根本任务，按照"育人为本，德育为先"原则，将培养青年学生实践能力摆在人才培养的重要位置，把实践教学纳入教学计划，以强化实践教学为重点，以创新实践教学方法为基础，以加强实践教学基地建设为依托，以加大实践教学经费投入为保障，积极调动整合社会各方面资源，搭建实践育人共同体，形成工作合力，使学校实践教学工作取得新成效。

（一）改革人才培养方案

郑州科技学院主动适应深化改革的要求，通过董事会扩大会、党委扩大会、党政联席会议等形式，认真学习上级文件精神和工程认证标准，统一思想、凝聚共识，并深入地方政府、企业行业等进行调研，全面征集市场用人需求，成立由政府、高校、企业和行业专家组成的人才培养指导委员会，定期研讨产业发展动向，不断优化专业结构和人才培养方案。

2016 年，随着"新工科"概念的提出，郑州科技学院先后召开了多次新工科建设会议，听取了学校专家教授、中层干部、教学骨干等对新工科建设的意见和建议。广泛征求有关人才培养的意见和建议，印发了《关于进一步深化本科教学改革　全面提高人才培养质量的若干意见》《关于印发"领航"育人工程实施意见（试行）》等文件，对学校做好实践教学工作进行了明确的规定，在"3＋0.5＋0.5"应用型人才培养模式基础上，构建了"反向设计，正向施工"的人才培养方案制定流程，结合专业特点和行业企业需要，凝练出本专业培养目标，并予以细化，实现培养目标具体化。在人才培养规格的设定中，根据企业的用人标准，明确人才需要具备的知识、能力、素质，明确人才培养的服务面向和职业导向等，重新进行课程设置、改进教学方法，力求突破学科导向的约束，形成了由"应用为要"的理论课程、"能力为重"的实践教学体系。学校根据培养目标和规格构建课程体系，设置对应的课程模块，细化课程名称与开设学期学时，使课程支撑培养目标和规格，努力确保培养目标和规格与社会需求高度契合，课程体系与市场的用人目标高度一致。

学校从教学内容、教学方法和教学手段等方面全面推进课程教学改革。实施"高等数学"、"大学英语"和"大学物理实验"等课程的分类教学改革，强化基础课程对工程应用能力提升的针对性。结合行业发展的新动向和专业技术的新应用，组织修订教学大纲，及时更新课程教学内容。依托行业学院和合作企业融入企业课程，使课程教学与企业需求紧密对接。近年来，学校更新课程和开设企业专项课程累计达150余门。例如，学校改革传统教学方法与模式，率先对机械设计制造及其自动化、电子科学与技术、旅游管理等重点专业实施教学改革，整合优化课程体系和课程内容，开设具有项目引领作用的"专业导论""创新能力培养"等新型课程。学生从大一开始，在了解专业的基础上，以项目为引导进行学习和专业技能训练，使被动学习变为主动学习，有效地激发了学生学习的积极性。设置了6个学分的创新学分，开设创新能力培养课程，通过专家讲座、课外科技创新、科研立项、学科竞赛等多种途径，促进创新能力培养，有效激发创新活力。同时，创新实施"项目驱动、学用结合"的教学模式。让学生通晓所学专业，用生产加工、发明创造、科研专利等实际项目引领学生主动进入实训室实现科技创新，从而培养创新型人才。此外，启动实施"能力为本、形式多样"的学习评价，对学生考试考核方法进行改革，发挥对教学改革的引导促进作用；依据课程和实践教学的特点，设计形式多样的学习质量评价方法，努力促进考试考核从"重理论"向"理论实践并重"转变，学生学习评价从"单纯的期末考核"向"期末与课程考核相结合"转变。

（二）丰富实践教学内容

学院立足于应用型人才的培养目标，将专业课程的实践教学与社会实践有机结合，切实加强青年学生理想信念教育，培养青年学生的工程素养、创新精神和实践能力。

1. 修改和完善实践教学大纲

学校主动适应经济社会发展需要，结合最新提出的"新工科""新文科"人才培养理念，扩大实践教学比重，改革人才评价标准，不断优化和完善学校的教学大纲（增加专科课程的教学大纲），有效地促进了学生积极主动地参与到实践教学活动中。例如，学校在思想政治理论课教学中，及时修改制定教学大纲，制定科学合理的教学进度，严格落实学分制，"原理" 3 学分（理论课时 44/实践课时 4）、"概论" 5 学分（理论课时 64/实践课时 16）、"纲要" 3 学分（理论课时 44/实践课时4）、"基础" 3 学分（理论课时 40/实践课时 8）、"形势与政策" 2 学分，严控教学班级规模，合理安排教务，组织实施好思想政治理论课关键课程。

2. 搭建校内实践教学平台

学校按照应用型本科实验教学的规律和要求，围绕理论验证、综合设计、工程实训和创新能力培养，对实验室进行设备升级改造，加大新的实践平台建设的投入力度，建设了由实验中心、科教中心、工程训练中心、众创中心组成的 4 个中心和智能制造学院、全球供应链与跨境电商学院、"泛 IT 学院"和创新创业学院 4 个学院，逐步形成了以培养应用型人才为目标的实践教学保证体系。

智能制造学院将围绕域内相关产业的共性关键技术的需求，建设一个集先进制造技术、智能机器人技术、自动生产线技术、3D 打印技术等多功能于一体的实践教学平台。该平台能够满足"机械制造及其自动化""数控技术""自动控制"等相关机电控制类课程的实践教学，不仅可用于学生、教师、企业员工进行单片机、传感器、数字逻辑及运动控制应用等相关课程的学习和实践，也能进行高级机器人、工业机器人的研究与应用开发以及承担大学生机器人竞赛等。

全球供应链与跨境电商学院是依托郑州科技学院专业设置特色，将500 强企业怡亚通的"全球供应链 + 跨境电子商务"及关联业务引进学校，进行规划建设的跨专业实训实习平台。该平台面向全校学生开放，应用于经管类相关专业的教学实践工作。旨在将企业发展转型升级的需求与教学实践课程有机融合，创新传统教育教学模式，加强学校与全国性行业协会之间的融合性与黏合度。该平台的 18 个功能模块是根据目前平层结构的物理环境进行规划的，由博览认知中心（2 个）、创客实战中心（4 个）、企业模拟演练中心（8 个）、理论课堂教学中心（3 个）及辅助配套区组成。

学院和河南云和数据有限公司集双方资源优势，校企共建"泛 IT 学院"创新实践育人平台，旨在打造"产、学、研"一体化的高端泛 IT 人才培养基地。

创新创业学院共分 5 个区：创新创业管理区、创业区、8 个创客空间区、创业培训区、众创咖啡区。创新创业学院统筹学校现有创新创业资源，整合相关单位创新创业的职能，构建第一课堂和第二课堂相结合的创新创业教育改革及实践训练体系，系统推进创新创业实践训练、创新创业项目培育推广等工作。

学院还与北京天圣达科技有限公司、安徽马鞍山粤美金属制品有限公司、瑞仪光电（苏州）有限公司等企业合作，共建了瑞仪光电电子产品设计实验室、百业会计实账实验室、IOS 尚承软件开发实验室等 7 个体现行业先进水平的实验室，企业提供设备、资金、技术等多方面的支持，并对 4 个实验室建设进行指导。与河南奇瑞重工、海尔集团等企业合作，共建了 66 个联合培养基地，破解了实践教学条件建设的难题，搭建了深化校企合作的桥梁，为"3 + 0.5 + 0.5"培养模式逐步实施提供了保障。

3. 组织学生积极参与专业比赛

在各分院设立了计算机项目工作室、机械设计创新实验室、开放机械加工实验室、现代制造实训中心，为学生提供了极好的课外实训平台，吸引了一大批学生在各个开放性实验室进行实验、实训操作、技能训练等。如在 2016 年 5 月，学校学生参加了中国工程机器人大赛暨国际公开赛，经过激烈的角逐，参赛队终于不负众望，郑科院对抗 1 队荣获工程越野项目对抗赛季军（特等奖），郑科院物联网创新队荣获物联机器人项目创新创意赛季军（特等奖），另获得一等奖 1 项、二等奖 2 项、三等奖 2 项。在 2017 年、2018 年的中国工程机器人大赛暨国际公开赛中都获得了很好的成绩。从单色打印到彩色打印、塑料打印到陶瓷打印的 3D 打印机在技术上日臻成熟，不断创新和突破，多次在国家级的大赛中获得大奖。

4. 校政行企协同育人

学院先后与地方产业聚集区、郑州航空港经济综合实验区政府签署战略合作协议，校政合作共同发展。加强企业实践教学，学生深入企业生产经营一线进行实践锻炼，全面熟悉企业管理制度、生产流程、经营理念，接受企业文化熏陶，通过企业实习发现和弥补自身不足，发现和解决一线问题，提升自身职业素养和技能水平。一是建章立制，成立校企合作工作机构。学校先后出台了《校企合作管理办法》《实习（训）基地建设管理办法》《校外实习学生管理办法》《订单培养工作实施意见》等指导性文件，有力地保障了校企合作协同育人工作的蓬勃开展。二是立足市场，创新人才培养机制。构建符合社会需求的人才培养模式，在课程设置上强调"职业元素"，在课程实施上突出"实践主题"，从"观念、技能、能力、素质"四个层面培养应用型、复合型人才。构建相对开放的教学体系，为促进学校与企业结合，组织教学实习和"订单式"培养提供了时间与空间保障。建立了适应校企合作需求的服务体系，为教师下企业锻炼及学生实习实践提供专项管理服务。校企合作共育人才在创新机制中落到了实处，推动了学生"实践能力、创新能力和综合素质"培养工作的全面开展，实现了"知识本位"向"能力本位"的转变，校内培养人才向校内外共同培养人才转变。三是引企进校，共建校内实践育人平台。随着校企合作工作的不断深化，结合学校以"工科领跑"带动其他专业人才培养的发展路径，以工科为主的校企合作共建实验（训）基地项目应运而生。学校先后与中联重科、郑州海尔、苏州瑞仪等行业内知名企业建立共建关系。目前，"引企进校"共建有实践育人基地 16 个，为学生成长成才、教师专业发展搭建了舞台。四是精准就业，开展校企合作"订单"培养。在学生进入企业前，帮助学生形成一套企业工作的系统思维。学校开展"订单"培养班 57 个，学校"共性教学"和企业"个性教学"有机结合，深受学生喜爱和欢迎，精准实习和高质量就业，真正实现了学校、学生、企业多方共赢的合作格局。五是提高"企中校"人才培养质量。充分发挥和利用企业的优势资源，遵循专业对口和相近原则，把学生的实践教学"三段式"（认识实习＋综合实习＋毕业实习）的实习模式无缝对接到企业真实的职业岗位上。在跟岗实习阶段实行"双导师"制，严格按照教育部要求规范实习过程管理，提高了实习效果和质量，学生在实践中不断成长，学生的专业素养和职业素养得到有效提升。通过多年的合作实践，学校已与郑州宇通、长城汽车等省内外 140 余家企业保持紧密的合作关系。校外实习基地不仅满足了实践育人的需求，同时也承载了合作办学、定向培养、科技研发及教师培养等深度校企合作模式，为应用型人才培养提供了强有力的支撑和保障。

5. 实践教学与科学研究有机结合

学校围绕相关产业亟待解决的技术问题，开展相关研究，实施协同创新，承担联合攻关和成果转化项目，其中，"基于无线传感器网络的粮仓害虫图像监测系统""便携式小麦品质快速检测仪的研究""粮食仓储环境综合测控系统的研究与开发"等成果已经通过专家鉴定并得到应用。受郑州市圣兰电子公司委托研制的"机动车辆运行中牌照实时识别软件"已完成主控程序设计与编写，实现了实时分析处理高清摄像机提供的路面视频数据；为郑州东方食品机械设备有限公司研制的弧截面变直径变导程螺杆、网格千孔板，填补了河南省该领域的技术空白。同时，学校利用马寨产业集聚区的优势，成立了企业咨询研究所。以围绕地方经济社会发展为主线的人文社科领域的科研立项共 136 项。学校有明确的科研定位，即"以科研促教学，以教学带科研"，教师在做科研的同时，也会鼓励青年学生自选或者参与教师的科研项目，为其提供场地，并配备教师对学生进行指导，这种方式既能让更多的青年学生参与到科学研究中，也促进了实践教学的质量和效果的提升。

（三）实践教学案例

1. 基于 CDIO 理念的"数字电子技术"课程教学案例

郑州科技学院电气工程学院数字电子技术课程教学团队，以提高教学质量、培养高素质应用型人才为中心，倾力探索一系列教育教学新模式，促进教学质量持续提升。

（1）案例内容简介

围绕应用型人才培养目标，将当前国际工程教育领域先进研究成果——CDIO 工程教育理念引入"数字电子技术"课程教学改革，积极探索适应民办应用型高校的教学模式。针对传统教学体系中存在的问题，根据电力工业的发展要求，结合专业特点，我们在教学过程中不断更新与优化教学内容，注重新技术、新知识在"数字电子技术"课程中的应用。经过反复研究与实践（如图 5 - 2 所示），得出一整套完整的实施方案。

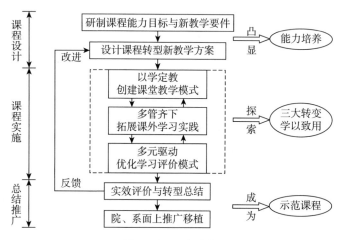

图 5 - 2　研究路径

案例为基于 CDIO 工程教育理念的"数字电子技术"课程"多位一体"的有机融合型课程体系（见图 5 - 3），分别从理论教学、实践教学、考核评价三方面着手进行改革。采取"一主线，二并重，三结合"的课程教学模式。

（2）案例主要内容

①优化整合教学内容，创新课程教学体系。一是抓住"一条主线"。教学内容以组合逻辑电路、时序逻辑电路两大常规模块为主线，即以掌握常用中规模逻辑部件的工作原理、外围特性以及应用为主要内容，注重学生对基本概念、理论和计算方法的学习与理解。"数字电子技术"教学团队，在教学前期按照"加强基础性、突出应用性"的教学内容改革思路重新整合理论教学体系，采用"同类合并、相对集中、教学内容与当前专业最新技术相结合"的原则，将教学内容优化重组为多个完整的子项目，并制作了配套的教学课件。内容的编排上按照"基本原理与方法—应用技能—服务后续专业课程"的层层诱导递进式顺序，在基础内容上增加多个子项目，实现对学生专业基本知识的传授和基本

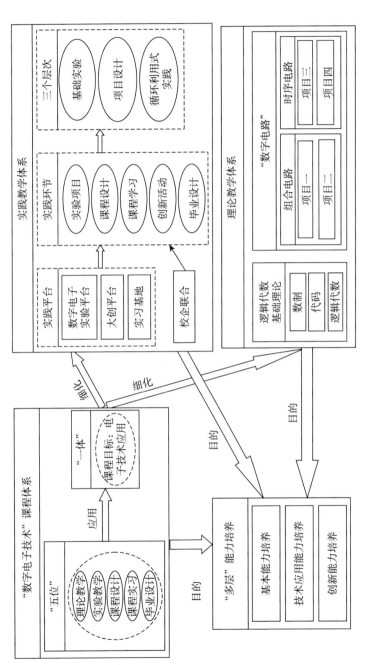

图5-3 "CDIO理念"的课程教学体系

技能的培养。二是采用"二并重"，即理论教学与实践教学并重，学生获得知识与学生应用知识的能力并重。在阐述基本概念和基本理论的基础上，注重从电子行业的角度进行理论和方法的学习与应用。三是实施"三结合"，即课程理论教学与课程实验教学相结合、课程设计与数字电路的软件仿真相结合、工程训练与课外科技创新活动相结合。根据专业建设的需要，结合学科发展前沿，将实验室建设成集实验、实习、新产品开发与设计及科学研究于一体的多功能实践教学平台，建立大学生创新实验室，实现了对学生专业知识应用、工程素质训练与创新能力培养的有机结合。

②改革实践教学，注重能力培养。在理论学习之初为学生提供一些实践课题，这些实践课题包括日常生活中用到的电子时钟、各大选秀节目中使用的评委表决器、儿童玩具里的模拟多音阶电子琴、十字路口的红绿灯、知识竞答赛中的选手抢答器、大街小巷里的流水广告灯、防盗门上的电子门铃……学生结合自己的兴趣选定一个课题，带着设计任务进入理论知识的学习。以洗衣机中步进电机控制器的设计作为工程实例，将工程实例中的每个模块与课程学习中的实验实训内容建立联系，做到将"工作任务课程化，教学任务工作化"，以行业内实际工作流程为导向，将工作与课程教学联系起来，为学生提供真实的校内职场环境。首先，分析工程实际应用中电机控制模块的功能，它包括电机的正反转控制、转动数字显示、置数控制、转速和定时控制；其次，我们逐个分析各部分的详细功能，将其划分为不同的小任务，并与其他课题建立联系；再次，将每个小任务对应的知识点罗列出来，搭建层次清晰的知识框架；最后，进入理论知识的学习（见图 5 - 4）。

实践教学体系以 CDIO 理念为指导，按照"打造校园职场环境"的教学改革思路，将课程实验、课程设计部分内容进行优化整合，增加设计性、创新性实验项目比例，创新性地提出"循环利用（以陈出新）式实践课堂"，即在实践教学环节中，除完成实验、课程设计任务外，增加实物研究环节。将往年学生的设计成品作为教具，分发给本年度的学生，根据实作的具体情况，学生研究其工作原理、有无故障、故障解决、改进措施等，"用学生作品教学生动手"，从而实现对学生工程应用能力、创新能力的培养。

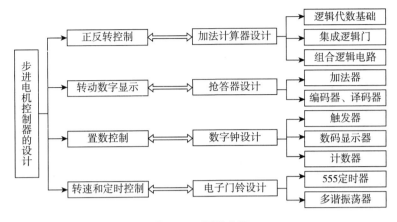

图 5-4　课题分解

③创新评价机制，提升教学效果。考核评价环节中，将学生作为评价人，与教师共同参与课程的考核评价，考核内容具体分为三大块：课堂学习、课外实践、因学增减（见表 5-10）。其中，课堂学习分为课堂表现、习题测验和期末考试，课堂表现包括出勤情况、学习态度、课堂参与度、随堂练习、赛客平台学习、平时测验、期末考试；课外实践分为专题大作业和实践小项目，包括构思—设计—制作的能力、分析解决问题能力、表述能力；因学增减是指学生在该课程的学习中有无特别之处，能力特别突出和落后的两极均有相应的评分增减，以此来鼓励学生积极投入、勇于创新。

表 5-10　评价内容明细

考核方向	载体	考核重点	得分	评价人
课堂学习	课堂表现（多元化）	出勤情况、学习态度、课堂参与度、随堂练习、赛客平台学习、平时测验、期末考试	20%	教师＋小组互评
	习题测验	学习态度、规范性、完整性、解题思路		教师
	期末考试	侧重知识考核、课程知识掌握程度、思维能力	60%	教师
课外实践	专题大作业	构思—设计—制作能力、分析解决问题能力、表述能力	20%	教师＋小组互评
	实践小项目			
因学增减	特殊表现	明显高于或低于课程教学要求的表现点	±（5~10）分	教师＋本人/小组

三大体系相互渗透、相辅相成，重组后的课程教学内容与知识结构更加科学合理、先进实用，评价机制更能激发学生的学习兴趣。

（3）案例应用效果

新的课程体系在 2013 级、2014 级、2015 级本科生中逐步推广与实践，有效地提高了学生的专业知识水平，使学生的工程实践能力逐步递增。通过对毕业生的跟踪调查，从用人单位的反馈意见来看，学生的知识与技能，得到用人单位的认可。

①促进了市级精品课程的建设。"数字电子技术"课程是电类相关专业一门重要的专业基础课程，2013 年被评为校级、市级精品课程。近年来，优化了课程体系，突出了实践教学，更新了理论教学内容，改革了教学方法，建立了考核体系，进一步推进了"数字电子技术"课程的创新改革和发展，建设成效显著。

②提升了我们成员的教学与科研水平。在我们组织实施的 3 年时间里，大家分工协作，互教互学，研究改革措施，讨论教学方法，研究数字电子领域新技术和现代教育教学新方法等，教研室充满了浓厚的学术氛围，教师的自身业务素质和整体水平有了大幅度的提高，共同营造了一种相互支撑、和谐发展的团队精神。以深化改革课程体系和加强课程建设为契机，积极进行了教学改革和科学研究，一方面，提高了教师教学与科研水平；另一方面，将教学与科研成果引入教学中，为培养学生创新能力提供了良好平台。近三年来，课题负责人承担了省级科研项目 5 项，发表论文 10 余篇，获得专利 3 项，出版著作 1 本。

③取得了一定的教学效果。2013—2015 级学生考试成绩统计分布如图 5-5 所示，优秀、良好层次的成绩略有上升，不及格人数呈减少趋势。我们在 2014 级学生中进行了调查，对教师在该课程课堂教学中采取的教学方法的满意程度为，107 名学生中，有 104 人满意（97.2%），3 人不满意（2.8%）。

④提高了人才培养质量。从培养的本科毕业生来看，近几年，电气工程学院的毕业生每年能保证 98% 以上的就业率。用人单位普遍反映电气工程学院培养的学生具有基础扎实、能力强、专业素质高等特点，社会对电气工程学校输送的毕业生非常认可、反响很好。同时，参与课程改革试点的学生在近年来的全国大学生电子设计大赛中的表现优于未试

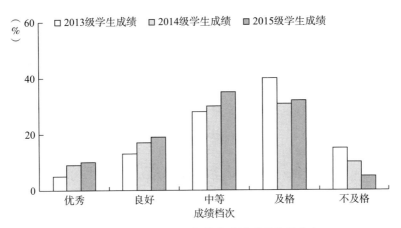

图 5 – 5　2013—2005 级学生考试成绩统计分布

点班级的学生。

2. 影视教育

在影视育人工程实施过程中，院党委立足于学院实际，将影视教育融入学院师生的思想政治教育、主题活动当中，努力用优秀的影视作品感染人、影响人、鼓舞人。在影视教育过程中，院党委重点把握"选题、宣传、组织"三个环节。

（1）做好选题工作

选择富有时代特点并紧扣活动主题的影视，既是增强影视教育吸引力的前提和基础，也是保证影视教育效果的关键。院党委在选题过程中，立足于学院实际，精心挑选了不同题材的优秀影视作品为学院师生展播：一是以直观展现党领导全国各族人民进行革命、建设、改革为主题的影片《芳草青青忆英灵》《百年航母》等；二是以反映坚定共产主义信仰为主题的影片《周恩来的四个昼夜》《焦裕禄》《雷锋》《冬去春来》等；三是以反映诚信教育为主题的影片《信义兄弟》《云上学堂》等；四是以反映生态文明建设为主题的影片《可可西里》等；五是以法治教育为主题的《黄克功案》《马背上的法庭》等；六是以感恩教育为主题的影片《背起爸爸上学》《走路上学》等；七是以师德师风建设为主题的影片《美丽的大脚》《冯志远》等；八是以心理健康教育为主题的电影《美丽心灵》《心灵捕手》等；九是以廉政建设为主题的电影《作风建设永远在路上》《四风之害》等。自影视教育活动启动实施以来，院党委展映的电影多达 130 余部，参加观影的师生达到 4 万人次。

（2）做好宣传工作

适当进行观影教育活动的宣传动员，不仅有利于师生更多地参与到影视教育活动当中，也有利于在学院营造良好的观影氛围。院党委充分发挥各党群部门、总支、直属支部、业余党校、团委等部门在学院影视教育中的作用，鼓励、支持其在电影放映前利用校园网、海报宣传栏、黑板报等，发布展映时间、地点，让师生提前统筹安排好工作、学习等，尽可能地参与到影视教育活动当中，并对将要放映的影片剧情进行简单的介绍，吸引更多的学生参与观看。同时，院党委还要求师生在观影过程中把触动心灵的点滴记录下来，并组织专人对学生在观影过程中的心得体会进行整理，汇编成册，在师生中学习交流。截至目前，学院已编印了《心灵之舟扬帆起航》《潮起海天阔扬帆正当时》等 8 册优秀影评集。除此之外，院党委宣传部还将师生撰写的影评择优在校园网上刊登，这不仅调动了学生参与的积极性和主动性，也促进了学生之间的互相交流、学习。

（3）做好组织工作

采取灵活的组织形式，变强制参加为自主参与，除入党积极分子集中培训期间特殊安排以外，一般利用每周三下午学院特定的机动时间安排放映，不同题材影视资料顺序循环播放，观影教育不占用个人休息时间等，为大家提供了比较宽松的影视教育环境。同时，院党委还依托"创新争优""建党 90 周年""中国梦""党的群众路线教育实践活动""依法治国""反腐倡廉"等主题教育活动，深入挖掘影片的教育潜能，提升教育效果。如在"我的中国梦"主题教育活动中，开展了"放飞梦想·励志青春"电影展映活动，教育青年学生要敢于筑梦、勇于追梦、勤于圆梦；在"党的群众路线教育实践活动"中，开展了"影视教育进基层"活动，将影视教育作为树标杆的重要手段，引导师生见贤思齐、躬身自省；在"依法治教年"活动中，开展了"法治中国梦"影视教育活动，帮助师生树立法治意识、提升法律思维，引导师生做遵法、学法、守法、用法的典范。

（四）引导青年学生理性思考社会问题

通过举办报告会、研讨会，开展理论文章评比等方式，激励青年学生把理论学习与指导实际工作结合起来，把发现问题与解决问题结合起来。一是邀请校内外专家为学院师生做报告。围绕社会主义核心价值观等党和国家的方针政策；钓鱼岛、南海、国防战略等社会热点问题；法治教育问题；新时期青年学生的思想政治教育问题等，邀请了校外知名专家学者为青年学生做报告，让青年学生进一步了解党和国家的方针政策，理性看待当前的社会热点问题。专家报告会的持续开展不仅有利于学院师生理解、信任、拥护、支持党和国家方针政策，也有利于学院师生进一步坚定对中国特色社会主义的道路自信、理论自信、制度自信、文化自信。二是组织专题研讨会。以总支、直属支部为单位，鼓励青年学生围绕马克思主义中国化的最新理论成果、诚信教育、党的先进性、生态文明建设等主题进行理性思考，深刻理解其内涵、作用、重要意义等。如在组织学院师生对焦裕禄精神进行理论研讨中，深刻体会焦裕禄同志"亲民爱民、艰苦奋斗、科学求实、迎难而上、无私奉献"的精神。三是围绕主题活动开展理论文章评比。在鼓励青年学生学好专业的同时，以主题活动为载体，鼓励青年学生参与理论研讨。如在"我的中国梦"主题教育活动中开展的"中国梦·中国情"理论研讨活动，已成为提升青年学生理论水平、坚定"三个自信"、刻苦学习党的富民强国理论的有效载体；在教育实践活动中开展的"党的群众路线教育实践活动"理论研讨征文比赛活动，为强化服务意识、提升服务质量，更好地服务青年学生总结出好经验、好做法提供了平台。截至2020年，学校已先后举办了15次理论文章评比活动，共收到各类文章万余篇，整理编印了《创先争优理论文章汇编》等12本优秀文章选集。这不仅加深了学生对理论知识的领悟，也提升了学院师生理性思考的能力。

（五）组织青年学生开展社会实践活动

一是开展好社会实践活动。学校通过精心谋划，周密部署，有序组织学生到社会上进行考察学习和社会实践，让青年学生参加劳动、经受劳动锻炼。在校内开展了"厉行节俭，光盘行动""环境卫生整治月"等活动，鼓励学生积极参与到校园卫生的整治与保护中。在校内开展环保行动的同时，还积极创造条件，鼓励学生走出校门，走向社会。在黄河滩区建立实践教育基地，组织学生到黄河滩区义务植树，捡拾垃圾，先后3次开展环保行动。借助环保行动开展宗旨教育，使学生感受到干事的不易，感悟到成功的艰辛，引导学生参与到美丽中国的建设中来，以国之栋梁的主人翁精神凝心聚力共筑美丽中国梦。此外，各二级学院立足于将专业知识与社会实践有机结合。如食品科学与工程系党支部与马寨村村委会联合在"好又多"商场门前组织开展了"食品安全科普知识进社区"公益宣传活动；艺术学院团委学生会联合"三人行"儿童教育机构在郑州市植物园共同开展了"大手牵小手"爱心公益活动，学生会成员带着小朋友一起玩耍、做游戏，并且教他们制作手绘风筝；外国语学院青年志愿者和机械工程学院青年志愿者参与了"壹基金温暖包"的前期中转公益活动，活动是针对受灾害影响的儿童生理及心理重建需求进行回应而特别设立的项目，为河南贫困地区的孩子们提供物质和精神上的双重帮助。二是组织开展好"三下乡"社会实践活动。学校深入开展大学生志愿者暑期文化、科技、卫生"三下乡"社会实践活动，通过组织大学生到爱国主义传统教育基地、"一带一路"沿线地区、红色文化基地、贫困地区等地，开展政策宣讲、红色教育。学校每年暑期积极开展"爱在山区"无偿支教活动，特别是涌现出"爱在山区"义务支教小队、"爱心接力"等青年学生志愿团体。2018年暑期，青年志愿者赴洛阳市汝阳县刘店镇昌村小学、洛阳市嵩县纸坊乡草庙小学等开展"三下乡"乡村义务支教活动。结合志愿者的自身专业特色和学生特点，志愿者为当地小学生开设了播音主持课、七彩绘画课、曼妙声乐课、律动舞蹈课和活力体育课。同时，该校志愿者服务队还带去了智能机器人和智能工程车等自主设计的科技产品，现场为师生们普及科技知识，并捐赠了学习用品。学校充分发挥人才和学科优势，认真践行社会主义核心价值观，积极履行社会责任，施展才干，将暑期文化、科技、卫生"三下乡"社会实践相结合，通过开展智力帮扶、精准扶贫、科技下乡、志愿服务、医生义诊等活动，增强学校师生使命担当，提升学生实践活动能力，在培养了学生奉献意识的同时，为决胜全面建成小康社会，开启新时代河南全面建设社会主义现代化新征程，谱写中原更加出彩新篇章贡献青春和力量。三是做好"志愿服务西部计划"工作。学校从2016年5月初启动大学生志愿服务西部计划活动，严格按照团省委的要求，利用橱窗、板报、校园网、微信公众号等媒体进行宣传动员，努力使毕业生了解志愿服务西部计划的政策、要求等，采取党总支（直属党支部）推荐与毕业生自主报名相结合的方式，通过面试、体检等程序择优录取，组织志愿者服务新疆、西藏。鼓励大学生传承志愿服务精神，到西部去，到地方去，服务祖国，服务地方。此外，学校还在井冈山革命博物馆、刘庄史来贺同志纪念馆、二七纪念馆、河南省博物馆等建立实践教育基地，定期组织学生到基地参观学习，培养学生的爱国情怀。

（六）推进青年学生志愿服务常态化

将志愿服务作为实践育人的工作重点，依托主题日组织学生开展志愿服务。在世界献血日与郑州市红十字会合作，开展校内无偿献血活动；在交通安全日开展"维护交通秩序从我做起"主题宣传活动等。同时，各院系还结合专业特点，组织开展了艺术作品爱心义卖捐助孤儿院、爱在中秋情驻福利院、爱心帮扶马沟福利院、十五年爱心接力等志愿服务活动，使学生对与人为善、有爱无碍、平等尊重等志愿精神的精髓有了更为深刻的理解。特别是在 2019 年郑州举行全国少数民族运动会期间，学校的 247 名志愿者投入后勤保障工作中，三天内合计搬水 423000 瓶，平均每人每天行走 40000 步，平均每 10 分钟卸掉一卡车水，创下了 247 人 10 分钟搬水 1000 件 15000 瓶水、在开幕前十几个小时顺利完成 6 万份观众大礼包装包的"壮举"，被赞为"郑科速度"。

简评：基于以上案例的选择，因为每个学校现实情况不同，在实施参与式课堂教学组织的推进过程中也会有差异。但是值得欣慰和肯定的是，因为参与式课堂教学组织的探究和实施，着实带动了一批优秀教师的成长，加快了"双师型"教师建设的步伐，同时学生的学习积极性也得到了有效提高，很好地提高了教学效果，在后面高职院校内容部分笔者会有更加详细的案例介绍，尤其是教师的成长变化过程。

第六章　高职院校参与式课堂教学
组织案例与实践效果

"参与式"的方法由于可以积极倡导在场的人投入正在进行的学习活动中，并提供表达、交流和展示的机会，因此在国际的教学、培训中备受青睐。高职院校因为具有生源多元的特点，实施参与式教学更加不易，教学中的教学设计、教学资源、教学内容、教学组织、教学评价等如何兼顾不同学习基础的学生，是高职院校教师比较关心的问题。"一个人能够对某个问题有所知的唯一办法是听不同人对这个问题所提出的不同意见，了解具有不同思维特点的人是如何使用不同的方法来探究这个问题的。所有有智慧的人都是以这种途径获得其智慧的，人的智力的本质决定了只有这种方法才能使人变得聪明起来。"[①] 而"参与式课堂教学组织"的实施使高职师生在参与中持续丰富个人体验、不断获得能力和信心，在分享中获得快乐、思考与改进，从而使高职院校的课堂教学焕发新的魅力及生命力，更好地提高了教学效果。为充分展示"高职院校参与式课堂教学组织"成果，笔者将从"'3+2'及'五年一贯制'高职院校参与式课堂教学组织"和"高中起点三年高职院校参与式课堂教学组织"两个维度进行案例、实践效果说明。

一　"3+2"及"五年一贯制"高职院校参与式
课堂教学组织案例及实践效果

（一）"3+2"及"五年一贯制"高职院校参与式课堂教学组织案例

笔者以郑州信息科技职业学院 Alina（化名）老师任教的学前教育专业英语为例，走进她设计的该课程的先行课堂、核心课堂和辅助课堂，来看看 Alina 老师是如何把参与式课堂教学组织在专业公共基础课、专业

[①]　约翰·密尔：《论自由》，许宝骙译，商务印书馆，2009，第 24 页。

实践课以及跨年级同专业之间有效实施的。

教师基本情况：Alina 是郑州信息科技职业学院学前教育专业的一名英语老师，任教该课程12年，有3年辅导员经历，多次获"优秀教师"和"先进师德个人"称号。笔者通过一学年的深度接触，以课堂观察和访谈的形式走进 Alina 老师的课堂。通过对比，选择学前教育专业"英语"和"幼儿英语教学法"两门课程，即分别是 Alina 老师任教的专业公共基础课和专业实践课，介绍参与式课堂教学组织的具体实施过程。

1. 参与式课堂教学组织过程的设计

根据表6-1和表6-2可以得知，Alina 老师学前教育专业公共基础课"英语"及专业实践课"幼儿英语教学法"两门课是理论与实践相结合的课程性质，共分为先行课堂、核心课堂和辅助课堂三个阶段。

表6-1　Alina 老师授课基本情况记录

任教科目	专业公共基础课"英语"、专业实践课"幼儿英语教学法"	任教班级	2010级幼教1班、2011级幼教1班
学生人数	2010级：45；2011级：48	教学日期	2011年9月12日上午；2节/班
实到人数	2010级：45；2011级：45	教学性质	参与式课堂教学组织
缺课人数	2010级：0；2011级：3	教学效果	优秀

表6-2　参与式教学的进程安排

第1阶段	先行课堂	专业理论部分学习，课时安排6~8节
第2阶段	核心课堂	学习理论：15~20分钟；学习技能实践30~25分钟
第3阶段	辅助课堂	"理论"加"技能实践"混合式学习：课后机动时间

其中2011级新生是以理论教学为主的"幼儿英语爵士调教学法"课程，教学重点主要是学习幼儿英语爵士调 *I am a Cat*；针对2010级学生则是以实践为主的"基础英语知识"课程，教学重点是幼儿英语教学法。

Alina 老师精心设计研究两个年级的两门课程，并相互贯通，将2011级学习兴趣的培养及幼儿英语爵士调 *I am a Cat* 的掌握作为课堂上主要攻破的教学难点，让2010级用学到的幼儿英语教学法来教小朋友幼儿爵士调 *I am a Cat*，把2010级学生的核心课堂当作2011级新生的先行课堂来设计，两门课程相辅相成，既锻炼了 2010 级学生的英语教学能力，又考查了 2011 级的新生的知识储备能力。

2. 实施参与式课堂教学：准备阶段

（1）先行课堂：幼儿英语爵士调需要准备 48 首；*Stand Up*，*Sit Down*、26 *Letters Driving Train*、*London Bridge is Falling Down* 英语游戏共 3 个；双语课件《颂》，除此之外，还要根据专业特点设计自己的着装，注意自己的仪态仪表，要"得体""大方"。

（2）核心课堂：此阶段做的事情需要兼顾次序，如学生的个人基本资料、成长史、学习情况等要与学生多沟通、多交流；学习小组的初步建立要兼顾学生的学习层次和性格特点；学习委员的选拔要兼顾效率和公平；课堂参与式组织学习制度建立要征求学生的意见和建议；学生作业评估手段 Happy Stars 要给学生讲解设计的来龙去脉，鼓励学生积极参与，激发学生的学习热情，培养学生的良好创造力。

（3）辅助课堂：由于学前教育专业学生学业非常繁重，因此辅助课堂学习安排得比较密集，主要包括：每天早六点到七点一个小时的"英语晨读俱乐部"、晚上七点半到八点半一个小时的"辅助英语课堂"，每天下午四点半到五点半一个小时的"英语才艺秀"以及每周日下午两点半到四点半两个小时的"英语情景剧社"。

3. 参与式教学课堂组织：环境创设

（1）先行课堂：教室要保持整洁干净，桌、椅摆放要符合教学设计要求，多媒体及网络畅通，硬件设施齐全，给学生创造良好的学习环境。

（2）核心课堂：教室布置模拟幼儿园实际工作场景，给学生营造真实感浓郁的学习氛围。

（3）辅助课堂：核心围绕"学习形式谈分享""学习过程重激励""学习效果重表彰"充分利用校园广播、校园海报、校园报纸、校园网、公众号等平台宣传和报道，重视学生的点滴进步，培养学生的学习热情和主动性。

4. 参与式教学课堂组织：具体实施

（1）先行课堂（根据 Alina 老师口述整理）：

　　今天任教的 2011 级（1）班是个新生班，开课前，通过接力游戏"26个字母开火车"，使我对该班学生有了比较全面的了解，班级女生人数多，学生非常热情，活泼开朗，学习兴趣浓，表现欲强，班风带有很强的学前教育专业特点，这些都很符合事先设计的参与式课堂教学组织的要求，尤其是有利于本次课程教学内容 *I am a Cat* 爵士调的教学安排。教学过程初始阶段，也许是处于青春期的敏感，视频展示学习内容后，学生对学习内容的认知仍停留在他们已掌握知识的层次里认为"简单幼稚"，而不是站在小朋友的视角觉得"惟妙惟肖"阶段，此种心态下，部分学生比较扭捏，无法真情实感地进入角色进行有效的参与练习。于是，我戴上动物的头饰做了示范表演，以身作则引导学生思考小朋友喜欢哪种幼儿英语教师，同时乘机抛出学前教育的就业目标，看到学生眼里有了学习的亮光后，我不失时机地开始对学生逐个进行教师课堂用语的练习指导，一声声甜美的"Class begins"练习环节彻底点燃了学生参与的热情，这可是学生初为人师很重要的课堂用语，某种程度上讲是第一句！一个个发音标准的纠正过程中，学生脸上那进步后略显激动的光芒越发闪亮和动人，我的心也跟着越发温暖和满足。

学生在引导中学习兴趣更加盎然，在营造的幼儿园教学环境中体会到学习的快乐，到了课间休息也不愿意浪费时间，纷纷要求不要停下来，一个个兴奋得高举着手，口中重复喊着："老师，我们不想下课！""老师，您坐下休息看着我们表演就可以。"……这就是这个年龄段的学生特点，他若喜欢就会毫不掩饰，朝气阳光尽显。感动之余，对于学生的积极求知行为，我给出了积极的肯定和温柔的呵护，并趁机和学生一起探讨合理利用时间的重要性以及如何才能高效率地有效学习，大家讨论热烈，但当讨论到不能使任何一个同学掉队时，教室里一下子安静了下来，是啊，这太不容易了。每位学生基础都不一样，课堂时间又那么有限，如何兼顾教师讲解、学生练习，并且照顾到每位学生的学习基础。大家认为完成这项任务几乎是不可能的挑战。最后，在我的引导下，学生慢慢意识到学习是自己的事情，不能单纯地依靠课堂，当然也有学生意识到帮助他人也是在帮助自己，反正自己将来也是要做老师的，何不就趁现在在同学面前尝试进入角色呢！就这样，似乎一切就这么顺理成章，在学生的各抒己见中，大家达成共识，成立小组学习互助。兼顾了不同学习基础的同学，制定了组规。班委还当场表示这个任务他们自己就可以完成，让老师放宽心。

接下来的课堂中，到了"学生作业 Happy Stars 评估"（见表6-3）的讲解环节，通过课件给学生展示后，结合学生提问、意见、建议，当场进行了修改，对学生作业的考评机制便立刻建立了，这很好地保护了学生学习的积极性，为学生的学习前进方向指明了道路。课程结束的前2分钟，我和大家又讨论了本节课的作业布置：*I am a Cat* 爵士调要熟练掌握，达到会默写、会表演和会组织教学的水平，并约定下次开课前当场随机点名验收，一个人的回答情况代表一个学习小组的成绩，要求组长一定要督促大家保质保量完成，有了学习互助小组可依靠的学生底气更加十足，纷纷喊着表示"So easy！"和"No problem！"。出奇顺利的整个教学过程也使我暗自猜测：也许这些学生对我的参与式英语课堂教学组织模式早已有所耳闻，这得感谢他们2010级的师姐、师兄，他们一定是秘密传授了真功夫。

Alina 老师谈到的2010级幼教（1）班的先行课堂是其一年级时的幼儿园见习经历，那时要在幼儿园指导老师和本校带队教师的指导下，每位学生都要认真了解幼儿园教学工作，认真观摩幼儿园一日教学活动，如熟悉幼儿园的五大领域现场教学、区域游戏优质课观摩等，同时，在了解幼儿园一日常规活动全过程的基础上，让每位学生熟悉幼儿园的保育、教育工作，并每天写见习小结，记录见习中的、收获与感受，收集信息，积累经验，见习结束后每人写一份6000字左右的见习报告，要有幼儿园园长、指导教师的签字和评语，严格而高效。先行课堂及辅助课堂均是学生收获大、进步明显的课堂，Alina 老师主要起主导作用，对学生的成果给出积极的肯定、合理的指导。步入下一学年，学生的学习目标已明确，学习习惯已养成，开设的全是专业课，核心课堂是相当严格和重要的，重视实践练习和知识应用。因此，2010级幼师（1）班的先行课堂也就变为了2011级幼师（1）班的辅助课堂。

Alina 老师对评估的实施，充分调动了学生的参与积极性和学习热情，跨年级同学之间增加了互动，也真正实现了学生的全体参与，学生作业完成率达到 100%。

表 6 – 3　Alina 老师的"3 + 2"学前教育专业：
学生作业 Happy Stars 评估①

评价项目		评价内容、星数分配 （6 颗星：及格；8 颗星：优秀）	作业批改奖励
课程作业	第 1 阶段	2 周连续保质保量、按时完成作业	六颗星 + Alina 老师手绘"笑脸"
	第 2 阶段	连续 1 个月保持第一阶段要求	六颗星 + Alina 老师手绘"笑脸" + 双语温馨知心话
	第 3 阶段	连续 1 学期保持第一阶段要求	六颗星 + 期末大礼包
实践作业 （课内、 课外）		1. 课前充分准备，课上表现积极、发言踊跃、质量高；（三颗星） 2. 学习任务能合理分配，学习氛围友好并能兼顾每个组员；（三颗星） 3. 模拟教学阶段，日日新，力争上游 （2 颗星：教师掌握）	八颗星

注：期末 Alina 老师大礼包：8 份期末成绩奖励、优先当下学期小组长、Alina 教师"神秘"礼物一份（如书籍、才艺班免费学习卡、实训基地顶岗实习"小教师"等）。

（2）核心课堂

为取得更为真实有效的数据，笔者通过实地观察，摘录 Alina 老师核心课堂的部分内容。

①跟踪核心课堂案例：2010 级幼教（1）班

课程内容：主要是请三位学生由规定的 10 ~ 15 分钟，模拟讲一节幼儿园小班英语课，听课的小朋友在 2011 级新生择优录取 20 名学生扮演。

课程准备：为了使学生体验更加真实、生动的幼儿园教师教学场景，课堂进行了特别的布置：教室墙壁布满了学生手绘作品，特别清新灵动；课桌上摆放了同学们亲手制作的教具，又萌又潮，特别有爱；讲课的"小老师"着装大方、优雅，还画了淡妆，旁听的学生人手一册"听课记录"，并围绕着呈弧形端坐，一切井然有序，很有观摩幼儿园教师公开课的既视感。

---

① 张滕丽：《中职英语教师布置和批改作业的个案叙事研究》，《洛阳师范学院学报》2011 年第 3 期，第 116 页。

课程过程：上课铃打响后，在 Alina 老师的带领下，2011 级新生 20 名同学扮演的"小朋友"天真烂漫入场，讲课的学生模拟幼儿园教师，依次用全英文上课，并进行认真细致的授课。在授课过程中，20 名扮演小朋友的学生，为了再现真实场景，有扮演"淘气包"的、"小公主"幼儿园小朋友，甚至故意模拟制造诸如铅笔扎破手、争执、尿裤子等教学事故，但都被讲课的"小老师"提前安排好的"保育员"及时发现，高效处理。

模拟讲课刚一结束，听课的学生便积极踊跃开启点评模式：有夸课前环境布置优雅的，有赞美教具制作精良的，有称赞讲课"小老师"声音温柔有爱心的，当然也有说讲课"小老师"太紧张导致表情不太自然的，夸奖幼儿园"小朋友"都是高能学霸等，热闹极了。但最终模拟授课的"小老师"最期待的，还是扮演"小朋友"的学生的真实点评，不过，听 Alina 老师说，"小朋友"评课结果得在下次上课时才能让"小老师"知道。

接着，Alina 老师还依次还原刚才讲课学生的一些表情、动作，夸张又真实的模仿瞬间让学生记住了教师魅力、形象的重要性，也增加了老师与学生的亲近感，教室氛围异常热烈。

临近下课，Alina 老师刚一提出要宣布课堂作业时，学生竟异口同声道"到辅助课堂辅导新生练习讲课"的答案，作为旁听者的我，真是由衷地佩服 Alina 老师的进度把控和课堂设计，当即就决定继续追踪 Alina 老师，走进她的 2011 级新生班核心课堂。

②跟踪核心课堂案例：2011 级幼教（1）班

课堂准备：学生提前 10 分钟分组练习爵士调 I am a Cat。

课堂布置：教室的桌子被学生自发地摆成了 8 个学习小组。

课堂进程：Alina 老师走进教室后，首先结合教室环境布置对学生的创新思维进行表扬，同时，对 2011 级幼教（1）班学生的行动执行力提出肯定与表扬。接着 Alina 老师以小组为单位检查学生 I am a Cat 爵士调的表演，并结合作业完成情况表给出了严格又合理的评定：6 颗星为及格，8 颗星为优秀。全班共有 3 个学习小组获得 7 颗星奖励，5 个学习小组获得 8 颗星奖励。获得"优秀"奖励的学生高兴得眉飞色舞、手舞足蹈，而获得 7 颗星的 3 个学习小组不停地向 Alina 老师申请要求课后重新表演爵士调，Alina 老师欣然允许，并约定时间是在辅助课堂。接下来，

新课时间学习了 *London Bridge is Falling Down* 爵士调，PPT 演示加上 Alina 老师不厌其烦的讲解和亲自示范的助力，使课堂氛围热烈又开心。最后，Alina 老师为大家布置了课后作业："Miss Zhang，I want to tell you"，以中、英双语形式给 Alina 老师写封信。就在学生依依不舍的讨论声中，本节课圆满结束。

作为旁观者，整堂课学生参与度高，课堂组织变化无穷，笔者在佩服 Alina 老师的高超教学水平之外，也担心这样别具一格的教学形式，教学计划是否真的可以按时完成。Alina 老师微笑着给笔者展示了她的教学进度表及教学大纲，Alina 老师的幼儿园教育活动会设计培养学生综合能力让学生学到基本又实用的理论知识和实践技能。她通过教学使学生掌握幼儿园教育课程、教育制度及幼儿园活动最基本构成要素，帮助学生树立科学的幼儿教育观和儿童观，并学以致用理论联系实际，运用学前教育思想中的精华，分析学前教育案例活动，指导学生实践设计学前教育活动。在教育理论与实践 1 : 1 的基础上，她更注重学生实践能力的培养，通过校企合作，建立了学生实训基地，目前学生理论与实践比例为 1 : 2，教学采用"课堂理论 + 模拟实践（互联网 + 线上教育互动） + 实操（进园观摩，与幼儿互动）"的方式，学生进步很快。

Alina 老师的课程规划里面涵盖了全过程、全方位、全员参与式的育人理念，培养了学生的学习主动性，只是这样的课程设计，教师的备课任务会非常大。带着疑问，Alina 老师带笔者参观了他们的辅助课堂。

（3）辅助课堂

笔者在 Alina 老师的交谈中了解到，在组织辅助课堂中，务必得做好结合各种学习形式的前期宣传和针对学习结果的后期表彰激励工作，充分利用校园海报、校园广播站、校园报纸和校园网等线上线下平台，为学生创造充分的条件以展示自我。

在 Alina 老师的带领下，笔者在校园的橱窗里看到刊登了 Alina 老师辅导学生参加省级"英语情景剧表演"及"英语演讲比赛"历届学生的获奖名单；校园广播电台正在重复播放着"英语辅助课堂"招募新"英语老师"的通知；高年级学生在"英语才艺秀"现场，正有模有样地给新成员教唱英文歌曲。与学生交流后，得知宿舍也成了学生辅助课堂学习的重要阵地，大家回宿舍后一起表演，并且会到新生宿舍对新生学习进行辅导，既锻炼了社交能力，又提高了专业实践技能。Alina 老师说道："兴趣是最好的老师，耳濡目染是最好的渠道！"

临近访谈结束，笔者忍不住好奇地想，如此设计的参与式课堂教学组织，学生的考评也定会不同寻常，和 Alina 老师交谈后果然不出所料。原来，Alina 老师设计的"幼儿园教育活动与实践"课程期末试卷，会要求学生围绕"幼儿园教育活动与实践"课程所学的理论及实践知识，设计 8000 字左右的幼儿园活动设计指导见习报告，内容包含：五大领域的教学设计及一日常规及区域活动，听课、评课、观摩课要有记录、过程、总结、评价、收获和感谢，并且要求非常严格，评分标准包括：①字体及文字布局设计占 10%；②内容完整，结构合理占 30%；③自创加餐食谱、绘本，栽培绿植活动的教学设计 PPT 占 25%；④实操强，科学规范，创新占 15%；⑤排版规范，成品美观大方占 5%；⑥结构严谨，评价得当，收获感受真实占 15%。由此我们可以看出，Alina 老师的课程期末考试重点考查学生对幼儿园教育活动在实践中的运用，提倡设计和创新，很是独具匠心。

5. 案例解析

参与式课堂教学组织不仅有利于教学改革、教师专业的发展，而且在学生成长、校企合作等方面都起了积极促进作用，它充分调动了学生的参与热情，使教师课堂教学组织中管理课堂工作量大大减少；同时，教师的广博学识、跨界思维皆有利于学生良好学习态度的培养，对教育本体论的认识也需要教师能够随着教育实践的发展而发展，做到常用常新，不断地深入探索，这很好地推动了教师专业方面的持续发展。

（1）课堂组织促进双向成长

通过附录二可以清晰地看出，Alina 老师精心组织的先行课堂已把学生目光很好地聚焦到自己的课堂，核心课堂又通过有效设计把新生课后作业及老生的实践知识有效联系起来，特别是辅助课堂环节，既给新生有效学习提供辅导"小老师"，又给老生练习已学知识提供了很好的练习和实践平台，一举两得，使理论知识和实践应用有机结合。新、老生互助交流，扬长避短，使好的学习习惯得以保持、好的学习风气得以发扬，久而久之形成良性循环，共同进步。新生会为更快成为辅助课堂的"小老师"而暗自努力，老生会因想顺利毕业、将来找到称心工作而对新生辅导格外上心。新、老生之间你追我赶良好学风的形成，使教师授课压力逐渐减小的同时，也有利于大家自学能力的培养及知识实际应用能力的提高。

这样的课堂教学组织很是考验教师的综合能力和整体素质，对教师的要求不再只是传统上具备单一的专业知识就可以，取而代之的不单单是"双师型"更是联通主义下的"多师型"教师。近年来，随着信息化及人工智能的迅猛发展，在"互联网＋"模式下，信息技术的发展加快了知识的更新速度，在师生参与评价过程中，更要尽量兼顾参与者的广度、状态、具体方式、详细时间、品质及实际效果等。

（2）课堂内容促进多方合作

应用类职业院校的先行课堂、核心课堂和辅助课堂必须是功夫下在平时，积跬步才能行千里。从文中的案例及相关分析和研究纪实不难看出，参与式课堂教学组织的整个过程，包括教案、论文、培训总结、企业实践心得体会、辅导学生参赛作品等，每个环节都至关重要、缺一不可。要求教师不仅要提高自身能力素质，还要调动学校相关管理部门的积极性，通力合作、协同育人，给学生参与式学习创造良好的大环境，并在学生积极参与过程中对他们进行实时动态的指导和有效管理，让"细心、爱心和耐心"贯穿整个参与过程，使"三全育人"格局落到实地。

（3）高职院校教师个人成长需要"参与式的课堂教学组织"助力

在应用职业类院校中，高职院校生源相对来说比较复杂，需要任课教师有较强的驾驭多元课堂的能力，只有这样才能真正理解"在教育过程中，学生作为个体有他或她自己的兴趣、需要和价值观，以及最重要的一点，思想和个体的人格应受到欣赏。注意力需要连续不断且一致地集中在学生身上。学生拥有特别的潜能，能成为一个完全的人，而且给这种独特的个体以及他人的幸福和福利做贡献"[1]。与学生相比，在参与式课堂教学组织下，教师更需要孜孜进取、与时俱进，提高自己的业务水平与整体素质，沉下心，规划好自己积极参与成长的"先行课堂"（课前要精心设计）、"核心课堂"（课中要用情演绎）和"辅助课堂"

---

① 杰拉尔德·古特克：《教育学的历史与哲学基础——传记式介绍》，湖南教育出版社，2008，第390页。

（课后要反思进取），只有这样才能真正体会到参与式课堂教学组织带来的优质高校教学效果，而 Alina 老师无疑为我们做了很好的榜样，她分享的参与式课堂教学组织设计如表 6-4 所示。

表 6-4　Alina 老师参与式课堂教学组织实施一览

参与教学环节	教师参与	学生参与	组织及参与的评价注意的事项
先行课堂：教学准备的参与	1. Alina 老师全方位、多角度了解任教班学生学习的起点，做到思维方式及价值观换位思考，站在学生角度去洞察学前教育学生学习心理，例如，课堂游戏，选用学生熟悉又喜爱的；结合"3+2"学生英语基础薄弱的特点采用双语教学；诗歌选用易记住、朗朗上口的。在精心准备中，考虑到学生的需要、动机、思想、兴趣、感情及愿望等，定会积极参与进课堂学习中。 2. Alina 老师先行课堂在"备"学生的基础上备教材，如准备的爵士调幼儿英语 48 首和 *Stand Up, Sit Down*、*26 Letters Driving Train*、*London Bridge is Falling Down* 3 个游戏及双语《颂》讲义，是在熟悉教材的基础上，结合学生特点并广泛参阅资料精华后形成。她考虑"3+2"学前教育学生年龄普遍小、个别学生家庭负担重，但该专业学生乐于奉献、勤奋刻苦的精神时刻感动着她，她希望学生广泛学习，力争融会贯通，指导生活，为此她自费购买了许多语言类原装进口书。	1. Alina 老师的教学内容丰富多彩：既有朗朗上口的英语儿歌、意境优美的双语诗，也有她自己创作的爵士调。选材方面她整合教材、积极教研、多方调研、全方位分析教学对象，并围绕教学目标力争让学生提前感知教材，用个人经验和人格魅力引导学生制定客观、有效的目标，教学策略与时俱进，使学生在积极参与课堂活动的过程中，不知不觉爱上学习。 2. Alina 老师分享，她的课堂教学形式开始也较模糊，认为"3+2"学生和普招生没什么差别，可就在她参与任教学院师生座谈会时，才真切感知生源基础的差异，萌发教学设计结合学习者起点的念头，并对教学内容重新分析与整合，例如，结合学生年龄小的特点，她身体力行地积极参与制作教具，有布置教学环境的装饰画、学生表演的头饰和服装等，她认为能亲力亲为，与学生一起合作完成学习工具或辅助材料，是很有必要的，在使师生关系融洽的同时，双方心灵成长都会得到滋养。	1. Alina 老师在调查后关注到"3+2"起点高职生年龄偏小、个别家庭经济困难，内向、不善表达的学生较多，于是她主动了解课堂学习能力与习惯尚未形成的现状。先行课堂的组织是教师引导学生的关键时刻，是确保调动学生参与积极性的极其重要一环。Alina 老师会精心指导每名学生，甚至为学生"梳妆打扮"，使教师人格魅力尽显细微之处。 2. Alina 老师分享，"3+2"学生身上闪光点是隐形的，老师需温柔守候和耐心挖掘。任课教师要对该专业学生积极参与行为及参与结果做出及时、客观、公正的点评。先行课堂学生的参与行为是师生课堂教学参与的前期准备，此时调动学生积极参与是关键，任课教师不要给学生下达具体学习任务和考评分数，切记：当下要求学生学懂、学会是大忌。 3. Alina 老师分享，她很享受上课的美好时光，觉得学生太可爱了。爱是相互的，良好的师生关系始于她给学生评价时增加了爱的"佐料"，"爱心、细心和耐心"是她激发学生学

参与教学环节	教师参与	学生参与	组织及参与的评价注意的事项
先行课堂：教学准备的参与	3. Alina 老师是多才多艺的教师：能歌善舞，博学多才。虽是英语课堂，但她设计教案很精心，加入儿童爵士乐调，把爵士乐、诗歌、舞蹈和英语很好地结合在一起，并充分利用多媒体，发挥学生学习的主动性，合理规划师生课上活动时间，把教学分为学生主动学习和教师指导两部分，备教法、学法，给学生留下充裕思考及学习时间	3. Alina 老师根据"3 + 2"学生有见习、实习的经历，入学伊始会结合教学实际，组织学生积极参加与学习内容有关的社会实践活动，这对丰富学生专业体验很有帮助，同时校企合作开阔了学生的视野，也有利于后续辅助课堂的开展	习热情和培养学生学习兴趣的调料包，里面有鼓励、成长指引和兴趣培养，没有批评和无穷无尽的任务或压力，避免给学生造成过多的心理和学业负担，无形呵护了这个年龄段学生强烈的自尊心，有利于学生积极参与到学习中，培养他们健康向上的学习品质
核心课堂：教学过程的参与	1. 分析 Alina 老师教学过程，就会发现她在课堂上会对学生提出参与要求：首先，激发动机，从教室硬件、软件环境创设，到个人着装，精心组织的先行课堂奠定了良好的学习基础，让学生愿意参与；其次，她认真教给学生学习方法，先行课堂的兴趣培养虽没对学生有过多要求，但到了核心课堂上，用表扬、鼓励和现场演示、展示的方法激发学生学习热情，形成你追我赶的良好学习氛围，让学生学会参与进而乐于参与；再次，课上留出足够时间力争使每名学生可体验参与；复次，在具体目标任务中让学生"有针对性的分组参与"；最后，积极组织互动、展示及评价，让学生同参与、共进步。2. Alina 老师核心课堂教学过程参与方式组织重点：首先是分层次、分年	在 Alina 老师的核心课堂，学生参与依照维度不同主要分以下几种。1. 以情为维度：a. 意识参与，体现在学生学习充分发挥主观能动性、参与深度自主性；b. 行为参与，如课堂上以爵士调呈现学习内容，让学生动脑、动口、动手，分组分年级设置教学活动、教学目标，做到全面参与。2. 以活动方式为维度：a. 尝试性参与，如先行课堂的诗歌、游戏等；b. 体验性参与，如师生一起表演诵读英语诗歌；c. 探究性参与，如让学生设置考核目标；d. 创造性参与，如让高年级指导低年级学习，甚至以角色扮演深度参与到课堂教学中。3. 以教学阶段为维度：a. 参与问题，如高年级如何教授低年级诗歌；b. 参与讲述，如在先行课堂就成立学习小组，建	1. 核心课堂 Alina 老师重视学生参与能力的培养：先行课堂有效组织为核心课堂的顺利开展奠定了良好基础，如通过诗歌、游戏、爵士调等形式，有利于学生记忆和反复练习未来工作中所需的理论知识、实践知识、生活知识等。2. Alina 老师重视培养学生主动学习的习惯：她在先行课堂就有了很好的教师威信，这为她端正学生学习态度、激发学生学习动机开了好头，学生真正被老师人格魅力吸引参与到老师的课堂教学；她虽没有明确要求同学们课前预习，但每次结课时，她那看似漫不经心地抛出下节课要学习的内容，就可使学生被动听课变为主动参与，因这个年龄阶段学生的学习心理已被 Alina 老师了解，她会调动一切资源，引导学生积极思考问题，相互交流，提高学生主动参

参与教学环节	教师参与	学生参与	组织及参与的评价注意的事项
核心课堂：教学过程的参与	级引导学生参与制定教学目标生成；其次是分层次、分年级设计不同形式新课导入；再次是课程讨论、课堂练习设计等让学生积极参与，鼓励学生去发现、去思考、去探索学习盲点，基本训练、引导观察后，再重点研究、及时反馈；最后是集体参与评议指导、进行课堂小结与新课堂学习内容预设。 3. Alina 老师学前教育"3+2"专业特点制定的"学生作业 Happy Stars 评估"充分调动了大家学习热情和参与积极性，引导学生对参与效果给出积极评价与肯定，提供评估平台以便学生分享在参与中所思、所想、所悟，既能广泛吸引学生参与，又可使师生共同协商制定合理考评机制，以及时有效反馈检验学习效果	立规范管理，力争使每名学生都有机会参与演示，教师手把手教如何使用教学用语如何教学等；c. 参与小结，如每次课堂小结师生一起完成；d. 参与批改作业，主要指实践环节作业，如爵士调表演、课堂游戏有效掌握、儿童课堂用语使用等。通过此环节，Alina 老师充分调动学生参与积极性和学习热情，实现全体同学共同参与，包括跨年级、同专业间，使学生作业完成率一直保持 100% 的奇迹	与意识。 3. Alina 老师重视培养学生形成参与学习的责任感，如大一学生课后作业恰为大二学生的实践作业，作业布置兼顾知识衔接，加强了高年级同学责任感认识，不同年级学生参与动机得以强化，在交往和读书中熏陶，在实践活动中培养。 4. Alina 老师因材施教，不断提升学生的综合能力，如大一新生作业布置要具体、适量；大二学生辅导新生参与的实践环节，问题的有效处理要做好预设，目标要明确，方法步骤要具体、便于操作和完成，注意因材施教和学生合作、交流能力培养，对学生积极关注，避免其产生不良情绪
辅助课堂：课后作业的参与	1. 辅助课堂的组织首先是 Alina 老师的布置作业讲究方式和策略：一年级学生和二年级学生的作业在分层布置的同时又紧密联系，虽内容要求不相同，但体现了学生全面发展和集体参与是共性的，二年级学生在辅导一年级学生做作业的同时，也提高了自己的工作能力和处理问题技巧，甚至是课堂管理技巧，这样在上课时就更能理解老师的要求与指令背后隐含的殷切期盼。 2. Alina 老师会在辅助课堂里巧妙运用形式各异的在	1. Alina 老师重视学生参与作业设计和批改，在她课上当学生是很幸福的，有充分的时间和空间去完善自己，去成长、去发挥，学生的闪光点会无处可藏，很容易被教师和同学发现，然后委以重任，在实践中历练成长，如设计作业形式、帮老师整理头脑风暴成果等，学生有收获的同时减轻教师教学管理负担，可腾出时间研究专业发展和个人成长。 2. Alina 老师重视学生学习效果评价；因"3+2"专业学生，初入校有学业	1. 辅助课堂的组织 Alina 老师的思想很具有前瞻性，在布置常规的与教学内容相符的作业外，还根据参与式课堂教学实施时所需基本理论知识给学生阅读延伸，同时结合不同学生兴趣、能力，查阅资料或到校企合作单位研修，亲力亲为设计既适合学生参与又是学生将来就业所急需的辅助课堂学习任务，让学生的参与学习从课堂到课外再延伸到未来的就业单位，形成连续的、动态的实施性教学参与。 2. Alina 老师会主动联系实

参与教学环节	教师参与	学生参与	组织及参与的评价注意的事项
辅助课堂：课后作业的参与	线平台，组织缤纷异彩的活动，给学生留出才艺展示空间，同时带领学生到企业或实训基地去见习、实习，为学生未来发展创造机会，把课堂从学校拓展到校外，把学生的沟通交流机会也从学校延伸到校企合作单位，甚至是从线上搬到线上，打破时空界限，在结合学生学习起点基础上，无限延伸学生参与空间，把理论学习、社会实践和动手操作有效结合，最大发挥，使学生学以致用，创新发展。 3. 辅助课堂的组织，Alina老师会与学生一起成长，她分享说辅助课堂的很多活动她会积极参与，甚至是作为带队老师和学生一起去参加比赛或一起去企业实习。因学生是"3+2"专业，前三年还可参加中职学校举办的各种各样的竞赛，如校园文明风采大赛、职业能力竞赛等，她分享说只要学生愿意，她都会积极地带领他们前往，初期也许不会有名次上的收获，但只要坚持下去，获奖是必然的。这样教师就会和学生一起进步，教师收获优秀辅导教师的奖励，会更加坚定职业信心，学生在参赛中开阔视野，学习目标和方向感也就更加明确，同时锻炼了个人的人际沟通、交往能力和积极参与的能力	情绪者人数不少，尽管老师用尽办法，但让那些学习上习得性无助的学生，保质保量完成教师布置的每一次作业是很不容易的。为此，她会面改学生作业，甚至帮学生修改作业里的标点符号和大小写字母的书写规范，批改评论也尽量用双语，润物细无声的教育结果就是学生也会给老师在作业里回复，互动间，学生作业完成质量越来越好，教师教学进度也会随之变得更加顺利，师生配合日臻默契。 3. Alina老师重视学生参与作业的管理，会经常开展评优评先树榜样的活动。如她针对学前教育"3+2"专业特点制定的"学生作业Happy Stars评估"，之所以充分调动学生学习热情和参与积极性，是因为她充分尊重、信任学生，如每次作业评价给什么样的礼包、给几颗星，通常不是她说了算，是在全部同学都表决的基础上才实行通过的	习基地，让学生去见识学前教育工作者真实工作情景，如在这个过程中发现有学生不爱此行业，也会积极引导加有的放矢，进一步帮学生去厘清，直到学生能够心平气和地接受当下，认真完成学业。她分享说在辅助课堂上，多数情况下，要充分信任学生，提供平台给学生自主管理权利与机会，目的就是让学生在参与中去收获、去感悟、去成长，把理论知识在实践中检验，否则知识对他们来说永远都只是信息。 3. Alina老师重视学生的情绪管理，她说虽然她是一名英语教师，但她已选修应用心理学等课程，且是表达性艺术治疗师，无论是先行课堂、核心课堂还是辅助课堂，教育心理学的用途都是功不可没的，能帮助她更好地完成教学和个人专业成长，可有效避免职业倦怠情绪的产生

资料来源：郑金洲：《参与教学》，福建教育出版社，2008，第80页。

　　分析 Alina 老师参与式课堂教学组织实施过程，在体会她用心的同时，也会感觉到要想做到如此程度实属不易，先行课堂、核心课堂和辅助课堂似乎把她与学生的时间都占满，且紧密联系在一起，那她又是如何做好平衡的呢？参与式课堂教学组织对学生要求比较高读者已有所耳闻，那么编制架构的参与式课堂教学组织对于教师来讲也是需要下一番真功夫的：与时俱进的学习、跨界的学习、科研创新等，无论哪方面都需要老师孜孜地追求、倾情地演绎、无悔地付出、辛勤地耕耘。得到 Alina 老师的同意后，我们以个案分析的形式把她的部分成长经验原汁原味地呈现出来，里面有她进步的心路历程，也曾豪情满怀，也曾步履蹒跚；或许五味杂陈，或许五彩缤纷，其中滋味让大家自己去慢慢体会。

个案分析1

先行课堂篇——双语教案
Lesson plan of "Physical Exercises"

Subject	Physical Exercises	Teaching type	New lesson	Time	45 minutes
Instructor	Alina				
Teaching Goals	Knowledge	1. Line up! 2. Attention! 3. At ease! 4. Count off. 5. Go one after another. 6. Button your coat, please. 7. Please tie your shoes. 8. Wipe off your sweat. 9. Warm up. 10. Be careful! /Watch out! 11. Try! /Have a try. 12. Try again. 13. Be brave. 14. Go! /Teamgo. 15. Take a break. /Have a rest. 16. Come here. 17. Go there. 18. Come on children. Let's do morning exercise. 19. Move back a bit. 20. Move up a bit. 21. Step backward. 22. Step forward. 23. Jump high. 24. Jump the rope. /Skip the rope. 25. Throw the ball to me. 26. Play ball. 27. Bounce the ball. 28. Walk fast. 29. Run slowly. 30. Foul. 31. Look ahead. Stand in a line. 32. Throw and catch the ball. 33. Crawl on the cushion. 34. Mime a bird. 35. One, two, and three. 36. Turn right. 37. Turn left. 38. Great!			
	Ability	①Improving the student's ability to remember 38 new short sentences in a short time; ②Develop the student's ability to describe the PE class			
	Emotion	①To know the importance of keeping a good relationship with others in our daily life; (work in groups) ②An hour in the morning is worth two in the evening. Early to bed and early to rise makes a man healthy, wealthy and wise;			

Subject	Physical Exercises	Teaching type	New lesson	Time	45 minutes
Instructor	Alina				

Teaching Goals	Emotion	③A sound mind in a sound body. The 2008 Olympic Games is coming. We should try our best to guard the peace and harmony of our motherland

Emphasis	（1）Enable the student to learn the 38 new short sentences relating to the Physical Exercises; （2）Enable the students to recite Jazz chant "Come on children. Let's do morning exercise" correctly

Difficulty	Try to remember the 38 new short sentences in "story" and "Jazz chant" teaching methods

Teaching method	（Situational Language Teaching & Direct method of teaching Ⅰ）: Because the 38 new short sentences is the main task of this lesson, I prepared three interesting and short Jazz chants which contained all of these sentences, and also I made some pictures and slides to improve the student's learning interest; （Communicational Language Teaching & Group discussion）: 1. Divide the class into five groups （each group, 5 or 6 students）; 2. Divide the Jazz Chant into three parts. Give each group the Jazz Chant, let them translate together in 2 minutes; 3. We will do and act the Jazz chant together, after practicing in group 3 minutes, asking the each group to show the Jazz chant before class; Then I will sum up their performances, and show the slides to enhance the teaching results

Teaching process

Teaching process	Teacher's activity	Students'activity	Creation
Lead in	Review Jazz Chants: I am a cat. Check homework: Read the sentences correctly	Think and answer	Vivid, interesting
New sentences learning	Step one: Play a game named "Driving the Train". （The aim of the game is checking the students' pronunciation.）; Step two: 1. Divide the class into five groups （each group, 5 or 6 students）; 2. Divide the Jazz Chant into three parts; 3. Give each group the Jazz Chant; 4. Let them translate together in 2 minutes; 5. we will do and act the Jazz chant together; 6. Ask the each group to show the Jazz chant before class （after work in groups 3 minutes）	1. Play a game named "Driving the Train"; 2. Do and act the Jazz chant Together; 3. Watch the slides on screen	Taking initiative

Teaching process			
Teaching process	Teacher's activity	Students'activity	Creation
New sentences learning	Step three: Then I will sum up their Performances, and show the slides to enhance the teaching results		
Tasks	1. The class is to be divided into five groups (each group, 5 or 6 students); and the story can be divided into five parts; 2. Give each group the Jazz Chant, let them translate and act together in 3 minutes; 3. Let the representative of different groups read the contents they have translated before class; 4. Then I will sum up their translation and ask the each group to show the Jazz chant before class	Translate the each part of the story into English together in 2 minutes	Taking initiative by students
Summarize	Review the sentences and act the jazz chants together	Do and act together	reviewing
Arrange homework	1. According to the levels of the students, arrange the homework. 2. Using the 38 short sentences to create a new Jazz chant. (The high level of the students) 3. Using the ten short sentences to create a new Jazz chant. (The averrage students) 4. Read the Jazz chant we have learned fluently. (The low level of the students)	Listen carefully	Practicing, strengthen

Alina 老师《幼儿英语教育》教案（中文版）

一、专业及教材：双语幼儿教育（一年级），《幼儿英语教育》主编：高敬。

二、教学内容：课本 164 页"幼儿英语教师活动组织用语（五）：体育活动"。（详见后附 2：句子）共用 1～2 学时。

三、Objectives（教育目标）。

教学目标：（1）尝试在"Story"情境中，用爵士调形式，让学生理解并掌握 38 个简短英语句子，复习以前学到的爵士调形式。
（2）结合爵士调的"全身反应法"和"表演法"激发学生参与英语学习兴趣，鼓励学生大胆用英语表达。

情感目标：（1）培养学生团队协作意识；（2）强身健体，好好学习，激发学生的爱国热情和责任心。

四、教学重点和难点。

1. 熟练掌握 38 个英语小短句的认读。

2. 用爵士调的形式帮助学生记忆 38 个英语小短句。

五、教学模式及教学过程：创新使用授导型教学模式、多元智能培养模式和探究式教学模式，主要用新的教学法：参与式教学法、行动导向教学法等，详细设计如下。

1. Subject（主题）：Physical Exercises

2. 学习者分析

（1）教本班学生已到第二个学期，师生间配合默契；

（2）学生活泼，多用肢体语言辅助教学，有利于学生掌握知识；

（3）学生学习态度已由被动变主动，知识积累也由浅变深，与以前相比他们更追求知识的宽广与学习技巧的探索，只是在课堂上使用口语方面还需要强化（如发音方言重、发言声音小等）。

3. 学习内容分析

（1）本学期教学重点：重视学生学习能力培养，为从事幼儿英语教学打基础；

（2）本节课教学重点：帮助学生掌握体育课堂 38 个英语小短句的认读，主要教授学生短时间掌握多量英语小短句的技巧和能力。

4. 教学环境

（1）本班 30 名学生，共分为 5 个学习小组：每组 6 人（综合素质最好的学生 1 名，成绩中等偏上的 2 名，学生 2 名成绩中等，成绩有待进一步提高的 1 名）；

（2）学习小组可以在教学过程中不断公开优化民主整合，但一般情况下一学期分 2 次调整，即期中考试后可征求意见民主调整。组长一周自动轮流更换。

5. 组长义务（情感培养目标）

（1）统率全组共同完成学习任务；

（2）协助教师积极、主动、耐心帮助暂落后学生，包括学习和生活；

（3）发现组里有不稳定因素且自己不能解决的必须在第一时间报告老师；

（4）协助学委和课代表督促同学按时保质保量完成老师布置的学习任务和课外活动。

6. Circumstances（学习情境）及所需 Resources（资源）

（1）Task（任务）：熟练掌握38个英语小短句的认读；

（2）Resources（资源）：多媒体教室；教科书、双解字典；

（3）Process（过程）：

检查预习效果—教师授导—分组练习—教学成果展示

　（3分钟）　　（10分钟）　　（15分钟）　　（10分钟）

集体朗读句子　　Jazz Chant　I Say You Say　Try To Be No. 1

（4）总结（5分钟）：再次用"Slides"帮学生整理句子，巩固记忆。

（5）做放松游戏（2分钟）。

六、板书设计。

除写五个学习小组的名称外，为节约时间用设计好的幻灯片代替。

七、布置作业（分层布置，学生可根据本节课学习效果自主选择）。

1. 熟练背诵老师教的爵士调，并用已学的38个小短句，运用学过的三种爵士调设计一组新的体育课堂用语爵士调（成绩优秀的学生）；

2. 熟练背诵老师教的爵士调，尝试用学过的部分小短句（至少10句），设计一则新的体育课堂用语爵士调（成绩中等学生）；

3. 熟练认读教师教的爵士调（成绩有待进一步提高的学生）。

八、幻灯片呈现内容。

1. Happy Stars 教学成果（Result）评估

学习活动 Evaluation Criteria（评估标准）及评估表（Happy Stars）

评价项目	评价内容及星数分配（6 颗星者及格，8 颗星优秀）	评价共计星数
分工协作	1. 分工明确，任务分配合理，兼顾每一个成员（开火车游戏）；★★ 2. 学习气氛友好、融洽（I Say You Say 阶段）★★	★★★★
分析讨论	1. 课前准备充分，课堂表现优秀；★ 2. Try To Be No. 1（抢答），思维敏捷，发言踊跃；★ 3. "Jazz Chants" 学习阶段，表现比以前优秀者（2 颗奖励星：教师掌握的）★★	★★★★

2. 句子

1. 排队。Line up! 2. 立正。Attention! 3. 稍息。At ease! 4. 报数。Count off. 5. 一个跟着一个走。Go one after another. 6. 衣服扣起来。Button your coat, please. 7. 请系好鞋带。Please tie your shoes. 8. 擦汗。Wipe off your sweat. 9. 热热身。Warm up. 10. 小心！Be careful! /Watch out! 11. 试一试。Try! /Have a try. 12. 再试一下。Try again. 13. 勇敢点。Be brave. 14. 加油。Go! /Teamgo. 15. 休息一下。Take a break. /Have a rest. 16. 过来。Come here. 17. 过去。Go there. 18. 孩子们。我们一起来做早操。Come on children. Let's do morning exercise. 19. 往后来一点。Move back a bit. 20. 往前来一点。Move up a bit. 21. 往后跨。Step backward. 22. 往前跨。Step forward. 23. 跳得高。Jump high. 24. 跳绳。Jump the rope. /Skip the rope. 25. 把球扔给我。Throw the ball to me. 26. 玩球。Play ball. 27. 拍球。Bounce the ball. 28. 快步走。Walk fast. 29. 慢慢跑。Run slowly. 30. 犯规。Foul. 31. 看前面。对齐。Look ahead. Stand in a line. 32. 抛接球。Throw and catch the ball. 33. 垫子上爬。Crawl on the cushion. 34. 学小鸟飞。Mime a bird. 35. 开始。One, two, and three. 36. 向左转。Turn right. 37. 向右转。Turn left. 38. 太棒了！Great!

简评：通过 Alina 老师的汉语教案，发现该版本比英文版更加详细，问起原因 Alina 老师分享说，通常阅读汉语版本的学生学习成绩都不很好，甚至可以说是惧怕英语课堂，对自己的学习水平和能力没有很好的认知，不相信自己能学会，但又因喜欢上课的感觉，想为自己小组增光添彩，想在同学面前证明自己的能力，如爵士调环节表演时是可以唱歌、跳舞甚至弹琴伴奏加分，所以就会偷偷地下功夫，以便在课堂上积极表现、全程参与。感受到爵士调的无穷魅力后，笔者就问 Alina 老师，"您课堂上用的爵士调到底是什么呀？我怎么没有在教案中看到呢？"听后，Alina 老师笑了，她说因为该教案（先行课堂的教案）是给学生参照学习的，爵士调是保留节目，肯定得到课堂上才能亮相，要对学生保留一些神秘，这样有利于学生课堂的积极参与。笔者记忆中 Alina 老师说过爵士调就是与诗歌相结合产生的一种有明显的重音和节奏的调子。因为很是期待，Alina 老师就分享了她改编 38 个英文小短句而形成的爵士调，详细如下。

Come on children, Let's do morning exercise

（一）	（二）	（三）
Line up! Line up!	Line up! Line up!	Line up! Line up!
Attention! At ease!	Let's skip the rope.	Don't cry, be brave.
Count off. Count off.	Go, go, go, and go there,	Go, go, go, and try again:
One, two, three;	Go, go, go, and come here.	Mime a bird.
One, two, three.	Go, go, go,	Crawl on the cushion.
Let's Warm up, warm up	And go one after another.	Try, try, try, and have a try:
Move back a bit.	Watch out! Watch out!	Jump the rope.
Move up a bit.	Turn right. Turn left.	Jump high.
Step backward.	Watch out! Watch out!	Great! Great! Great!
Step forward.	Run slowly. Walk fast.	Throw the ball to me.
Be careful! Be careful!	Foul. Foul. Foul.	Let's take a break.
Button your coat, please.	Play ball.	
Please tie your shoes.	Foul. Foul. Foul.	
Great! Great! Great!	Bounce the ball.	
Stand in a line. Look ahead.		
Let's have a rest.		

个案分析2

核心课堂篇——走进课堂的田野：近距离观摩
Alina 老师"爱心、细心和耐心"浇灌下
苗壮成长起来的参与式课堂组织"幼苗"

当年，偶然机会观摩 Alina 老师课堂教学后，就被深深吸引。笔者在

《洛阳师范学院学报》2011 年第 3 期发表了一篇文章《中职英语教师布置和批改作业的个案叙事研究》，此文根据与 Alina 老师的多次近距离观摩课堂及她提供的教学素材整理而成，并用叙事方式，聚焦 Alina 老师"布置和批改作业"教学环节，期待走进课堂的更深处。如今看来，该文章可作为研究部分纪实，推荐给大家。

中职英语教师布置和批改作业的个案叙事研究

张滕丽

一　引言

中职学校是实施中等职业教育的学校，要求对学生进行高中程度文化知识教育的同时，根据职业岗位的要求，有针对性地实施职业知识与职业技能教育。但近年来，报考中等职业学校的学生中，以中考成绩较差的初中毕业生和部分高考成绩较差的高中毕业生为主，学生具有英语底子薄、基础差、学习动机缺失的特点。一些中职学校面对这样的学生，在实施教学计划中不断压缩甚至取消公共英语课，还有的学校虽一周开了两节英语课，但学生不按时交作业甚至频频逃课现象普遍，给中职英语教师的教学工作带来极大的挑战。

中职英语教学如何才能走出困境，教师的教学成就感又该到哪里去找，是亟待解决的问题。为此笔者决定从布置和批改作业的策略入手，以教育叙事的方式研究一位在"爱心、细心和耐心"中收获幸福的中职学校英语教师。教育叙事研究是研究者通过描述个体教育生活，收集和讲述个体教育故事，在解构和重构教育叙事材料的过程中对个体行为和经验建构获得解释性理解的一种活动。[1]在叙事研究中，研究者"面向实事本身"或从实事本身中寻找内在的"结构"。[2]教育叙事研究植根于生活世界，为了浸润于叙事情景之中，消除研究者与叙事的隔阂，笔者选择郑州市某重点中职学校一位资深老师（简称 Alina 老师）的英语课堂作为研究样本，与她一起立足于真实的英语课堂场景，将平凡而丰富的教育生活转换为叙事文本，再将原汁原味的叙事文本进行解构与重构，探讨在"爱心、细心和耐心"中走出来的中职英语教师作业布置与批改的现状，期望通过"重述和重写那些能够导致觉醒和变迁的教师的故事，以引起教师实践的变革"[3]，并借助叙事方式所蕴含的对中职教育经验的重构意义，促进中职英语教师的专业发展与教育实践不断进步。

二　叙事文本及评述

本文的叙事文本取材于谈话笔录、现场录像和教师的回忆自述。本文密切跟踪关注教师 Alina 一学期的英语作业布置和批改，文本素材得到相关者确认。

文本一时间：2009 年 9 月 8 日，地点：Alina 老师办公室。

获知 Alina 老师新学期被安排了一个新班级的英语课，我特意赶在她上第一节课前去拜访她。交谈中，她坦率地告诉我，新接的班级刚开始需要全身心的投入才会有丰厚的回报，耗费的精力不亚于准备省级公开课，特别是上第一节课前，她需要做大量的准备工作，从课程内容的选择、PPT 的制作、学生名单的记忆，到着装的颜色款式、发型及关心当日的天气等。Alina 老师说，她虽教书 10 年，但面对新班的第一节课从未敢怠慢过，要想让学生以后乖乖进课堂，第一节就必须下足功夫，力争做到完美。

评述：从 Alina 老师精心准备新班第一节课，可以看出她不但重视首因效应在教学中的作用，更重视课堂教学的系统性和有效性。因此，要慎重对待教学中的每一个细节，相信良好的开端是成功的一半。

文本二时间：2009 年 9 月 9 日，地点：2009 级幼教专业教室。

Alina 老师给新班级第一节课讲的是宋代禅师无门和尚所作的《颂》，共四句："春有百花秋有月，夏有凉风冬有雪；若无闲事挂心头，便是人间好时节。"写的是一种心境。课堂上她先声情并茂地教学生诵读汉语版《颂》，然后结合多媒体和肢体语言教学生尝试用英文诵读，再鼓励学生分组展示，课堂气氛异常活跃，从学生的表情可看出她们对 Alina 老师的喜欢和对学会知识后的满足。这节课 Alina 老师布置的作业一是要学生用两句话概括自己对学习英语的感受，二是要把《颂》用双语抄写在作业的第一页。课堂的最后，她宣布说英语课代表任何人都有机会，每周轮换，希望同学们争做优秀英语课代表。

评述：Alina 老师的新生第一堂课，采用了新颖的头脑风暴教学模式，幽默风趣的语言加上双语教学，照顾到了不同层次学生的内心感受，有利于产生良好的教学效果。独特的课代表轮选模式，让学生们感受到机会面前人人平等，为培养良好学习英语氛围奠定了基础。

文本三时间：2009 年 9 月 16 日，地点：Alina 老师办公室。

Alina 老师的办公桌上，整齐地码放着 2009 级新班 54 名同学的作业，一本都不少。她说至少需要 5 个小时才能完成作业的批改。我诧异地翻看她批改过的作业本，发现她细致到除了纠正学生字母拼写、标点符号外，还用双语给学生写了评语，甚至用简笔画给学生画笑脸。同时我还发现很多学生在给 Alina 老师写的"概括学习英语感受"，都远远超过课堂上"规定"的两句话，有的写了两页多。Alina 老师笑着说："有心理准备，新入学的学生很真诚，需要找人聆听他的倾诉，写的越多说明对老师的信任越深，作业是我打开学生心灵的钥匙。"

评述：我敬佩 Alina 老师用 5 个小时时间去批改 54 本作业的细心和耐心，她一共教了三个班，每班一周两次，一周单作业的批改时间就 30 个小时，尽管她解释说万事开头难，慢慢学生的作业会好起来的，到时她就不会这么辛苦，但我目前想象不出如此敬业的她会轻松到哪里。

文本四时间：2009 年 9 月 18 日，地点：2008 级幼教专业教室。

Alina 老师精心批改作业的方式，使我更想了解她是如何带老生，以及那些学生又是如何表现的。带着想法我跟随她走进 2008 级学生的课堂，Alina 老师给二年级学生讲授的是《幼儿英语教学法》。今天讲的是游戏教学法，学生模拟了幼儿园的教学环境，坐成半圆形，师生一起表演，使课堂气氛轻松活泼，笑声和掌声不断。这节课，Alina 老师给学生布置的作业是实践作业，要求学生 2 人自由结合，利用双休日采用游戏教学法，教会 2009 级幼师新生英语教材第一课的幼儿英语爵士调，她会在下节课 2009 级新生的课堂上给 2008 级学生的实践作业打分。

评述：游戏教学中，Alina 老师的激情、潇洒和丰富的肢体语言，让我见识到她超强的课堂驾驭能力，同时也深切体会到多元智能培养模式的良好效果。学生学习的主观能动性被充分调动，师生之间的默契已到无须语言来沟通，仅凭一个眼神或动作就可以表达。

文本五时间：2009 年 9 月 23 日，地点：2009 级幼教专业教室。

为赶着看 Alina 老师如何给二年级学生的实践作业评分，我提前 10 分钟就进了新生的教室，意外发现学生正自由组合，投入地练习 2008 级学姐们双休日教给他们的幼儿爵士调。学生说，今天的课堂上 Alian 老师要等他们表演完后，给 2008 级学姐的实践作业评分，他们早有耳闻 Alina 老师的作业要求严格，用学姐的话说，如果不努力怕就要付出眼泪的代价。他们既不想要学姐们丢分也不希望老师失望，这节课他们可要拼了，一定要考出最佳的成绩。

评述：从以上文本也可看出 Alina 老师重视学生沟通能力和团队协作意识的培养，她的这次实践课作业布置可谓妙到了极致，让 2008 级幼师专业学生利用课后时间教 2009 级新生新学期第一课的学习内容，既给新老学生一次面对面的直接交流和探讨学习的机会，也让新生更进一步了解自己的专业，同时也让老生体验一下做一名好老师的艰辛和不易。

文本六时间：2009 年 10 月 22 日，地点：Alina 办公室。

牵挂着 Alina 老师新生作业的进展情况，一个月后，我又来找她。她告诉我 2009 级新生的可喜变化，说学生现在活泼开朗、班风正、学风浓。交谈中我看到她时不时忙着帮学生抚平卷了的作业本角和装订快要散掉的作业本。她微笑着告诉我说，她的课堂到课率是 100%，作业状况良好，学生都在努力争拿八颗星，54 本作业 10 分钟内改完。见我不解，她让我看了她制定的如下所示作业评估表。

幼儿教育专业：学生作业 Happy Stars 教学成果（Result）评估

评价项目	评价内容及星数分配（6 颗星者及格，8 颗星者优秀）	作业批改奖励
书面作业	连续 2 周按时交作业；字迹工整、书面整洁、作业无错	★★★★★ + 笑脸
	第一阶段要求连续保持 1 个月	★★★★★★ + 笑脸 + 温馨话语
	第一阶段要求连续保持 1 学期	★★★★★★★ + 期末大礼包

评价项目	评价内容及星数分配（6 颗星者及格，8 颗星者优秀）	作业批改奖励
实践作业（课内、课外）	1. 课前准备充分，课堂抢答，思维敏捷，发言踊跃：★★★ 2. 学习气氛友好、融洽，任务分配兼顾到每一个成员：★★★ 3. 模拟教学阶段表现进步者：（教师掌握的 2 颗奖励星）★★	★★★★★★★★

注：期末大礼包为 10 分期末成绩、下学期优先当小组长、Alina 老师一份神秘礼物等。

评述：一分耕耘，一分收获。一个月的辛苦换来的是学生稳定的课堂秩序和良好的学习习惯。原来那次实践课后，Alina 老师开始立规矩，要求学生必须严格按照她的要求认真完成作业。真是严师出高徒，柔中带刚的教师主导教学模式，使 Alina 老师在第二节课就树立起她良好的教师威信，为以后的教学的顺利实施打下牢固的基础。她说，新生班级良好的学习英语氛围一个月内会培养起来，学生按时保质保量完成作业的习惯也会逐渐形成，只要她平时认真呵护和引导，往后学生按时完成老师布置的学习任务也就是水到渠成的事了。

文本七时间：2010 年 1 月 18 日，地点：10 楼会议室。

一个学期结束，我期待看 Alina 老师所教学生的学习成绩。没想正赶上学校召开优秀教师表彰会，从和校长的交谈中我得知 Alina 老师是连续 10 年被全校师生评为"最具有人格魅力教师"。今年新带的班级英语成绩满分的 12 个，无不及格现象，平均成绩在 92 分。校长告诉我说，"爱心、细心和耐心"是她对学生的爱，也是对工作的负责，她的朝气、阳光、爱钻研、爱学习、爱动脑，这会感染和她相处的每一个人，是全校师生学习的榜样。

评述："爱心、细心和耐心""三心"浇灌出了 Alina 老师连续 10 年的优秀教师称号，也影响了一批批她任教的中职学生，使他们体会到了学习的好处和快乐。同时，也让 Alina 老师在"三心"中收获幸福，品味在中职任教英语的甜蜜和温馨。

三　结语

从 Alina 老师对中职作业批改及布置方式的形成过程、影响因素及落实环节的分析中，可以肯定"爱心、细心和耐心"在中职英语教学中的重要作用，这对中职英语教师顺利完成教学任务起到了强有力的推动作用，具体作用如下。

1. 从"三心"中走出的英语教师，勤思考，善发现。冰冻三尺非一日之寒，为顺利实施独具匠心的布置和批改作业方式，Alina 老师细心到关注学生学习中的任何环节，做到课前准备好、课堂组织好、课后跟踪服务好。工作中，不断去发现问题、解决问题，例如，当她明白首因效应在她的英语教学中的重要地位后，她注重自己在第一节新生课堂上的外在形象。在新学期第一节课程选择陶冶学生情操的诗、精心安排新老生的第一次合作等，巧妙地让心理学的效应在她的课堂上发挥得恰到好处。

2. 从"三心"中走出的英语教师，敢行动，勇实践。对于实践工作者来说，从自身的直接经验中学习是最常见的学习途径。Alina 老师看到了这种主要学习途径的重要性并加以充分发挥。工作中，她总是在不断地操作、试验、反思与总结中学习并获得提高，如重视课堂教学的系统性和有效性、分层布置作业、用星星数量代替对学生作业的满意程度等，不断根据自身教育教学经验来判断哪种方式最能吸引学生完成学习任务。

3. 从"三心"中走出的英语教师，能吃苦，爱钻研。通往成功的道路是崎岖漫长的，想要成功，就要忍受成功前孤身奋斗的寂寞，面对英语字母书写都要老师纠正的中职学生，Alina 老师批改一本作业要花费十分钟，细致到双语写批语的同时，还不忘纠正学生错误的标点符号，甚至写一段充满关爱的温馨话语。那个凝聚 Alina 老师心血和汗水的"学生作业 Happy Stars 教学成果（Result）评估"表，是 Alina 老师爱钻研的结果，也是她十年教学经验的结晶，十连冠"最具有人格魅力教师"的称号来之不易。

总之，工作中拥有"三心"的中职英语老师，教学任务完成比较顺利。中职英语教育虽任重道远，但只要教师全身心地投入自己的工作中，及时解决教学中暴露的问题，积极开展教师合作与互助，依托已积累的教学经验，发挥刻苦钻研的精神，我们的中职英语教育就会焕发出积极的情感魅力，品尝从事中职英语教育的幸福感将不再遥远。

参考文献

[1] 傅敏，田慧生. 教育叙事研究：本质、特征与方法 [J]. 教育研究，2008，(5).

[2] 刘良华. 论教育"叙事研究" [J]. 现代教育论丛，2002，(4).

[3] Connelly, M. & Clandinin. J. Telling Teaching Stories, Teaching Education Quarterly, 1994b. 211，145 – 158.

[4] 丁钢. 教育经验的理论方式 [J]. 教育研究，2003，(2).

[5] 杨晓萍. 教育科学研究方法 [M]. 重庆：西南师范大学出版社，2007.

[6] 戴维·迈尔斯. 社会心理学 [M]. 北京：人民邮电出版社，2009.

参与式课堂教学组织，教师需把专业理论知识与学生实际需求进行有机结合，甚至是重写和解构，如 Alina 老师用双语教案形式来把专业知识和学生学习基础与兴趣进行对接，她的教案和传统教案没有很大不同，但她很贴近核心课堂具体目标，因该环节在整个教学组织中起承上启下的作用，在近距离观摩 Alina 老师的授课过程中，能感觉她有很强的课堂教学组织能力，如她的核心课堂组织中既要带领学生们重温先行课堂的知识结构也要传授新课具体内容，更要持续培养学生自学能力，助力其主动学习习惯的养成，师生皆需投入更多精力，教学中 Alina 老师采用了外化—解构—重写的叙事思路来引导同学们学习。首先，教学外化阶段，先行课堂一开始并没有马上给学生推送海量的学习资源，更没有强调就业形势情况，而是推荐一些在线课程的平台网址，并明确告诉同学们一定要把线上学习资源和实际需求相结合，同时带领同学们对自己的学习情况有个客观评估，提醒大家量力而行，如果没有条件用电脑查资料也不要紧，可以到图书馆、阅览室、书店，或者直接向她咨询，重视和学生建立良好的师生关系、生生关系，学习上尽量扩大社会支持系统。其次，教学进入解构阶段，核心课堂上会邀请同学们讨论遇到的问题、感受、想法的来历与过去经验，以及影响力和结果，带领同学们认识学习过程是如何被建构的，提供不同的观点和角度理解和把握知识敲门的机会，以引出其他可能的叙事交流，类似于 Unpacking，相信每个学生都是经营自己学习的主人，积极陪伴他们去积攒成长的动力。最后，就是教学重写阶段，也就是辅助课堂阶段，这是一个创造性的循环过程，如学生养成认真听课的习惯后，就会去尝试完成相关学习任务，顺利完成过程会强化其学习行为，保持持久学习热情，如不顺利但及时得到老师或同学们积极反馈后，也会默默努力想办法解决问题，向同学求助或重新研究讲义等，参与式课堂教学组织的强有力效果聚焦学习者需要解决的问题，被积极利用就会自然发生，达到事半功倍的效果。总之，ALina老师的教学经历再次印证，对于实践工作者来说，从自身的直接经验中学习是最常见的学习途径。参与式课堂教学组织要求教师在教学过程中必须相信学生的学习能力，相信他们都是解决自己学习问题的专家，教师、家长要做其倾情守护者，直到找到学生生命中的能量，不急，不自乱阵脚，更不拔苗助长，只有教师内心稳定，人格魅力方能尽显，学生才会真心地得到滋养和成长。

个案分析3

辅助课堂篇——跨专业教案设计及教学反思

《幼儿心理学》第六章："幼儿情感与意志"课程导学教案设计

郑州信息科技职业学院　Alina　时间：2013 年 11 月

[教学目标]

1. 引导学生明白第六章主要讲什么。

2. 引导学生理解第六章老师主要采用的授课方法。

3. 让学生明白第六章用导学法自己该怎么学。

4. 让学生初步明白第六章日常生活该怎么用。

[学前调研]

1. 授课学校是国家级重点职业学校，该校学前教育专业一年级（2）班是校实验班，学生基础较好，初入学，学生主动学习习惯的养成需要进行引导。

2. 班里全是女生，正值青春期，自身情绪、情感与意志易受家庭、学校、社会等影响，需进一步帮她们梳理，才能更好地掌握"幼儿的情感与意志"章节内容。

3. 学校软、硬件设施齐全，图书馆藏书丰富，为师生提供了很好的成长环境。

[教学重难点]

1. 能接受老师新的导学法教学模式，并积极尝试新的学习方法，自主地去完成老师布置的作业。（教学重点）

2. 让学生对自主探究式学习新知识初步感兴趣，并愿意去尝试主动学习。（教学难点）

[教学设计理念]

1. 目前，幼儿园都在保护孩子的好奇心和求知欲，作为职业院校教师也应充分发挥学生的积极主动性，培养学生自主探究学习新知识的能力。

2. 职教生在校学习时间短，如何在有限的时间内让学生掌握更多的知识，即打造高效课堂模式，个人认为参与式背景下的导学课是很不错的选择，因为参与式的课堂程设计有利于提高学生的学习主动性与积极性，逐步培养学生探究知识的能力。

[教学过程]

一　相关概念解析（3分钟）

1. "导学课"的含义；

2. 导学课的类别；

3. 教师的"导学"作用。

二　完成教学目标一"第六章讲什么"（9分钟）

步骤如下所述

（一）复习"基础心理学"的主要内容（图标展示）。

（二）第六章重点内容梳理，思路如下所述

例如，教学内容：幼儿情感与意志

第一节　情感概述

1. 什么是情感；

2. 情感的种类。

第二节 幼儿情感发展特点及培养

1. 幼儿情绪和情感发展的特点；

2. 幼儿情感的培养，逐节进行梳理。

三 完成教学目标二"第六章怎么讲"（倒序方式讲解）（9分钟）

步骤一：引导学生初步认识教师讲解这节课程的指导思想

指导思想：注重教学对象的身心发展规律

1. 案例教学；

2. 活动、讨论、引导（分组、分层）；

3. 源于课本，高于课本，不拘泥于教材。

步骤二：相关知识补充

（一）复习幼儿心理学的研究方法（观察法、调查法、个案演技法和实验法）

（二）教学的真谛与教师教学

1. 什么是教学？

2. 教学过程的实质是什么？

3. 如何进行教学？

步骤三：通过完成作业来让学生初试导学法的好处。

作业一：思考与练习基本要求（第112~113页）

1. 什么是情感？它有哪些种类？

2. 举例说明情感的功能。

3. 情感与认识有什么关系？

4. 幼儿情感发展有什么特点？怎样培养幼儿的情感？

5. 什么是意志？意志行动的基本特征有哪些？请举例说明。

6. 意志和认识、情感有什么关系？

7. 幼儿意志发展的特点是怎样的？如何培养幼儿的意志？

学习目的：让学生明白导学意义，有利于在课堂上快速掌握概念知识及完成作业。

作业二：实践与探究

基本要求：（第113页）

1. 观察并描述一名幼儿因为获得某种满足或未能获得某种满足而引起的情感状态。

2. 试着为一名熟悉的幼儿制造挫折情境，观察他（她）有何反应。

目的：让学生明白导学教学法，需要师生共同配合，有些知识书上是没有的，老师也不能给固定答案，需要自己的主动参与，大家集思广益才能更有效地去掌握。

通过以上三个步骤让学生明白教师讲解这节课程的指导思想，并愿意和老师配合，初步提高学习的主动性。

四　完成教学目标三"第六章怎么学"（10分钟）

给学生讲明白以下几点。

1. 师生需要配合尽快掌握书上基本内容。

2. 教学资源配置介绍（除教材外），如推荐心理学方面的书籍继续本章相关理论的探讨及运用、搜集网上视频、课后答疑等。

3. 师生分工：师生合作，如教师方面，如何做好本章的教学设计并从情感和意志方面克服教师的职业倦怠提高本章教学成效？在学生方面，充分发挥学习的主观能动性，尝试探究式去学习、去发现、去思考、去成长。

4. 心理健康：青少年心理问题和心理发展规律：0～18岁不同年龄孩子在生理、心理等方面的共性和应对教育措施。（通过分享线上教学资源链接：如微课、慕课等，让学生自己去学习与思考。）

5. 因材施教：学习过程中及布置作业上会根据不同学习情况的学生，分层、分阶段、分策略地引导、关怀与教育。

6. 推荐阅读：

罗伯特·斯莱文：《教育心理学——理论与实践》（第7版），姚梅林等译，北京大学出版社，2005。

格里格，津巴多：《心理学与生活》（第16版），王垒、王甦译，人民邮电出版社，2003。

亚伦·皮斯、芭芭拉·皮斯：《身体语言密码》，王甜甜等译，中国城市出版社，2007。

学习目的：培养与他人合作的良好学习习惯和主动探究新知识

的能力，学会快乐学习。

五　完成教学目标四"第六章怎么用"（10分钟）

（一）幼儿心理学第六章怎么用？相关理论的探讨、运用——心理学教学、心理学研究来源于生活，可将其还原到生活中。对于未来的幼儿教师而言，可将其还原到学校教育教学情景中，在影响自己成长的同时也有利于孩子们的良好发展。

（二）本章教师推荐分享视频：1.《你要拥有》；2.《孩子的成长》；3.《小小地球何其小》。

板书设计：略（主要使用PPT）

六　课堂小结（2分钟）

小结：同学们，在这节课里，我们认识了老师新的教学模式导学法，并且初步了解了第六章将要掌握的内容、该采用的学习方法以及在生活中该怎样去用。在下次上课时，我们会在学生认真完成本节课老师布置的作业的基础上，去认真学习一下幼儿的情感和意志，下面请同学们记下将要完成的作业。

七　作业布置（2分钟）

我们将要完成的作业：

第一阶段：（概念掌握，理论学习阶段）请在本周五前完成课本第112~113页共7道习题，并写在作业本上。

第二阶段：（实践与探究）请尝试一周内完成课本第113页两道习题，并拍摄成视频，放班级群里共享。

第三阶段：（学以致用）请尝试在两周内写出老师分享的三个视频观后感。（每个视频不少于300字）

《幼儿心理学》第六章：幼儿情感与意志课程教学反思

在福州文教职业中专学校和福师大培训基地教师的精心安排和部署下，我的企业实践内容定为教2013级学前教育（2）班《幼儿心理学》第六章——幼儿情感与意志，这给了我莫大的欢喜与鼓舞。我是一名国家二级心理咨询师，咨询方向是青少年个人成长，本章节可给同学们分享的知识是很丰富的，刹那间，无数的知识点在脑海里撞击，无数的授课模式在眼前闪现。短短45分钟的公开课，我该如何把握好机会，把自己多年的研究成果和大家分享呢？这是一个问题。

再加上基地把我们这次公开课定性为面向福建省中职学前教育专业教师的公开课，这使我们的公开课显得更加高标准和严要求，学生的备战过程也越发艰辛。鉴于本章内容与生活联系太紧密且具有很强的时代气息，可拓展知识点和亮点太多，而在整本教材中又是重点掌握的章节，培训基地的老师及同学都建议我慎重教法的选择，以免落入课堂热闹而离题太远的尴尬局面。经过集思广益，我决定这次公开课采取自己娴熟的参与式课堂教学组织的导学模式，因为它在编制理念上注意"四导"：导趣、导法、导思、导行，而课堂组织上却是很好地兼顾了课前、课中和课后，是集科学性、人文性、多元性于一体，贯彻引导性、启迪性、反思性于全授课过程，这有利于我在有限时间内把更多的知识分享给大家，引导学生积极参与到课堂教学中来。考虑到我的学生中有人不太熟悉导学模式，参与程度不够，冒着超时的风险，在开课前我把导学课的含义及分类在课件中体现出来，以便听课老师及学生领悟更深。而授课的内容也围绕着导趣、导法、导思、导行而言简意赅地定为"第六章讲什么？第六章怎么讲？第六章怎么学？第六章怎么用？"四个模块。

正如期待的那样，课堂进行得很顺利，学生也很配合，但是也有小瑕疵，因计算机故障，5分钟的三段小视频没能及时播放出来但时间上是圆满的，因为教学设计时有考虑视频播放不出来或时间不够用的应对方案，可以把视频交给学习委员，让学生自己课后找时间看。后来，进行反思时，我想到授课过程中因为讲课时为了照顾听课教师以及学习程度较落后的学生就多讲了一些导学课的含义及分类，如果那三段小视频放完就会拖堂3~4分钟。

总之，公开课算是圆满完成，每次回忆当时上课的情景，我都是激动中带着欣慰，终于如愿以偿地把自己研究的"中职学前教育专业教学参与式导学模式"同更多的同行分享了，尽管它仍显稚嫩，因时间有限展示出的"她"远没有现实中的"她"魅力大，但是我欣喜自己在职教教学改革中又向前迈出艰难的一步。忘不掉讲课时学生专心听课时清澈的眼神，恍惚中犹如看到当年的自己，我也读过普师，后在老师们的教导下又继续深造求学。曾几何时，我们的中职学前教育专业学生也有点"小小的偷懒"，对自己的学业要求有点"小小的松懈"，为此我深感不安，如今借此机会，希望教师们能够携起手来，在教学中为可爱的学生们在知识延伸部分多设置"最近发展区"，以便让他们能够迁移出更多的新发展，能在知识的海洋中游得更远，在人生的旅途中走得更从容。

Alina

2013 年 11 月 20 日于福州

简评：Alina 老师分享说，时光荏苒，时隔六年，再次阅读自己的《幼儿心理学》第六章"幼儿情感与意志"课程导学教案设计及教学反思后，依然很激动，因为从参加工作到优质课、论文获奖她一直是参与式课堂教学组织的忠诚执行者，只是没有很好地梳理思路，凭工作热情和有效的教学效果在继续。直到跨专业任教后，Alina 老师才意识到这就是参与式课堂教学组织的最初形式，她庆幸自己很好地在课堂教学中运用了该模式，为了便于理解，笔者选择部分交流内容解析如下。

Alina 导学课参与式课堂教学组织解析

参与式课堂教学组织形式	Alina 课程"幼儿情感与意志"课程导学教案设计	Alina 课程"幼儿情感与意志"教学反思
先行课堂	如"学前调研"部分，Alina 老师提前充分了解了即将面对的授课学生及学校整体情况，这为后面课堂教学组织做了充分准备	如"教学设计理念"部分，Alina 老师很想充分发挥学生的积极性、主动性，培养学生自主探究学习新知识的能力。考虑到学生在校学习时间短的事实，Alina 老师决定打造高效课堂，选择"导学课"。虽不能面授先行课堂，但 Alina 老师已有思想准备，且创新使用参与式课堂教学模式。这在她的教学反思"考虑到我的学生中有人不太熟悉导学模式，参与程度不够，冒着超时的风险，在开课前我把导学课的含义及分类在课件中体现出来，以便听课老师及学生领悟更深"中有体现

参与式课堂 教学组织形式	Alina 课程"幼儿情感与意志" 课程导学教案设计	Alina 课程"幼儿情感与意志" 教学反思
核心课堂	Alina 老师核心课堂围绕导趣、导法、导思、导行,用"第六章讲什么?第六章怎么讲?第六章怎么学?第六章怎么用?"四个模块,逐步引导学生去探究更有用、更有趣的知识,使学生使用参与式课堂学习模式而不自知,很好地体现参与式课堂的"乐中学,做中学"	"正如期待的那样,课堂进行得很顺利,学生也很配合。"因前期在先行课堂认真准备,核心课堂进展得就比较顺利,师生配合很默契,尽管 Alina 老师在反思中说道:"因计算机故障原因 5 分钟的三段小视频没能及时播放出来,但时间上是圆满的,因为教学设计时有考虑视频播放不出来或时间不够用应对方案,可以把视频交给学习委员,让学生自己课后找时间看。"因"先行课堂"事先有周密的考虑,面对课堂上紧急情况就能很好地驾驭,圆满完成教学任务
辅助课堂	Alina 老师课堂设计为了更好地提高学生学习主动性与积极性,逐步培养学生探究知识的能力。创新布置作业,不但分阶段、分层次,而且师生参与同时兼顾、实践突出且分工明确,这对发挥学生学习主观能动性有很好的作用	从 Alina 老师的教学设计及教学反思可以看出,她的教学设计在辅助课堂上体现得最多,而且与核心课堂的衔接过渡都非常平稳,恰到好处,能够在吸引学生积极参与课堂的同时为爱上这门课程打下良好基础,特别是推荐的阅读和作业的分层布置,理论和实践结合紧密,弹性作业布置兼顾到学习程度不同的学生,有利于学生真正地成长,很好地实现了乐学活用的教学目的,为后面学生的发展做了很好的铺垫

从上表中可以看出,Alina 老师的课堂组织从始至终都在引导学生积极参与,整个课堂是以学生为中心的参与式模式,围绕"导趣、导法、导思、导行""四导",把知识的传递进行了很好的衔接与呼应,表面类似"课前、课中与课后",实际却是精心组织的"先行课堂、核心课堂和辅助课堂",虽然上课的时间有限,但是课堂内容的信息量非常大,涵盖线上线下、师生之间、生生之间的友好互动,这在信息化日新月异的今天仍然值得推广和应用,笔者选择此案例,正是考虑到参与式课堂教学模式对 Alina 老师来说是常用而不自知,还没有形成先行课堂、核心课堂和辅助课堂这样可复制的成熟模式,但 Alina 老师勇于探究的学术精神、匠心的教学态度很是值得我们学习。为了更好地呈现参与式课堂教学组织中教师的成长轨迹,在征得 Alina 老师同意后,笔者决定给大家分享更多的成长记录。

（二）"3 + 2" 及 "五年一贯制" 高职院校参与式课堂教学组织实践效果

目前，在"3 + 2"及"五年一贯制"高职院校中，学生学习情绪低落、缺乏上进心、不愿学习的现象仍是学校需要积极关注的。如何改善课堂环境，如何提高教学效果，从而提高学生的综合素质，为社会输出更多的实用型技能人才，是职业教育中的难题。实践证明，参与式课堂教学组织能够提高学生的学习积极性，提高教育教学质量。

1. 传统课堂教学组织与参与式课堂教学组织教学效果的比较

为进一步明晰参与式课堂教学组织的实践效果，结合"关注点"和"教学组织过程"两个方面，笔者将传统课堂教学组织和参与式课堂教学组织做了比较，详见表 6 - 5。

表 6 - 5　传统课堂教学组织与参与式课堂教学组织教学效果的比较

类别	传统课堂教学组织	参与式课堂教学组织
关注点	关注"教"	关注"学"
教学组织过程	1. 教师教课需要课程目标指导	1. 学习内容为学习者能够做到和知道的内容
	2. 教师向学生布置作业	2. 学生参与指导自己学习和评价自己的活动，并参与学习任务的选择
	3. 学生进步以学科成绩和学校评语为依据	3. 学生进步以未来工作所需要的必备能力为依据
	4. 教师任务为呈现信息，学生有责任完成布置的学习任务	4. 学习条件和学习安排种类多，包括自主学习、小组合作等
	5. 学生是观众，教师是演员	5. 学生是演员，教师是导演
	6. 学习时间统一	6. 学习时间灵活
	7. 教师监控学生学习	7. 学生选择适合于自己能力提高的场景，如先行课堂、核心课堂或者辅助课堂
	8. 班级进步教师评价	8. 学生本人及小组成员一起评价，学生对自己的学习负有责任，评价主要用于激励
	9. 教师奖励或惩罚警告学生	9. 学生自己激发自己
	10. 学生成绩测量依照事先制定的标准测验	10. 学生成绩为掌握完成某项任务所必需的所有相关能力后测量

　　通过表6-5可知，传统课堂组织，易走"效率驱动、控制本位"的极端，限制学生主观能动性的充分发挥，不利于因材施教和学生实践能力的培养；参与式课堂教学组织以培养学生"会学"为核心，注重学生主观能动性的发挥和知识应用能力的掌握，符合新时期应用技术类院校人才的培养目标。

　　2. 对参与式课堂教学效果的定性分析

案例1

学生：由"怕英语"到"爱英语"

老师，我想对您说

Dear Miss Zhang：

　　在没有来这里上学之前，我对英语是一窍不通，我很少上英语老师的课，26个字母也默写不好，音标不会。我害怕学英语，更怕英语老师。可是，您的英语课堂轻松快乐，我觉得我不笨啊，我竟然学会了好几个单词，还会使用您教的口语"I believe I can do，I can do，I can do"。老师，我喜欢您平易近人的微笑，喜欢您的声音，喜欢您的温柔和耐心，您知道吗？您的课堂给我的惊喜非常多，我第一次在英语课堂上见到老师提问每一个学生；第一次见到全班同学那么努力地学英语；第一次见到老师和我们手拉手表演歌曲；还有最重要的，我第一次感觉到班级成立学习小组是非常快乐的事情，在同学们一起制定小组学习规定后，大家相互帮助一起进步，真的好棒！嘻嘻，您的窍门儿可真多，我还喜欢师姐们组织的"英语晨读俱乐部"、"辅助英语课堂"和"英语才艺秀"。老师，我觉得咱们的英语课堂和以前很不一样呢，无论是先行课堂，还是核心课堂和实践课堂，让我觉得学习并不困难，而是充满了快乐的旅程，感觉时刻有个人在旁边指导我学习，帮助我进步，我以后再也不怕学不会英语了！还有，您对我们后进生没有歧视。老师，您是最棒的，是我心中的"老大"，我以后就跟您学英语了，就写这么多。老师，您好漂亮，好可爱，同学们都喜欢您的课，期待您以后继续多多给我们上课哦。

　　祝老师：永远开心，快乐！

您的学生：小雨

　　Miss Zhang 是学生心目中的明星教师，充分地展现出参与式课堂教学组织的魅力。如先行课堂的快乐学习导入，核心课堂的师生参与互动和制定参与规定，辅助课堂的"英语晨读俱乐部"、"辅助英语课堂"和"英语才艺秀"，学习形式灵活多样，理论学习和实践有效结合。Miss Zhang 独特的人格魅力和渊博的学识，使由她主导的核心课堂充满了欢声笑语，师生关系和谐，让学生对英语的畏难情绪在友好的氛围中被化解，主动学习的热情在融洽的环境中"茁壮成长"，大大地提高了教学效果。

案例 2

教师：在参与中成长

Miss Zhang 谈教学感受

　　再次被点名首讲新生先行课堂的英语，感觉好有压力，"95 后"的学生，活泼中带着叛逆，更是让人感觉压力重重。好在有领导的鼓励和班主任提供的第一手学生准确信息"学生入学登记表"，谢谢英语教研组姐妹一起指导我的着装；谢谢我心爱的二年级学生代表在迎新生先行课堂的报告中对我的肯定和赞赏；谢谢学前教育专业全体任课教师对我授课内容的建议。感觉有大家的陪伴，教书是一件无上光荣的事情。好在我有心理准备，当学生在课堂上喊出共有 28 个英语字母的时候，我并没有愤怒，而是夸赞学生"真幽默"，我克制了自己内心对他们失望的情绪，及时调整了授课的难度和容量，虽然只教学生复习了几句简单的口语，和一首幼儿园小朋友唱的英语歌曲，但当我看到他们脸上洋溢着兴奋的表情时，凭知觉，我知道他们都学会了。我开始采用开火车的游戏，一一请学生表演，并规定说"不求唱得好听，但求声音最大，声音小的表演节目，声音大的奖励平时成绩 1 分"，学生的情绪立马高涨起来，跃跃欲试，并向我提议说是否可以先让他们自由练习 5 分钟，我点头同意后，看到学生自发结队练习了起来，我心中窃喜。5分钟后，通过游戏，学生都得到了1分的平时成绩。我趁机让学生讲感受，学生说感觉一起学习很棒，学得快。我就建议大家集体讨论如何才可以一起学习？有的建议成立学习小组，有的建议重新安排英语课堂的座位，但道出的一个共性是，都愿意和学习成绩好的学生坐到一起，这让我很是欣慰。为此，我请学生继续讨论："怎样才可以使每个学生都不掉队？"5分钟后，我们的英语学习小组就自发诞生了，学生都很满意，我也很开心，在征求学生意见后，我给新生布置的作业是写学习英语的感受，老生的作业是聆听新生的声音，体验自己长大的感觉，并帮新生制订合理的英语学习计划，学生都很喜欢。

"非言语交流是课堂教学中教师与学生的一条重要的交流方式，教师合理使用非言语行为进行交流，会有效提高课堂互动质量。"① 从 Miss Zhang 的教学感受中，我们得知 Miss Zhang 整合了一切可以利用的资源调动学生参与的积极性，无论着装还是授课内容都是大家集体智慧的结晶。Miss Zhang 课前准备充分，善于捕捉学生的情绪，能够在恰当的时候引导学生参与到课堂教学中来，在调动学生积极性的同时，还设定了参与规定和奖励，并为下一步核心课堂的深度参与做好了铺垫。同时，通过在布置作业环节征求学生意见，使新老学生的课堂参与得到了有效衔接，不但可以掌握新生的学习心理，而且可以检验老生实践知识的应用，可谓一举两得。其实，教师参与中的成长并不止步于先行课堂，核心课堂的积极参与更有利于教师个人科研能力的提高，辅助课堂的积极参与则为教师个人综合能力的提升打开了另外一扇窗。爱因斯坦说"学习是一种体验，其他一切都只是信息"。对待教学，应用技术类院校的老师都很认真，尽管工作繁忙，但是只要有时间，大家就会积极参加专业技能方面的学习培训，转换角色，换位思考，当一名好学生，让自己静下心来慢慢聆听内心成长的声音，体验当学生的心路历程，使之反馈到今后的课程中，更好地为课程服务。

---

① Wall, K., "Gesture and its role in classroom communication: an Issue for the personalized learning agenda," *Education Review* 19 (2006): 32－39.

　　积极加入参与式课堂教学组织的学习并善于总结是告别新手教师的必经之路，经历多了，给学生上课就会更有底气，也更有人格魅力去吸引学生加入自己的课堂教学中，达到事半功倍的效果。Alina 老师在分享她积极参加的省级骨干教师培训经验中说道："我在这短短的 8 天时间内学到了涉及学前教育方面教育学、心理学、美学、音乐、政策法规等新知识，老师们独具匠心的课程安排充分体现了引领、点拨的作用，为我们指明了教学的方向。在培训的日子里，我每天的感觉是既幸福又充实，因为每一次都可以领略不同风格的教师的课堂风采，每一次都能听到不同类型的讲座，每一次都能感受到思想火花的冲击。我相信在后续学习中收获会更多。"

　　兴趣是最好的老师，只有对教师职业真正热爱，才能把每一次学习当作自我提升的有效途径，并在学习的过程中思考如何学以致用。学习中会积极关注每一位授课教师身上的闪光点，珍惜每一位教师的人格魅力，并予以有效学习、认真采纳、反思创新，同时渴望把学到的东西尽快分享和推广的想法也在悄然萌芽，正是有这样的参与劲头和快乐的学习体验，才可以让教师走得更远、更从容。

　　教师是太阳底下最光辉的职业，作为应用类职业院校的教师，教学任务、企业实践以及科研任务都比较重，再加上面对的授课对象年龄普遍较小，正处于青春敏感期，且成绩普遍处于断层，这给授课教师带来了很大的挑战。Alina 老师能够合理利用时间，在圆满完成工作的同时，利用空闲时间积极培训、提高自我，为每一位即将从事参与式课堂教学组织的教师做出了完美的示范。她参加省级培训的总结，字里行间流露出对教师课堂教学的热爱。她很博爱，也很谦虚包容，喜欢分享，喜欢学习，但也能感觉到在省级培训中的 Alina 老师就像是"参与式课堂教学组织"框架中的学生行走在"先行课堂"，她的学习热情和主观能动性被充分点燃，参与的积极性会被再次激活，而她对学习的孜孜探索和实践上不遗余力地尝试，也必将促使她在提高自身修为上走得更远，步子迈得更紧、更急。果不其然，时隔两个月，Alina 老师大踏步地走向更高阶的培训。她分享了参加国家级骨干教师培训的心得体会，"这次培训是我参加过的所有培训中收获最大的一次，老师们是来自全国 12 个省、自治区、直辖市的一线骨干教师，三个月的共同学习和生活，已经使我们建立了深厚的友谊。通过交流和探讨活动，我们互相了解了各个兄弟学校发展的状况，以及教学改革、课程设置、实训室建设等许多方面好的成功经验和信息。这里就像一个其乐融融的大家庭，每个人每一天都会毫无保留地一起分享经验和心得，在学习过程中互相鼓励和帮助，在生活中互相体贴。想到要说再见了还真有点儿舍不得。还有为期三周的企业实践活动，我感谢培训基地老师的精心组织，感谢实践学校、幼儿园老师、实践学校同学的热情接待与周密安排，实践企业的校园环境、硬件设施、办学思想，特别是教师队伍都是我很好的学习榜样。教学实践及研讨活动与来自全国各地的优秀教师进行探讨和分享，短期内，我不但检验了已掌握的理论知识，而且还了解了当今学前教育专业发展的情况，了解了全国各地的教学特色以及先进的教学方法，这对未来我校学前教育专业的建设与发展，进一步提升我校学前专业的教学水平有了很大的促进作用，同时也为我个人的专业成长指明了方向，就像催人奋进的号角，激励着我勇往直前、勇于探索、不断创新，百折不挠地实现自己职业教育的梦想"。

对比 Alina 老师省级培训的总结分享，国家级培训的总结就是从参与式课堂教学组织角度来思考的，"不满足是向上的车轮"，开弓没有回头箭，如果说省级培训 Alina 老师就像是"参与式课堂教学组织"框架中的学生行走在"先行课堂"，那么国家级培训的过程则类似 Alina 老师积极接近渴望已久的"参与式课堂教学组织"框架中的学生在"核心课堂"。从总结可以看出，Alina 老师对学习的热情继续高涨，求知若渴，深度参与课堂，勇于尝试，同时开始学以致用，协助授课教师做一些辅助课堂的教学管理工作。对比她的省级培训，国家级培训的分享中除了保留对授课教师的赞美和热爱外，更多的是关注教师们渊博的学识和对她科研的启发及帮助，从省级培训关注教师的授课内容到国家级培训关注教师的课堂教学组织，如"这次培训分为四个模块"，"培训采取专题讲座、案例教学、教学设计与实践研讨、教学实操、活动观摩研讨、教育实地考察等方式，大大增强了培训的针对性和实效性"。她进行了很多积极的理性思考与大胆探究，每天以饱满的热情去迎接每一次课程，快乐学习，认真思考，而这正是参与式课堂教学组织教师成长的必经之路。正如 Alina 老师分享中所说，"人格魅力型教师并不会想当然地在每一位教师身上出现，只有那些醉心热爱教育事业，真真正正关心学生，重视教学效果并善于反思和探究的老师才有可能获得，学习是一个'不积跬步，无以至千里'的过程，起步的态度决定了一切，只要坚持总会有收获的，贵在坚持就好"。质朴的语言却蕴含着深刻的道理，道出了 Alina 老师深度参与成长的宝贵历程，她的朝气、阳光、自信和担当定会为她以后的发展提供源源不断的动力和无尽的能量。积极参与，不但有利于学生的成长，对于教师也一样，从省级培训到国家级培训，教师的成长是巨大的，Alina 老师必将高效地完成"参与式课堂教学组织"框架中的学生的"辅助课堂"，实现从教学型教师到专家型教师的蜕变与成长。

3. 对参与式课堂教学组织效果的定量分析

为了全面客观地了解参与式课堂教学组织的实践效果，我们在应用技术类院校设置了实验班和对照班，并通过问卷进行了教学效果的调查和量化分析。

本次调查的主要内容为传统课堂教学组织和参与式课堂教学组织班级的学生学习态度及学习能力。2011 年 9 月至 10 月，随机抽取郑州信息科技职业学院 11 个专业共 1100 名学生填写的"学生学习态度调查问卷"（见附件二）和"学生学习能力调查问卷"（见附件三），被调查的学生中男生有 600 名，女生有 500 名；一年级学生 550 人，二年级学生 550 人；平均年龄 17 岁。此次调查是由学校教学科组织，在辅导员和相关教师支持下在课堂上完成的，共发放问卷 1100 份，回收 1100 份，有效问卷 1100 份，回收率和有效率均为 100%。具体调查情况如下所述。

（1）学生学习态度的变化

笔者结合班主任及学校相关任课教师的意见和建议，根据"文化基础课"、"专业理论课"和"专业实践课"三种不同课型对参与式课堂教学组织和传统课堂教学组织进行对比（见表6-6）。

表6-6　传统课堂教学组织班级学生与参与式课堂教学组织班级
学生学习态度比较

类型	传统课堂教学组织	参与式课堂教学组织
文化基础课	厌学情绪严重，课堂主要表现： 睡觉占 20%； 玩手机占 15%； 看课外书占 15%； 逃课占 10%； 听课占 40%	学生在快乐氛围中学习，课堂主要表现： 认真听讲并听懂者占 80% 以上； 98% 的到课率

类型	传统课堂教学组织	参与式课堂教学组织
专业理论课	听不懂者多数，课堂主要表现： 睡觉占 15%； 玩手机占 15%； 左顾右盼熬时间占 20%； 听课占 50%	认真听讲并听懂者占 80% 以上； 98% 的到课率
专业实践课	不能按时完成实践任务者较多，主要原因： "双师型"教师欠缺占 30%； 课时紧张占 30%； 学生厌学占 20%； 课堂组织问题占 20%	认真听讲并听懂者占 98% 以上； 100% 的到课率

资料来源：张滕丽：《中等职业学校参与式课堂教学组织研究》，硕士学位论文，西南大学，2012。

由表 6-6 可以看出，相对于传统课堂教学组织，无论是"文化基础课""专业理论课"，还是"专业实践课"，运用参与式课堂教学组织的班级，学生的学习态度均有十分明显的转变，学生的课堂出勤率也有了大幅度提高。而且，由于在参与式课堂教学组织中，学生能更真切地感受到学习的快乐，课堂听课状态明显改善，98% 以上的学生都能认真听讲，和教师积极互动，学习气氛浓厚。

（2）学生学习能力的发展

关于参与式课堂教学组织班级学生学习能力的发展和变化情况，笔者通过调查问卷及对教师的访谈，采用参与式课堂组织以前和以后，将学生在"文化基础课"、"专业理论课"和"专业实践课"的学习态度的变化情况进行对比，详细情况见表 6-7。

表 6-7　参与式课堂教学组织实施前及实施后班级
学生学习能力的发展情况统计

类型	参与式课堂教学组织实施前		参与式课堂教学组织实施后	
文化基础课	主动预习功课者	3%	主动预习功课者	80%
	按时复习者	40%	按时复习者	90%
	按时完成作业者	60%	按时完成作业者	98%
	主动搜寻资料者	20%	主动搜寻资料者	80%
	主动问老师问题者	10%	主动问老师问题者	60%

类型	参与式课堂教学组织实施前		参与式课堂教学组织实施后	
专业理论课	主动预习功课者	60%	主动预习功课者	90%
	按时复习者	50%	按时复习者	95%
	按时完成作业者	80%	按时完成作业者	98%
	主动搜寻资料者	40%	主动搜寻资料者	80%
	主动问老师问题者	40%	主动问老师问题者	80%
专业实践课	主动预习功课者	60%	主动预习功课者	98%
	按时复习者	60%	按时复习者	98%
	按时完成作业者	50%	按时完成作业者	100%
	主动搜寻资料者	50%	主动搜寻资料者	80%
	主动问老师问题者	60%	主动问老师问题者	100%

资料来源：张滕丽：《中等职业学校参与式课堂教学组织研究》，硕士学位论文，西南大学，2012。

由表6-7可知，无论是在"文化基础课"上，还是在"专业理论课"或者"专业实践课"上，运用参与式课堂教学组织后，学生主动预习功课、按时复习、按时完成作业、主动搜寻资料、主动问教师问题的比例均大幅度提高。这说明在参与式课堂教学组织中，学生学习的主动性明显增强，相对于传统课堂教学组织，学习能力也获得了更好的发展。另外，从课堂观察、学生座谈和问卷调查情况看，参加先行课堂、核心课堂和辅助课堂学习的同学，能合理评价自己的学习状况，制订合理的学习计划，并在老师和同学的帮助下，选择更有效的学习模式和方法。参与式课堂教学组织下的学生，主动学习能力、有效沟通能力以及与他人一起合作完成学习任务的团队合作能力都明显提高，对为什么要学、什么时间学、怎样去学的策略性问题，学生能够有自己明确的认识和准确理解。总体来看，参与式课堂教学组织更有利于提升学生的学习能力。

值得一提的是，在对运用参与式课堂教学组织后学生学习态度和能力的调查中，笔者发现学生对学习的自信心和热情度明显提高，90%的学生不再厌学，对参与式课堂教学组织形式很感兴趣，并能够积极、主动地参与到先行课堂、核心课堂和辅助课堂的各项活动中，能够自觉并愉快地完成教师布置的理论和实践作业，学习由被动变成了主动，由害怕变成了喜欢。针对调查结果，学校的教师对学生学习态度的转变赞不绝口，对目前授课过程中体验到的轻松感和成就感表示由衷的满足和感慨。显然，在参与式课堂教学组织中，伴随着教师主导能力的增强，学生学习的主动性也大幅度提高，学生显示出乐于学习的心理倾向，对自己的未来有了更多的思考，并能在教师的指导下认真进行职业生涯的规划，且对参加职业学校的职业技能大赛有了浓厚的兴趣。

4. 参与式课堂教学组织为师生圆梦助力

为了更有效地说明参与式课堂教学组织形式的有效性，我们在征得Alina 老师同意后，选取了一件她指导的学生参赛的职业生涯获奖作品（详见案例1）和她最近的参与式授课讲义一篇（详见案例2）供大家参考。Alina 老师的分享，应用技术类院校"3＋2"和"五年一贯制"学生的可塑性非常强，一旦对学习感兴趣就会有惊人的变化，学习的主观能动性会被充分发挥。学生不但会在先行课堂上做充分的准备，在核心课堂上也会积极带领小组刻苦学习。更令人惊奇的是，在辅助课堂上部分优秀的学生会表现出更多的钻研、奉献精神和创造力，这都令 Alina 老师感动，愿意带领学生走得更远，给学生提供更广阔的成长平台，她特别提到了职业生涯规划中侯同学的"人生的埃菲尔铁塔"，她说侯同学当时在学习小组的发言中提到"人生的埃菲尔铁塔"的话语，引起她的格外关注，觉得这个十几岁的小姑娘柔弱的外表下有着坚定的信念，是个很有志向的孩子，于是就指导她参赛，最后获得国家级比赛二等奖的优异成绩。时隔六年她还专门回访了这位学生，发现她已经在学前教育领域闯出一片新天地，有着自己喜欢的事业，过着幸福的生活。还有内向的宋同学，入学时心理负担比较重，对读职业院校认知不够，觉得读职业院校很没面子，Alina 老师通过三个课堂全方位对宋同学积极关注，之后宋同学多次在职业技能大赛上获奖，特别是她自己设计的"理想的阶梯——职业生涯规划书"的知识面涉及很多也很广，但是她都可以很好地去主动完成，还有很多这样的学生……她们的改变和成长都是看得见的。

听着 Alina 老师的分享，我们仿佛看到更多的职业院校的学生正在自己的职业生涯道路上挥洒汗水，为梦想而奋斗。新时代、新梦想、新征程，课堂教学需要更多像 Alina 一样的老师去帮助学生点燃梦想，陪伴其成长，也需要积极推广参与式课堂教学组织去帮助教师打造更好、更有效的课堂，为师生圆梦助力，保驾护航。

案例1

理想的阶梯——职业生涯规划书

2010级学前教育宋××　辅导老师 Alina

前言

苏霍姆林斯基说过，"如果一个人的头上缺少一颗指路明星——理想，那他的生活将会醉生梦死"。人只有拥有理想，才会付诸行动，走向成功。列夫·托尔斯泰说"理想是指路明灯，没有理想，就没有坚定的方向，没有方向，就没有生活"。可见，理想对我们每个人来说是多么的重要。我的理想是为幼教事业奋斗终生！为此，我要精心规划自己的职业生涯，以便为理想的早日实现设计完美的阶梯。

第一章　认识自我

一　个人基本情况

我叫宋××，女，20岁，家住河南省林州市××村，父母务农，弟弟比我小两岁，父母常年在外打工，家里经济条件较好。我从初一开始就边读书，边照顾弟弟的饮食起居，由于父母按月给我们寄充足的生活费，生活倒也过得舒适自在。我和弟弟的学习成绩都很好，因此，村里那些看护"留守儿童"的长辈会经常带着小弟弟、小妹妹来向我和弟弟请教功课。时间一长，我家就像一个幼儿园，长辈们帮我们洗衣做饭，我和弟弟就一门心思地教孩子们识字学习。后来，我和弟弟到县城读高中，功课忙碌的我们无暇顾及其他。高考结束后，我回到了家，发现有很多学龄期孩子跟在爷爷奶奶的身后玩耍，而没有幼儿园可就读，我的内心被深深触动了，我不希望家乡的孩子因大山的阻隔而失去美好的未来，渴望为拯救他们的学习机会而尽自己的绵薄之力。斟酌再三，不顾家人的强烈反对，我坚定地选择了走职业教育这条道路，报考了河南广播电视中等专业学校的学前教育专业。我相信只要用心经营，"条条大路通罗马"，即便起点是中专学历的我，也一样可以找到实现自己理想的阶梯，立志为幼教事业奋斗终生。

二　职业兴趣

我的兴趣爱好非常广泛，喜欢弹琴、唱歌、舞蹈、绘画和读书，尤其喜欢和孩子们在一起，喜欢教他们学习，觉得他们的纯洁、天真、美丽和可爱，是我快乐的源泉。每天和孩子们在一起，有童趣相伴，我的生活就变得充实和美好起来。

性格与职业有着密切的关系，它决定了职业的长远发展，为此我进行了九型性格自我测试和剖析，以使自己的性格与未来职业更好地进行匹配。

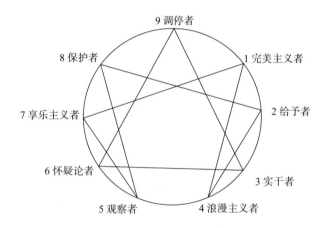

图1　九型人格的九角星图形

结合上图"九型人格的九角星图形"[①] 的人格测定，我清晰地知道自己属于第二性格即给予者，详细测评报告如下所述。

第二型性格素描（给予者）

第二型性格的人在时间、精力和事物三方面都表现得主动、乐于助人、普遍乐观、慷慨大方。由于他们不容易承认自己的需要，也难以向别人寻求帮助，所以总是无意识地通过人际关系来满足自己的需要，而且在自己最为人所需的时候感到最快乐。他们对别人

---

① 海伦·帕尔默：《职场和恋爱中的九型人格》，徐扬译，华夏出版社，2007，第8页。

的需要非常敏感，能够刚好表现出吸引别人的那部分人格。他们善于付出更善于接受，有时候会操控别人，为得到而付出，有时候是天生的照顾者和主持者。为了使别人成功、美满，第二型性格的人能运用他们天生的同情心，给予对方真正需要的事物。

世界观：我的天职是帮助别人，我愿意成全我所喜爱的人，我亦深信他们万万不能没有我！

潜在恐惧：害怕孤独和不被喜爱。

潜在渴望：被人关怀，爱护。

注意力焦点：配合，服务他人。

自我保护机制：抑制自己，否认自我需要。

个人执念和难以驾驭的陋习：他们慷慨、友好、乐于助人的表现后面可能包含着隐藏的目的；如果对对方不感兴趣，就会迅速逃离。

会比人强的智能：情绪智能。

性格倾向：外向、主动、感情丰富。

成长的警钟：认识到别人是别人，自己是自己，不能老活在别人的感觉中，要将对别人的关注和爱转向自己，关注自己的感受。

提升建议：

学会说"不"，花一点儿时间反思自己的需要。

减少别人对自己的依赖，给别人解决自己问题的空间。

多一些客观，少一些情绪化。

三　职业能力及适应性

亲和力强，在学校与同学相处融洽；在班级和团委管理工作中，责任感强，使命感重；职业测评显示，有明确的奋斗目标、坚持不懈的精神、不耻下问的勇气、知错就改的正气和勇攀科学高峰的志气。"乐观、自信、朝气、担当和阳光"是学校师生对我的评价，也是我对自己职业能力的最基本要求。

四　职业价值观

1. 我最突出的五项技能

生活独立能力强、勤奋自学能力强、沟通能力强、探索和创新能力强及管理能力强。

2. 我的实践经验

（1）任班级班长职务；（2）担任校团委宣传部部长；（3）在周末，去敬老院做义工；（4）业余时间去儿童福利院照顾那些留守残障儿童；（5）2010～2011 年，先后在郑州市 12 家私立、3 家公办幼儿园见习学习；（6）2011 年 8 月，在父母资助下，在家乡创办自己的"希望之星"幼儿园；（7）2012 年 5 月至今，在"河南省商务厅第二幼儿园"实习。

3. 荣誉成果

（1）职业资格证

毕业即拥有"普通话证书一级乙等"、"保育员中级资格证"、"计算机中级资格证"、"幼儿教师资格证"和"毕业证书"共五证。

（2）校级证书

2011 年 4 月、5 月份，被学校评为"优秀班团干""优秀学生干部"；2011 年 6 月～2012 年 6 月，先后两次荣获校"一等奖学金"；2011 年 12 月，在学校组织的演讲比赛中，荣获一等奖。

（3）省级证书

2011 年 11 月，在省级英语演讲比赛中，荣获省级二等奖；2012 年 2 月，被河南省教育厅评为"省级三好学生"。

五　胜任能力

优势	劣势
踏实、能吃苦；亲和力强，热情，易相处；善反思，有较好的组织能力、分析能力和适应能力；自制力强；有爱心、童心、耐心	学历不高；人际关系上在强势人面前缺乏自信；太过追求细节的完美；抗压能力不强；缺乏工作经验；有时敏感，情绪易激动

六　自我分析小结

老子说："知人者智，自知者明。"认识自己比认识别人更重要，在充分认识自己后，我一定会发挥自己的优势，避开自身的不足，虚心向他人学习，争取把劣势转换为优势。

第二章　职业生涯条件分析

一　家庭环境分析

我虽是山里孩子，但父母注重我的发展，对我期望很高，希望我将来可以有所作为，他们也很理解我的每一个想法，在我遇到困难时，总会和我一起分析解决，是我最强有力的后盾。

二　学校环境分析

郑州信息科技职业学院是经河南省政府批准成立并经教育部备案的一所全日制省属公办高等职业院校。为便于教学管理，初中起点"五年一贯制"专科、"3＋2"高职和普通中专学生在西校区就读。本校区办学条件优良，尤其是在现代化教学设施方面颇具特色：学校有先进的计算机校园网，大量的多媒体教室和与教学相适应的实验室、图书馆、阅览室等；教室宽敞明亮，安装有空调、电视、暖气等公用设施；学生宿舍实行公寓化管理；同时，学校还拥有一支爱岗敬业、教书育人、管理服务育人的高素质教职工队伍。

目前，学校具有全日制在校生学习与生活的良好环境与条件，为学生学习、生活提供了有力的支持服务。

为把学生培养成为高素质、高技能应用型人才，学校在办学过程中，坚持以服务为宗旨，以就业为导向，面向市场办学，严格管理、严谨治学，注重学生全面素质的提高，重在培养学生的职业能力。

为了便于学生实习与就业，学校在长期办学中与多家国内知名企业和外资企业建立了良好的合作关系，能够为学生提供适合的实习岗位和就业岗位，近年来学生就业率一直保持在98%以上，学校多次被河南省教育厅评为就业工作先进单位。

三　社会环境分析

随着学前教育的快速发展，大中型城市对学前教育重视度也日益加强，特别是种类繁多的幼教机构及连锁幼儿园的建立，大大加快了学前教育的普及，尤其值得关注的是国家政策的倾斜和扶持，使农村的幼儿园也日渐增多。

四　职业环境分析

21 世纪，早期教育是幼儿教育的大趋势。《中国人口统计年鉴》显示，中国 0~3 岁婴幼儿已有 7000 万左右。2004 年，我国幼儿园数同比增长 4.5%，已达 2089.4 万家。幼教事业市场潜力广阔，与此同时，幼儿教师、管理人员需求激增，幼儿师范毕业生出现供不应求的局面。尽管现在学前教育专业已经扩招，但是整个社会需求仍不能被满足。具体来说，主要有三点。

（一）学前教育发展以及早教市场的潜力，使幼教专业人才需求不断扩大；

（二）人口生育高峰的出现增加了对幼儿教师的旺盛需求；

（三）学前教育专业毕业生总量不足，难以满足社会需求。

职业生涯条件分析小结：这两年，随着幼儿园数量的增多，幼儿教师也变得紧缺，这就要求更要注重幼儿教师的素质培养，如良好的道德品质、较强的教育能力、适时的职业培训等。对我而言，有父母的支持，学校的教育，幼儿园里的培训，再加上自身的努力，我相信，我的明天会更美好！

第三章　职业目标定位及其分解与组合

一　职业目标定位

职业目标定位的 SWOT 分析：

优势因素（S）	弱势因素（W）
亲和力强，热爱幼儿教育； 做事积极、热情、有创新意识； 有很强的事业心和责任感； 洞察力强，有很好的组织能力和管理能力； 勤奋，自学能力强	有时候过分在意细节，追求完美； 山里成长，社会阅历不足； 有时给自己压力过大，影响生活质量； 有时候比较敏感
机会因素（O）	威胁因素（T）
先后在河南省 20 多家幼儿园见习、实习； 在学校担任班干部及团干部； 拥有一定数量的资格证书和荣誉证书； 所学专业就业前景很好； 有继续深造的机会	女孩，求职中性别歧视； 起步学历低，中专； 工作待遇不高； 已接近谈婚论嫁的年龄； 有些证书还没有拿到

结论：职业目标——将来从事幼儿园工作，成为幼儿园园长。

职业发展策略——进入河南省较好的私立或公办幼儿园，从基层做起，慢慢发展。

职业发展路径——从保育工作到教育工作，再到管理工作。

二　职业目标的分解与组合

计划名称	时间跨度	目标内容	策略和措施
短期计划	中专三年	1. 在校期间，打好扎实专业基础； 2. 培养一定的组织能力和管理能力； 3. 打造良好的人际关系； 4. 拿到幼儿教师资格证、保育员中级资格证、普通话证书一级乙等、计算机中级资格证、毕业证书及各种荣誉证书等； 5. 以参观、见习和实习形式，到资深幼儿园观摩学习，积累经验	1. 认真学习每一门课程，争取门门优秀； 2. 担任班干部，成为校团委、学生会骨干； 3. 待人真诚，责任心强，具有担当意识； 4. 认真准备，积极参加相应的证书考试； 5. 积极思考，努力完成岗位职责，并做好详细记录，在认真完成见习及实习报告的基础上，多和幼儿园教师沟通交流，为未来职业做好铺垫
中期计划	毕业后五年的计划	1. 毕业后第一年：岗位上，力争成为幼儿园主班教师，在工作中全方位提升自己；学历上，继续进修学前教育专科学历。 2. 毕业后第二年：争取成为幼儿园优秀骨干教师。 3. 毕业后第三年：争取成为幼儿园中层领导。 4. 毕业后第四、第五年：争取成为副园长	1. 实习期间在认真做好保育工作的基础上，多观摩园里优秀教师授课情况，做好听课记录，并抓住一切机会，锻炼自己的授课能力；在学历上，通过网络学习继续进修学前教育专科学历。 2. 爱岗敬业，团结同事，并认真钻研教材教法，积极参加各种幼儿教师培训，在实践中不断反思、进取。 3. 在做好教研的同时，认真学习幼儿园管理体制，协助园长做好幼儿园保健队伍建设。 4. 不断提高自己的身体素质以及思想道德素养、科学文化素养和领导管理能力

续表

计划名称	时间跨度	目标内容	策略和措施
长期计划	毕业十年或十年以上计划	1. 毕业后五年到十年：储备资金，继续深造本科学历，完善自己各方面能力。 2. 十年以后：在家乡，扩大"希望之星"幼儿园的规模，并精心打造示范园的特色教育理念。 3. 二十年以后：创建自己的"希望之星"品牌连锁幼儿园，并扩大经营理念，开发相应的育婴产品。 4. 退休以后：乐善好施，助人自助	1. 实行股份制，确定未来幼儿园的股东，并达成协议；通过网络继续深造学前教育本科学历；积极参加园长培训，并拿到合格证书。 2. 引进优秀的幼儿教师和先进的幼儿园硬件设施，在家乡留守儿童密集处，考虑开办"希望之星"幼儿园的分园。 3. 到国外去实地考察学习先进的办园理念；建立自己的科研队伍，研发新的育婴产品和探求幼儿培养新思维。 4. 开办幼儿园园长培训班，并积极参加各种公益慈善活动

第四章　评估调查

一　评估内容

自我评估：根据自己个人的价值观和知识水平能力，看自己的才能是否得到发挥；对自己在幼儿园的表现是否满意，对自己的职称、待遇等方面的变化是否满意。

家庭评估：根据家庭经济及文化背景，看父母是否理解肯定，给予支持和帮助。

幼儿园评估：根据幼儿园管理文化及其总体经营结果，看是否得到同事的赞赏，是否得到园长的肯定和表扬，是否有职称或晋升，工资是否提高。

社会评估：根据社会文化，看是否得到社会舆论的支持和好的评价，是否有社会组织的承认和奖励。

二　评估时间

一年评估规划一次，如有特殊情况，随时进行调整。

三　规划调整原则

1. 以是否达到预定目标为根本依据；

2. 若没有达到目标，要认真分析原因并寻找补救措施；

3. 要认真总结经验，写出调整方案，以有利于下一目标的快速实现。

四 可能出现的困难和问题

1. 刚步入社会，没有人际关系，没有资金，起步难；

2. 工作中可能会因经验不足而产生职业倦怠感；

3. 个人开办幼儿园要承担一定的风险等。

五 解决的方法

1. 广开思路，关心国家教育方针及政策，主观努力的同时，寻求政府支持和合作伙伴；

2. 劳逸结合的同时，多参加幼儿园园长的培训活动，加强与示范园的交流和合作；

3. 积极入保，努力学习幼儿园管理和经营理念，力争把风险降到最低。

结束语

古罗马政治家西塞罗说过，"我对事业的抱负和理想，是以'真'为开始，'善'为历程，'美'为最终目的"。而在我个人通往理想的阶梯中，"真心"、"善心"和"爱心"便是我的阶梯，我会用"真心"去积极准备，用"善心"去认真经营，用"爱心"来为祖国培育最"美"的花朵。

案例2

教师"参与中成长"篇——教学设计日臻娴熟

Alina 参与式课堂教学组织设计分享篇

课程名称	让教育真正发生，让生命真正成长——幼儿园科学探究主题活动设计	教学对象	高职应用英语专业（学前教育方向）二年级学生
课时	2学时（90分钟）	授课地点	多媒体教室
授课时间	2018年4月26日下午 14：00～15：30	教材	《幼儿园教育活动设计与指导》

续表

教学资源	硬件：多媒体教学设备、智能手机、录音设备。 软件：QQ、"幼禾云课堂"、"智慧课堂"、"蜻蜓"App、"网易公开课"App、可汗学院在线课堂等
信息化手段	1. 幼禾云课堂——数字化教学资源平台； 2. 美图秀秀——图片处理App； 3. QQ——与学生在线交流互动； 4. 可汗学院在线课堂——幼儿园资源共享； 5. "蜻蜓"App、"小喇叭"网络有声出版平台——学生课后拓展； 6. 音频、视频制作软件——录制微课

一、教学分析

（一）专业背景

应用英语（学前教育方向）专业是与众多幼儿园、早教机构合作，培养从事幼儿保教工作，德智体美全面发展的高素质劳动者和技能型人才

（二）学情分析

优势：二年级，30名学生（3名男生，27名女生），有模拟试教、实习、见习经验，语言表达能力强，思维活跃，乐观，自信。

劣势：1. 学习能力倦怠App测试，大多数学生对科学活动兴趣和探究欲望不强，对事物缺乏观察的习惯。2. 大数据信息资源丰富，学生们热衷于微课、慕课、动画等数字化平台上的教学资源，亲身体验探究过程匮乏。3. 学生中兼职幼儿家庭教师6人、微商7人、网络直播6人，学生QQ全天在线

（三）教学目标

知识目标：学习用正确的、科学的、幼儿能理解的、形象的语言讲解科学知识、科学现象。

能力目标：通过亲自种植绿植，培养学生对物体的观察能力，提高学生恰当地使用已学知识设计科学领域教学活动的能力。

情感目标：激发学生对科学活动兴趣和探究的欲望，养成观察的习惯，进一步培养学生的细心、爱心、耐心和责任心

（四）教材分析

《幼儿园教育活动设计与指导》 "十二五"职业教育国家规划立项教材 张琳　主编 高等教育出版社	《幼儿园教育活动设计与指导》是"十二五"职业教育国家规划立项教材，整合多门学科内容，是专科学前教育专业的职业技能课。该课程共三章：幼儿园教育活动设计概述、幼儿园五大领域教育活动设计以及组织幼儿园教育活动的技能。教学计划分配64学时，结合学情分析，把教材做了以下调整和处理，制定了《幼儿园教育活动设计与指导》实施性教学计划进度表

实施性教学计划进度表

教学内容	课时安排		实施情况
项目一　幼儿园教育活动设计概述（本学期课程教学大纲串讲、活动设计的基本要素、人格魅力树师威）	讲授2	4学时	已完成
	指导2		
项目二　幼儿园语言教育活动设计	讲授3	8学时	已完成
	指导5		
项目三　组织幼儿园教育活动的技能（基本技能及听课、评课、说课技能）	讲授3	8学时	已完成
	指导5		
项目四　幼儿园健康教育活动设计（听课、评课、说课、模拟试教、考评）	讲授3	8学时	已完成 下发项目八任务包
	指导5		
项目五　校外见习活动项目（幼儿园一日常规、五大领域优质课观摩、一日外出活动组织）	讲授4	16学时	已完成
	指导12		
项目六　幼儿园社会教育活动设计（听课、评课、说课、模拟试教、考评）	讲授3	8学时	已完成
	指导5		
项目七　幼儿园艺术教育活动设计（听课、评课、说课、模拟试教、考评）	讲授3	8学时	已完成
	指导5		
项目八　幼儿园科学教育活动设计（开放式结课：让教育真正发生、让生命真正成长）	讲授2	6学时	已完成 4学时
	指导4		
共64学时	教师讲授24学时 指导＋实践40学时		

注：根据学校开课实际期末考试列入计划学时，校外见习和教师指导课时合并

（五）教学重点、难点

1. 教学重点：参与种植活动，并从中品科学探究贵在用心得法，悟学前教育主题活动设计贵在唤醒。

2. 教学难点：以"绿植成长"（大、中、小班任选其一）为内容设计活动，并用正确的、科学的、幼儿能理解的、形象的语言片段模拟试教

（六）本课内容简介

本教学任务"让教育真正发生，让生命真正成长——幼儿园科学探究主题活动设计》，通过"绿植成长"教学设计活动，让学生领悟幼儿园的教育活动设计是有一定程序和规律的，可简化为一个公式

$$\boxed{目标+兴趣、需要和经验+环境和材料} = \boxed{活动}$$

续表

二、教学策略

（一）教学方法与手段

全程采用信息化手段，为学生创设情境，明确学习任务，重视理论与实践相结合，突出关键技能团队合作训练，全程教师主导，学生主体。基本框架如下所示。

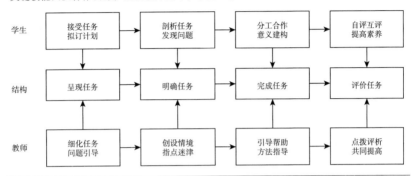

（二）学习环境选择与学习资源类型

1. 学习环境选择

（1）多媒体教室	（2）校园网	（3）互联网

2. 学习资源类型

（1）教学课件	（2）幼教云课堂	（3）可汗学院在线平台

3. 学习资源内容简要说明

（1）学习资源来源于教材《幼儿园教育活动设计与指导》和各种学前教育数字资源教学平台；

（2）"蜻蜓" App、"小喇叭"资源库；

（3）Moocs（慕课）、K12、职业技能、教育服务商、OCW（公开课、精品课程）等线上资源

4. 学习情境类型

（1）真实情境	（2）真实任务实施
（3）模拟情境	（4）任务驱动

三、教学过程

环节	时间	教学内容
课前准备	课前约四周发布	（一）课前准备 教师准备： 1. 了解在线学习平台，成立小组。 2. 培育绿植，在线分享其成长。 3. 发布资源包："幼教资源平台"和"幼教云课堂"及"可汗学院"在线视频；展示往届学生作品（绿植、绘本、教学瞬间等）。

三、教学过程

环节	时间	教学内容
课前准备	课前约四周发布	4. 下达自选种子种植绿植任务。 5. 评分及考核方式的制定。 学生准备： 1. 学委督促，组长带领学生先自学教材全部内容，有问题QQ在线提问交流。 2. 自主登录"幼教资源平台"、"幼教云课堂"及"可汗学院"在线平台，学习科学领域教学活动设计及教学视频，并结合教材，构思大、中、小班教学设计
课中教学	10分钟	（二）课堂教学 1. 明任务 教师活动： （1）发布任务。 1）找春天（在线提交精彩春芽、春花、春天小动物图片各一张）； 2）绘春天（自学歌、舞蹈《小篱笆》，创编绘本《小篱笆》）； 3）赞春天（自选培育种子，记录其成长）； 4）8000字左右个人成长报告及课件制作（有绘本、微课加分）。 （2）发布评分及考核标准。 （3）做任务分析。 学生活动： （1）小组讨论绿植栽培技术，记录要领，并在线分享； （2）讨论项目任务书，明确进度，合理规划时间，认真完成； （3）各组按照角色分配展开任务分解。
	30分钟	2. 学新知 教生交叉活动： 师：带学生赏析在线科学领域中班《小草的本领》园长示范课。 生：边看边生成简易教案或听课记录，各小组评课，谈收获和感悟。 师：总结分析，强调不同班级的教学设计一定要以指南及大纲为指导，并带领小组长为各小组评分。 生：各组长整理成绩，并带领组员继续完善本组教学设计，为模拟教学做准备。

三、教学过程		
环节	时间	教学内容
课中教学	10 分钟	**3. 做任务** 教师活动：围绕"目标＋兴趣、需要和经验＋环境和材料"→"活动"，解析种植绿植的教学设计思路。 **目标**：知识能力目标 **兴趣、需要和经验**：春日里学生从幼儿园见习结束后，对种植活动感兴趣，又恰逢科学领域教学设计，70%的同学来自农村，社会支持系统易于种植经验的直接获得，100%的同学有智能手机，利于网络搜集种植资料 **环境和材料**：春日、清明节假期，宿舍允许养绿植，学校离农贸市场很近，花盆、种子易于选购 **活动**：种植一种自己感兴趣的植物，并围绕科学探究领域设计系列活动（如生命教育、科学探究、幼儿园科学领域活动设计等） 强调：在活动中体会教育活动设计虽有较大的灵活性、变通性，但可灵活变通的只是设计的程序，而不是其中的要素。 学生活动： （1）小组讨论，对照修改自己的教学设计。 （2）实时记录评分表，关注每一位学生进展详情。 （3）各组互评，选出本组最优，通过多媒体全班展示，分享技巧。 （4）课后，找小朋友模拟试教，并请家长打分，也分享视频到平台
	10 分钟	**4. 评价反馈** 教师活动： 教师在线与幼儿园老师、家长、学前教育专家交流互动，对学生提交的作品进行评价，指出作品中存在的问题及解决方案。 学生活动： 根据幼儿园反馈的修改意见，学生进行针对性的修改，在新内容操练、创造输出过程等方面做出调整，最终达到幼儿园的要求
	30 分钟	**5. 拓展提高教师活动** 巧用"思维导图"引导学生绘制五大领域内容，开放式结课，渗透"让教育真正发生，让生命真正成长"理念。 学生活动： 带上绿植参与活动，写寄语，发感言，参与过程中更深刻体会到科学领域的趣味性、生动性和责任心，培养其成为幼儿教师的职业感。 布置作业： 1. 利用手机视频编辑功能，课下反复练习模拟教学技巧；

续表

三、教学过程		
环节	时间	教学内容
课中教学	30分钟	2. 登录"幼禾云课堂"实时分享科学探究育苗活动设计新进展。 课后拓展： 分享更多在线课堂资源，满足各层次学生不同的学习和发展需求，让教育真实发生，让生命真正成长 评价形式与工具： （1）教师评；（2）学生评；（3）幼儿园评；（4）大数据评

四、教学反思

（一）成效特色

1. 通过校企合作实施项目任务，实现课堂教学与工作实践无缝对接。
2. 利用网络平台使学生学会带着问题在线自主学习。
3. 将"亲自栽培绿植"实践与教学设计有效融合，提升教学效果。
4. 任务驱动教学，实现多维度、差异化、个性化学习，达到学以致用。
5. 多元评价，实现企业标准与教学标准有机结合，全方位有效监控教学效果。
6. "让手机服务课堂"成为习惯

（二）教学后记

1. 在日新月异的"互联网＋"信息时代，教师不再是知识的垄断者和发布者；学生也不应再是知识的容器。
2. 创混合式学习课堂，"做中学，先会后懂"，塑新时代大格局人才。
3. 让生命真正成长，让教育真正发生

　　从以上的师生参赛分享可以看出，参与式课堂教学组织模式实施后，教师和学生都有了很大的转变和提高，教师的教学热情被点燃，有了更多的创新能力，开始打造"金课"，有效地避免了职业倦怠感，而学生不再惧学、逃课，取而代之的是乐学、勤思、积极、向上。总之，师生的合作变得更加有针对性和系统性，很好地提高了工作实效。Alina 老师回忆说，教学的乐趣就在于师生的合拍共舞，共筑美好。作为一名职教学校的教师，教学任务和科研任务都很繁忙，再加上近几年的教师企业实践要求也很严格，职业学校的学生成绩差距极大，如果没有合理的教学安排和周密的教学计划很难驾驭职业课堂。

　　虽然目前鼓励教师成长为"双师型"教师，进得了课堂，实操也得跟上，但是面对社会日新月异的发展和变化，学生的学业情绪也千差万别，优秀的职业学校教师早已成长为"多师型"的多面手与积极学习的联通主义者，他们不只在教学内容设计上可以实现跨专业、跨年级，在理论和实践融合方面更是一把好手，教学环境不再局限于教室，而是线上、线下的相辅相成，混合式教学，学校与用人单位共同合作，近距离观摩、交流和体验学习。Alina 老师特别提到了辅助课堂的重要性，随着实践教学在整个教学计划中所占比例的不断增加，教师教授理论课的时间一再被压缩，但是社会日新月异的发展对学生的职业技能要求也越来越高，这就加大了教师课堂教授理论课的难度，为了更好地完成教学任务，很多教师会把部分理论知识搬进企业，甚至把课堂变成串讲重难点和答疑解惑的专场，学生们通过认真参与线上辅助课堂，对自身专业掌握情况有了明确的认知，然后会主动把大量时间用在掌握理论专业知识上，学习的主观能动性在不知不觉中被积极调动，良好的学习习惯逐步形成，为更好地进入企事业单位顶岗实习打下了坚实的理论基础。

二　高中起点普通三年高职院校参与式课堂教学组织案例及实践效果

近年来，随着科技日新月异地发展，大数据和人工智能在教育领域的应用也越来越广泛与深入，师生也由最初的新奇与不适应变成了接纳与离不开。高职院校教师在积极努力打造"金课"，淘汰"水课"，而参与式课堂教学组织的实施与采纳使之达到了事半功倍的效果，很好地提高了育人效果。

（一）高中起点普通三年高职院校参与式课堂教学组织案例

高职院校的育人目标为培养高素质技术技能型人才，要求"以职业作为逻辑起点，以工作过程为导向，按照工作任务的相关性进行课程设置，并以工作任务为中心选择和组织课程内容，实现理论知识和实践知识的整合"。为此，笔者以郑州信息科技职业学院优秀教师 Nancy（化名）任教的"大学生心理健康教育"为例，来探讨 Nancy 老师是如何有效实现理论课、实践课及跨年级同专业之间参与式课堂教学的有效组织。

1. 参与式课堂教学组织过程的设计

Nancy 老师简介：Nancy 老师是郑州信息科技职业学院一名普通心理健康教育老师，也是该校学生心理健康指导中心颇受师生爱戴和尊敬的心理咨询师，担任"大学生心理健康教育"课的同时兼做心理咨询与心理健康宣教工作，Nancy 老师连续 10 年担任该校"大学生心理健康教育"老师，有 8 年心理咨询经验，在其任教的班级里，学生的心理健康平均成绩连年在 85 分以上，且使心理困扰的学生人数由最初每个班的 3~6 人，减少到连续 6 年她任教的班级里没有学生出现受心理健康困扰的情况。学生喜欢心理健康课，虽是不同专业合班课，但学生出勤率特别高，因该校处在高校园区，因此吸引了很多外校学生到她的课堂旁听。工作至今，她多次被评为"优秀教师""师德先进个人"等，收获荣誉无数。笔者以访谈和课堂观察的方式，对她任教"大学生心理健康教育"课进行了一学年的跟踪（见表 6-8）。

表 6-8　Nancy 老师"大学生心理健康教育"课的基本情况

教学科目	大学生心理健康教育	教学班级	2017 级财会金融 1 班、多媒体技术 2 班、机械设计与自动化 1 班
班级人数	2017 级财会金融 1 班 56 人、多媒体技术 2 班 48 人、机械设计与自动化 1 班 46 人	教学日期	2018 年 10 月 16 日上午，2 节/班
实到人数	2017 级财会金融 1 班 56 人、多媒体技术 2 班 48 人、机械设计与自动化 1 班 46 人	教学性质	理论与实践相结合
缺课人数	无	教学效果	优秀

Nancy 老师基于参与式课堂教学来进行"大学生心理健康教育"的教学，在实施中主要分为先行课堂、核心课堂和辅助课堂三个阶段（见表 6-9）。

表 6-9　参与式课堂教学的进程安排

第一阶段	先行课堂	理论学习，6~8 节课；实践学习，建议学生从生活中的心理学开始，用学到的心理学知识来指导自己的生活，如大学生新生适应、人际交往、情绪管理及恋爱问题等
第二阶段	核心课堂	理论学习 45 分钟，教师要重点讲解，包括教材重点、难点讲解及网上视频资源有效学习指导等；技能实践练习 45 分钟，重点引导学生把学到的知识学以致用，同时对在使用中遇到的细节问题进行有效帮助和面对面指导

续表

第三阶段	辅助课堂	"理论＋技能实践"学习，课后剩余时间；这既是课堂教学的延伸，又是教学过程中的拓展环节，旨在培养学生学习兴趣和主动探究意识，养成积极乐观的性格，有利于其理性平和健康心态的形成

2. 实施参与式课堂教学组织的准备

（1）先行课堂

先行课堂的组织主要包括两个部分：大一新生课堂及大二学生课堂。

①新生先行课堂组织。大学一年级的先行课堂是由大学生心理健康教育指导中心开设的"大学生入学心理健康教育"，为8学时。教材选用的是学校大学生心理健康指导中心组编写的《新生心理健康知识手册》，手册内容紧扣大学生在成长过程中会遇到的自我认知、情绪、人际关系、人格成长、恋爱、择业等人生课题，为大学生提供心理健康方面指导的同时，希望大学生能更好地认识自己，预防和缓解心理问题，了解心理健康对成才的重要意义，树立心理健康的理念，增强心理调适能力和社会生活的适应能力，优化心理品质，从而在人生的道路上走得更好、更稳、更健康。在学工部、心理健康中心、学院共同把关下，挑选优秀的网络视频资源，结合本校的实际情况进行了演练和积极讨论，对学习的方式和效果进行了回访和进一步的跟踪指导，以充分保证大学生心理健康入学教育的质量和效果。

笔者了解到，这几年高职院校的生源发生了很大的变化，学生的年龄跨度大，生源复杂，如高考录取、"3＋2"对口升学、"五年一贯制"大专、单招、大学生退役复学人员等，学情的千差万别给各学院后期的学生管理工作带来了前所未有的挑战，学生的学习习惯不好，会出现迟到、早退、逃课的情况；生活习惯不好，会有部分学生叛逆、不服管教等；还有一些学生由于原生家庭的原因出现人际交往困难、性格过度内向甚至出现网瘾者等。针对这些现象，校方进行多方调研、研讨找到了最佳突破口，就是在新生入校之初，在学生对所在环境不熟悉、性格有所收敛时进行大学生心理健康教育，根据学生特点制订了合乎校情的课程计划，采用理论与实践相结合的方式，在网络上选取新形势下名家大师、教授的案例课程，尽量在深入浅出的同时，加入辅导员、班导师、专业教师的陪伴、引导和总结，在8学时结束后，学生普遍认为有所收获，精神风貌变化很大，这不但有利于后续的军训组织，培养大家的团队意识和合作精神，也有利于帮助新生尽快适应大学生活。

　　②大二学生先行课堂组织。近几年，伴随着信息技术、物联网、大数据发展，校企合作精细度也进一步加深，学生的学业情绪千差万别，且呈现出迅猛发展的态势，大二学生的心理健康教育也就被提升到前所未有的高度，因为对于高职学生来说，大二是学生学习和生活的转折点，面临着实习、升学、情感、毕业等一系列选择，如果处理不好很容易产生心理问题，如易急、情绪失控、焦虑、抑郁等，给自己的未来生活埋下隐患。

　　因此，高职二年级大学生心理健康课的先行课堂组织，多以合班专题讲座的形式进行，听课的学生人数基本维持在 120～200 人，班级为 3～6 个。讲座内容紧密结合"5·25"心理健康日、"11·25"心理健康周、毕业季大学生心理健康宣教等主题，紧贴学生在成长中遇到的心理问题，有针对性、有的放矢、分类指导，效果更为显著。Nancy 老师把先行课堂设置为三个步骤，首先到心理中心调研，从平时学生来咨询的详细情况统计出容易引起学生心理困扰的主要问题；其次到学生实习及工作的地方进行实地考察且不间断地定时回访，收集整理出学生实习及就业中比较容易遇到的心理问题；最后邀请兄弟院校及心理健康中心的老师座谈，整理出比较有针对性的几个专题，形成文字稿讲义，上报主管领导并获得教务部门审批，然后才定下方案并筛选老师来进行讲解。由于每次的主题都经过提前的调研和筛选，加上授课的均是在该领域比较有经验，集理论知识与实践经验于一体的教师，因此，课堂教学颇受学生的认可和称赞，授课效果的显著提升也减少了教师课堂管理的难度，有效避免了职业倦怠感的产生。比如，这几年比较受学生欢迎和企业赞同的讲座"大学生常见心理问题及调试""大学生的职业生涯规划""大学生青春期个人成长系列"等。

　　在笔者的请求下，Nancy 老师拿出了她在学生实习场地及企业工作的观察记录笔记和教师座谈交流收集意见及建议的心得感悟以及她自己的读书笔记，面对厚厚的笔记本，密密麻麻的记录和批注，Nancy 老师说，信息多媒体的普及，使学生获取知识的方式发生了很大的变化，教师的授课不再是学生获取知识的唯一途径，网上的视频资源很多，大二的高职学生大多数都有社会兼职，他们具有一定的社会阅历，视野比较开阔，如果教师不用心准备课程，只是在网上搜一些或者用别人讲过的案例，授课讲义没有与时俱进进行更新，学生的课堂出勤率就不会高，教学效果肯定不好。所以，现在大二的心理健康教师都非常有紧迫感，授课时除了专业基本功过硬外还得拥有人格魅力，只有这样才能抓住学生的心，吸引他们走进自己的课堂，而真正做到这些可不是一件容易的事情，不下一番功夫是绝对不行的。

（2）核心课堂

如果说高职院校参与式先行课堂组织是学校领导、管理者及教师等全员齐上阵的话，那么核心课堂则最考验授课教师的整体素质，不但需要教师专业基本功强，还需要教师具有高超的课堂驾驭能力，良好的沟通、协调、管理和组织能力，跨界思维与"双师型"甚至"多师型"专家型教师的博学多知能力。主要要求是"知己知彼，百战不殆"。教师在核心课堂授课前，必须对授课对象有整体的了解，单就新生来讲，需要了解的有先行课堂的入学教育学生掌握得怎样、有没有因家庭特殊原因（包括父母离异、留守儿童成长背景、领养家庭成长、父母长期不和、家庭经济条件特别困难等）有心理困扰的学生、是否有入学就曾患有心理疾病的学生等，这些都需要授课教师与各学院的书记及时进行沟通，以便全面了解学生的心理健康情况。这只是第一步，因高职院校的学生大多来自农村及边远的地区，对心理疾病认知尚浅，学生怕在以后学习生活中会被贴标签或者受到排斥，故在新生入学登记或新生入学教育课堂沟通交流分享时，刻意隐瞒，这就给日后的学生管理埋下了隐患，同时也不利于此类同学的心理成长。在如此情况下，心理授课教师就需要深入基层、教学一线与各专业学生的辅导员深度沟通进一步了解学生的情况，筛查危机，建立预防干预机制。近年来，高职院校多数会对新入校的学生进行大学生心理健康普测，但为保证普测质量，多数高职院校会在新生入学一个月过一段大学生活后组织，此时，学生的心理健康课早已开启，故授课教师必须事先有准备，深入一线仔细调研。

在核心课堂，教师对新生和老生的关注点有很大不同，如对一年级新生需要重点关注有生理缺陷及家庭特别贫困的学生，而二年级学生则重点关注是否有因心理疾病服药坚持上学或有家长陪读的学生等，以便进一步为这些学生特别建档，制定心理危机预案，为以后的持续跟踪指导及学生的心理健康成长保驾护航；与此同时，还要召开各学院心理委员座谈会，收集学生比较感兴趣的内容，或者学生遇到困扰比较多的问题，以便在后来的教学中有针对性地对学生进行有效指导。至此，教师授课内容才算基本确立，可以真正开启核心课堂第一节课的备课模式。以下是 Nancy 老师核心课堂的初步准备：初步检查学生自己成立的学习小组是否达标；进一步明确学习委员的职责；制定课堂参与式大学生心理健康学习制度；告知学生作业"Happy Sunflower 评估"，鼓励同学积极参与作业布置和批改环节；同时，针对一年级新生和二年级学生的不同情况，备课的关注点也有所不同。

①大学一年级心理健康教育课堂准备

一是充分利用网上多媒体资源。结合学生实际情况，精心制作《儿童的成长》、《青年人应该做的 33 件事情》和《爱护地球》三个唯美视频，视频内容涵盖了人成长的全过程，对学生具有启发和引导作用。此外，Nancy 老师为学生选择了网易公开课中清华大学公开课"大学生心理健康教育"模块（樊富珉教授的《大学生心理健康》共 18 集视频，每集 40 分钟左右），该课程教学内容的设置是基于樊富珉教授二十年对大学生心理健康研究的结果，教学方式不拘一格，体验式、互动式强，因为授课时间有限，Nancy 老师并不是完整地播放视频，而是把看视频的任务放在了先行课堂和辅助课堂，核心课堂则是让学生结合已观看的视频进行观后感分享，同时教师针对视频中的问题答疑解惑，在活泼多样的课堂学习形式中，逐步培养学生的自主学习能力。Nancy 老师分享，刚入校的新生可塑性非常强，要充分利用首因效应把学生吸引到课堂，为后续教学开好头，打牢基础。为此，她还准备了 20 张往届优秀学生的作业"大学生心理健康教育"听课思维导图、16 幅学生的九宫格个人成长心理绘画作品、6 本学生的个人成长心理绘本及 1 个"大学生个人成长"团体辅导方案。

二是充分利用网上教学平台。通知上课各班学习委员，提前帮老师检查多媒体设备，帮助老师落实检查学生上课前的三项任务准备是否到位：第一项，通知学生自己准备 A3 纸 8 张（课本内容共 12 章，两周一次课，每次用一张 A3 纸，共 8 张），A4 纸张 16 张，油画棒 12 色或 24 色 1 盒，2B 铅笔 1 支，绘图橡皮 1 块；第二项，按班级分组，每组 6～8 人，座位必须按双数坐，温馨提醒学生尽量穿着舒适衣服参加；第三项，保密意识教育，告诉学生课堂上大家的绘画作品及案例分享仅供上课时研讨学习，严禁在朋友圈及网上传播。重点培养学生的隐私保护意识，以防止学生在无意识情况下给他人学习及生活带来不必要的麻烦甚至伤害。

三是充分准备各项课堂教具。教师着装得体，落落大方，提前 10 分钟进入教室，再次检查多媒体设备，检查课件、视频是否可以正常播放，最后确认学生的课前准备是否充分。

②大学二年级心理健康教育课堂准备

一是根据先行课堂教师的调研，精心准备"大学生心理健康教育"专题讲座系列课件。Nancy 老师考虑到二年级学生虽有一定心理学基础和大学生活经历，但心理健康知识的具体应用还需要在实践操作层面进一步加强，因此她把这学期学生的专题讲座重新进行编排，命名为"大学生个人成长系列"，共 16 学时，分 8 次课讲完，每次课堂教学理论课和实践课各占 1 学时，保证理论实践以 1：1 比例进行。此课程详细安排要在第一次上课时就以"课程计划进度表"的形式告知学生们。

心理健康实践课的学习形式多样且有趣，如本学期，Nancy 老师在先行课堂调研中，针对学生在择业及恋爱中遇到的心理困扰，进行了一系列特殊准备，内容包罗万象，如双语版《颂》、小视频《你值得拥有》、《心理咨询室模拟咨询》片段、趣味心理实验、精彩心理图片、沙盘分析成长对比图、个人心理绘画成长，除此之外，还有大量自编自导的心理剧《贵在坚持》《你生气的样子》《心爱的东西》《运气好到爆》《我选我》《爱情来啦》等。

二是延续使用网上教学平台，通知上课各班学习委员，提前帮老师检查多媒体设备，帮助老师落实检查学生上课前的四项任务准备是否到位：第一项，通知学生自己准备 A3 纸 8 张（课本内容共 12 章，两周一次课，每次用一张 A3 纸，共 8 张），A4 纸张 16 张，油画棒 12 色或 24 色一盒，2B 铅笔 1 支，绘图橡皮 1 块，个别学生需要准备角色扮演道具（详细见学习委员在群里最新通知）；第二项，按班级分组，每组 6～8

人，温馨提醒同学们尽量穿着舒适衣服、画淡妆参加，座位必须按双数坐，并且做好根据课堂授课模式随时变动座位的心理准备；第三项，保密意识教育，告诉学生课堂上大家的绘画作品及案例分享严禁在朋友圈及网上传播，仅供上课研讨学习，重点培养学生的隐私保护意识，以防止学生的无意识行为给他人学习及生活带来不必要的麻烦甚至伤害；第四项，检查学生是否学以致用按时完成教师上次布置的作业，重点是辅助课堂的作业。

三是教师着装得体，落落大方，提前 5 分钟进入教室，再次检查多媒体设备，检查课件、视频是否可以正常播放，最后确认学生的课前准备是否充分。

（3）辅助课堂

在与 Nancy 老师的交流中得知，高职大学生的心理健康课堂，辅助课堂在学生的成长中占有十分重要的地位，大量的心理健康知识实践环节需要学生通过课后辅助课堂来完成。在这个环节中，教师主要是引导，学生才是真正的主体，教师在此贡献的是思路和方向，学生是真正的参与者和践行者，离开核心课堂的学生，在辅助课堂中成了真正的主角，在老师搭建的舞台上尽情地舞动，如天天陪伴的"心理协会"、时时相守的"线上心理青春俱乐部"、"心理健康个人成长团体辅导"（每周六上午 9：00~11：00）、"团体沙盘体验课堂"（每周六下午 14：30~16：30）、心理素质拓展训练（根据学生需要不定期举行）、"心理阅读俱乐部"（每天晚上 19：30~20：30）、"心理剧场"（每天下午 16：30~17：30）、"心理沙龙"（每周日下午 14：30~16：30）和每天 10 分钟的"心语心愿"心理减压午间校园广播等。

辅助课堂的准备不存在分年级的问题，Nancy 老师分享到，新生在还未进校门时就已经被高年级学生积极关注，学长们会在专业教师的指导下，更新心理辅助课堂的内容，吸引新同学的关注和加入。二年级学生在辅助课堂中扮演双重角色，既是教师的助手也是新生学习的陪伴者和引路人；同时，他们还会以学生助理、勤工助学岗等多种形式替老师监管网络学习平台。Nancy 老师表示，特别是单招录取的大一新生，非常的活跃，在正式报到前都已经在平台上和学长交流分享，是网站公众号的常客，经常分享学习的心得体会，以及对大学心理健康教育课的期待等，这对心理健康知识的传播和教育起到了很好的间接宣教作用。因为网络交流不受时间和空间的限制，学习内容更新迅速，如果单靠心理健康中心及心理健康指导老师是远远不够的。因此，大量的前期准备、内容更新工作多由任课教师来做，而具体的运作、维护工作，通常联合学校信息技术中心，找专门的老师来协助。

3. 参与式课堂教学组织的环境创设

（1）先行课堂

高职学生先行课堂的环境主要包括教室、校园及校企合作单位三个地方。教室要干净、整洁，有多媒体，话筒 2～3 个，若是合班课堂，最好选择信息化多媒体阶梯教室，如果有智慧教室更好，这样能给学生创造良好的学习环境；在互联网背景下，科技在日新月异地发展，考虑到未来学生会面对技术导向、迅速变化的职业环境，校园氛围也要与时俱进，整体宣教氛围文明、和谐、积极、活泼，多用橱窗、校园广播、微信、微博等网上多媒体平台给学生创设良好的育人环境，烘托出力争上游、你追我赶、努力奋进奔未来的学习氛围，有利于学生创造力的培养和创新能力的开发；合作企业积极发布最新的大学生就业资讯，并结合实际情况及时向学校反馈交流，相应的宣传标语内容要出彩常新，有利于学生职业荣誉感的养成；同时对优秀实习生及员工加大表扬力度，发挥榜样的引领示范作用，建立好企业的组织文化，便于学生在实践环节增加对企业的认同感，增加对未来事业的强烈使命感和荣誉感，无形中强化了行为标准，给未来就业打下坚实的基础。

（2）核心课堂

高职学生的核心课堂环境主要指的是教师给学生面授课程的教室环境。教室环境的创设没有统一的要求，但干净、整洁、舒适依然是最基本的考虑，桌椅的摆放由教学内容和授课班级的类型来确定。例如，如果是不同专业的合班课，教室的桌椅多是固定不可以变化的，而一般教室的桌椅则可以根据具体的授课形式灵活摆放。若恰好教师授课遇到桌椅不可调整的情况，也并不影响教师教学组织形式的变化，因为学生是动态的，可以根据老师的上课要求灵活变动。如可以模拟咨询室里学生咨询的场景或心理辩论赛的场景等。不过，根据笔者调研，目前使用最多的是就近前后左右分组讨论。总之，教师要视具体情况而定，主导好课堂，强调学习纪律的重要性，提醒学生坚持保密原则，如课堂的案例只允许在课堂内部学习交流使用，不可以未经本人允许使用他人作品或偷拍他人、拍视频或录音发朋友圈等，反复向学生重申充分尊重自己和他人隐私的必要性、重要性，给学生营造安全且真实感浓郁的心理学习氛围，让他们切实感受到环境育人的美好，让学生在不知不觉中茁壮成长，常用心理知识指导生活而不自知，真正做到全方位育人。

（3）辅助课堂

高职学生的辅助课堂环境所包括的内容比较广泛，它是先行课堂、核心课堂的延伸，既包括现实也包括虚拟。近几年，随着"互联网+"的推进，现实和虚拟的结合尤为紧密，甚至可以打破传统的时间和学科限制，把育人的环境推到了前所未有的更高、更远、更广阔的平台。因此辅助课堂主要分为以下五种。

①常规宣传模式。高职学生，无论是大一新生还是大二学生，业余时间做兼职的人比较多，网络是学生课后主要徜徉徘徊的场所，所以大学生心理健康课的宣教活动，要充分利用校园电台、校园海报、校园报纸、"5·25"大学生心理健康宣传日及"11·25"大学生心理健康宣传周等线上线下各种媒介对该课程的学习形式及学习成果做好宣传和报道。

②开发网络资源。要积极探索开发网上学习资源，如慕课、微课以及公开课等，给学生筛选出适合他们课后拓展学习的新资源。

③创新探索新途径。要勇于接纳新事务，探索新途径，如利用兴起的微视、抖音、直播平台等，给学生提供更广阔的才艺施展平台。

④发挥社团作用。要充分发挥大学生心理健康中心及心理活动社团或心理协会的作用，在积极举办大学生心理情景剧大赛、大学生心理健康知识竞赛等活动的同时，结合心理健康中心的安排做好知识普及、宣传等工作。

⑤做好团队建设。组建以各学院的班级心理委员、宿管人员、辅导员、学院心理健康指导教师及心理健康中心工作人员为主的心理健康团队，做好以朋辈指导、大学生心理危机干预识别及处理为主题的相关培训，减轻咨询师的工作压力，减弱教师的职业倦怠感。同时，要加大心理健康宣教工作力度，充分发挥高职学生的主观能动性及优秀班级干部、院团学生干部的引领、榜样示范作用，对在心理健康宣教工作中表现突

出的部门和个人要做好评优表先的表彰工作，给学校营造良好的育人
环境。

4. 参与式课堂教学组织的具体实施

（1）先行课堂

（整理自 Nancy 老师部分口述）

新学期，我带的是 2017 级财会金融 1 班（56 人）、2017 级多媒
体技术班 2 班（48 人）、机械设计与自动化 2 班（46 人）三个班级
合班上课的大课班，共 150 人。受学校实际情况限制，在工作中我
既是一名心理咨询师也是一名心理健康教育教师，同时还是学校心
理健康教育负责人，节假日闲暇时间还会在社会兼职做义工，时不
时深入社区做居民心理健康主题辅导。从今年开始，"千禧一代"
小萌新进入大学，为了迎接他们，我们重新调整了大学生心理健康
教育的教材，更换成与时俱进的立体化教材，新增加了很多心理健
康拓展知识，学生可以通过用手机扫二维码即时观看，大大减少了
教师的工作量。同时，为了在学生一入学就更好地宣传普及心理健
康知识，还编写了《大学生心理健康知识手册》，内容包括大学生
在成长过程中都会遇到的自我认知、情绪、人际关系、人格成长、
恋爱、择业等人生课题，为学生提供心理健康方面的指导，希望能
通过它让大学生更好地认识自己，预防和缓解心理问题，了解心理
健康对成才的重要意义，树立心理健康的理念，增强心理调适能力
和社会生活的适应能力，优化心理品质，从而在人生的道路上走得
更好、更稳、更健康。

"心理健康入学教育是和新生军训同时进行的，这样更有利于学
生度过新生适应期，更快地融入大学生活。教务管理部门课表下发
后，我第一时间联系了各学院，建立任课班级的学委群，确保线上、
线下及时掌握任教班级情况，以便及时通知到学生。这样，军训一
结束，新生就会通过智慧校园平台收到授课教师发的先行课堂准备
短信，有关于课程所使用材料的准备［如准备 A3 纸 8 张（课本内
容共 12 章，两周一次课，每次用一张 A3 纸，共 8 张），A4 纸张 16
张，油画棒 12 色或 24 色 1 盒，2B 铅笔 1 支，绘图橡皮 1 块］；以及

对授课环境布置的要求（高职学生按班级分组，每组6~8人，学生座位必须按双数坐）；也有诸如温馨提醒学生尽量穿着舒适衣服参加、保密意识教育等，这些都由授课教师指导各班学习委员负责检查落实。

"各学院的'新生心理健康入学教育总结'完成后，我针对不同学院新生进行调研，掌握他们在心理健康入学教育时的学习内容，深入了解学生的基本心理健康状况以及对心理健康课的期待。考虑到任教的三个合班来自不同的学院，为了更加具体明了，我制定了一个名为'不同专业心理健康入学教育主要学习内容'的表格（见表6-10），清楚地记录了来自三个不同专业学生的心理学内容，其详细内容如下所述。"

表6-10   不同专业心理健康入学教育主要学习内容

学院	班级	心理健康入学教育主要学习内容
财会金融学院	2017级财会金融1班（56人）	1. 理论部分：观看清华大学樊富珉老师心理健康教育视频"心理健康知识知多少（一）、（二）"。在心理健康指导教师的带领下学习《大学生心理健康知识手册》，目前学生对心理健康基础知识已有初步了解，知道遇到心理困扰时的应对办法及学校心理健康指导中心预约方式及地址。 2. 实践部分：学院结合军训，对学生进行6个学时心理素质拓展训练，辅导员、教官及心理健康教育指导教师联袂讲解挫折、压力应对办法，使学生进一步明白大学生心理发展轨迹，在实践中培养大学新生的减压及适应能力。 3. 主题班会：分享"大学，我们的新·心·信生活"，围绕"新""心""信"与"生活"进行"头脑风暴"，便于辅导员对班级学生的性格类型、人际交往、认知行为、择业心理等都有新的了解。总的来说，班级成员心理健康水平较高，对大学的学习、生活、青春期的人际交往、大学生恋爱、社会适应等方面有较好的认知
信息工程学院	2017级多媒体技术2班（48人）	1. 理论部分：与时俱进，结合实际，体现学院特色，打造"云芯"品牌，在校实训楼，开展新生心理健康教育活动，近一千名新生参加，采用在线直播和平台弹幕交流方式，使理论学习分线上和线下两个阶段。线上部分，学院领导、学院心理健康指导教师及班级辅导员集体参与，组织大一新生集体观看清华大学樊富珉老师心理健康教育视频"心理健康知识知多少（一）、（二）"，并现场开启弹幕评论模式，加入实时在线互动。积极引导新生大胆发言，重视学生乐观、向上的积极心态的培养。线下部分，要求各班在学院心理健康指导教师、班级辅导员及班级心理委员带领下集体学习《大学生心理健康知识手册》，并围绕学习内容进行现场分享交流。

学院	班级	心理健康入学教育主要学习内容
信息工程学院	2017 级多媒体技术2 班（48 人）	2. 实践部分：学院结合该专业长期网上学习的实际，利用军训期间，在学生比较亢奋的情况下，进行 8 学时的心理放松训练，辅导员、教官及心理健康教育指导教师联袂为学生讲解放松训练的知识、作用、操作的方法及注意事项，使学生进一步明白放松的重要性，掌握常用放松技巧，培养新生适应能力，有利于个人更好地成长。 3. 主题班会：召开"我理想的大学生生活"主题班会，班会主题是学生自己定的，大家积极踊跃发言，围绕"大学新生生活中学习的重要性""好奇心是进步的动力""职业生涯规划应该趁早"等大家普遍关心的问题和现场辅导员、心理健康指导教师及学院领导进行了面对面的交流与思想碰撞。该专业学生入学基础较好，学生渴望了解就业心理、"专升本"发展咨询等
机电学院	2017 级机械设计与自动化2 班（46 人）	1. 理论部分：第一步，观看清华大学樊富珉老师心理健康教育视频"心理健康知识知多少（一）、（二）"。第二步，在心理健康指导教师带领下学习《大学生心理健康知识手册》，目前学生对心理健康基础知识已有初步了解，知道遇到心理困扰时的应对办法及学校心理健康指导中心的预约方式及地址。第三步，写学习心得体会，分享交流。 2. 实践部分：学院结合军训，对学生进行 6 学时的心理素质拓展训练，在实践中辅导员、教官及心理健康教育指导教师联袂给学生讲解了人际交往的理论知识及重要性，有利于学生很快融入新集体，更快地适应大学的学习生活。 3. 该专业主要进行了三次主题班会，由于时间比较紧张，每次活动基本都在 1.5 小时，主题为"向往的大学新生活""论人际交往的重要性""女孩，我对你说"。后一个主题听起来，天马行空，原来是该专业全校只有一名女生，而该班其他人全是男生！辅导员通过宿舍座谈、同学谈心谈话，在充分了解学生心理动态的基础上，征求大家意见定下了以上三个主题，旨在通过班会进一步普及心理常识，积极营造阳光心态，快乐成长

　　大学生心理健康入学教育活动作为课程的先行课堂有以下几方面优势：一是促使学生逐渐学会处理和改善人际关系，为进一步融入校园，开启美好的大学生活做好铺垫工作；二是督促学院书记积极参与到新生心理健康入学教育中，激发学校对大学生心理健康教育的积极关注与努力，各个学院积极创新教学内容和形式，百花齐放，精彩纷呈，真正做到了心理育人。下面是笔者从 Nancy 老师那里了解到的几个学院参与式先行课堂心理健康教育组织情况。

　　在先行课堂上，学生通过学习《大学生入学心理健康教育》及观摩优秀心理专家的心理健康知识讲座视频，对大学生的心理咨询及心理危机干预都不再陌生，增加个人独立面对新生活的能力和勇气，有利于个人的身心健康成长。"千里之行，始于脚下"，这为以后大学生核心课堂的学习打下了良好的基础。

（2）核心课堂

20世纪90年代，"千禧一代"的大学生是在互联网的陪伴下成长的，也被称为"互联网的原住民"。《网宿·中国互联网发展报告》中显示，2018年，全国互联网普及率达57.7%，相比2017年增长4个百分点，其中，八成以上省份的互联网普及率超过50%。与此同时，截至2018年12月，全国互联网独立IP数超过2.6亿个，同比增长8%。另据北京欧立信调研报告，"千禧一代"中，互联网及手机的普及率分别高达93%和85%。在高旋律、快节奏、超密度信息更新的互联网影响下，"千禧一代"具备个性独立、乐于探索、勇于担当等新时代的特质。

"互联网+"即"互联网化"，强调行为的数据化，数据的连接化、共享化、要素化，重视通过连接产生的反馈、互动以及最终出现大量"化学反应式"的创新和融合。[①] "互联网+"时代，代表一种新经济形态的形成，使传统的各个领域及产业更深度地被互联网创新成果融合和改造，给高职大学生心理健康教育的课堂教学带来了机遇和挑战。新媒体时代，"高职学生的生源状况""高职学生心理健康教育现状""心理健康课面临的问题"都较以前有很大的变化，这就要求我们在面对此类学生时，必须根据学生的特点，采用恰当的方法，找到行之有效的实施途径，以确保我们的教育能达到良好的效果。面对从小就接触互联网的"千禧一代"，高职心理健康教育教师如何提高教学实效，培养出符合新时代要求身心健康的人才，是目前广受关注的一个重大课题。多方考证后得出，我们必须在学生的入学教育上下功夫，在参与式的先行课堂上动脑筋。Nancy老师通过几年的实践总结，绘制出新时代背景下，"信息时代'互联网+'时代高职院校学生心理健康教育现状调查表"，详情见表6-11，该表在信息时代背景下，根据高职院校学生心理健康教育中"高职学生的生源状况""高职学生心理健康教育现状""心理健康课

---

① 关代弟：《"互联网+"背景下职业教育产教融合人才培养改革研究》，硕士学位论文，华中师范大学，2018。

面临的问题"遇到的主要问题，从学生的特点、采用恰当的方法及行之有效的实施途径方面进行了梳理。

表 6 - 11 信息时代"互联网＋"时代高职院校学生心理健康教育现状调查

类别	主要特点	应对方法	实施途径
高职学生生源现状	1. 生源以单招、对口、普招为主； 2. 单招生源学习成绩普遍不高，对口生源学生理论较为薄弱； 3. 普招生学习主观能动性需要进一步培养，基础知识具有断层现象； 4. 学生学业、情绪千差万别，心理健康水平和学习能力参差不齐	1. 因材施教，分层教育； 2. 采用线上、线下多种学习模式，便于学生灵活掌握学习时间和方式； 3. 学以致用，充分结合职业院校学生特点，让学生体验到学习的成就感； 4. 家园共建，充分利用互联网平台，为学生身心的健康发展保驾护航	先行课堂： 充分发挥先行课堂的优势，对新入校的大学生进行入学心理健康教育，重点注意以下三项： 1. 思想引领方面：将责任、权利和义务明确分工，充分调动一切可以利用的资源，做到任务布置有条理，环节落实有监督，结果呈现有评比。 2. 具体开展方面：充分利用信息时代，"互联网＋"心理健康教育的特点，结合不同专业学生的基础、专业特色和学院特色，因时、因地制宜地开展不同形式的心理健康知识宣教活动。 3. 通过发放手册、宣传海报、专家讲座、心理电影及现场心理知识竞猜、实时视频互动等丰富多彩的宣教形式，努力拓展心理健康线上线下宣教新平台，让心理教育走近学生
高职学生心理健康教育现状	1. 政策好，落实难； 2. 课时不够； 3. 教学形式多样，但效果不理想	1. 积极和学校领导班子进行沟通，争取在管理高层引起重视，获得支持； 2. 上传下达，积极和学校相关部门沟通，必要时要整理一些文字及相关图片等直观资料，便于对方理解； 3. 与时俱进地学习，积极和同行交流，学习优秀者的先进管理经验和思想，不断培养职业幸福感	核心课堂： 1. 建章立制，提高工作效率。吃透弄准国家政策，与主管领导及其他部门积极沟通，保证工作在实施过程中无后顾之忧。 2. 工作中重视原始资料的收集和整理，用事实说话，提高解决问题的针对性；工作不盲目跟风，重视务实创新。 3. 开创进取，遵循"走出去，请进来"的原则，重视师资建设，为学生的心理健康引路护航
心理健康课面临的问题	1. 课堂教学组织与管理困难；	1. 积极和学生所在学院的管理者进行沟通，结合学生的专业特点，便于达到事半功倍的效果；	辅助课堂： 1. 做好心理工作者评优表先工作，提高工作实效；

续表

类别	主要特点	应对方法	实施途径
心理健康课面临的问题	2. 教学形式多样，缺乏有效监控； 3. 学生积极性不高，教师容易产生职业倦怠感	2. 充分发挥学生干部在学生成长与管理中的主观能动性，可以充分发挥线上线下的多种有效监控形式； 3. 开展丰富多彩的活动，积极参加各种竞赛活动，以赛促教，开阔师生视野，不断培养学生的学习主动性和教师的开拓创新能力	2. 指导心理健康教师、心理委员及心理协会工作，定期举办丰富多彩的活动提高工作积极性； 3. 结合时代特点、学生专业特点、学校实际及上级文件精神不定期举办各类大型心理活动，以拓展师生视野，形成积极向上的心理健康育人氛围

伴随着信息技术的突飞猛进，大数据、人工智能不断推陈出新，使职业院校学生的生活开始趋于高频率、快节奏和超密度化，这就迫使大学生心理健康教育必须结合时代特点与时俱进，形式内容都要不断改革创新以提高课堂教学效果。为了进一步做好先行课堂的有效组织，授课教师从当前生源情况、心理健康教育的教学及心理健康课教师面临的问题三个方面进行探索，以便更好地了解"互联网＋"时代高职院校学生心理健康教育现状。

①生源情况

"互联网＋"时代，随着国家对职业教育关注度的增强和重视，高职教育迅猛发展，致使其生源变得更加多元化和复杂化。目前，高职学生生源以单招、对口、普招为主；不同类型的生源其学业成绩差异程度显著，如单招生源中学生成绩普遍不高，对口生源中学生理论课基础比较薄弱，而普招生源中学生主观学习能动性需要进一步培养，基础知识具有断层现象；学生学业、情绪千差万别，心理健康水平和学习能力参差不齐。[①] 个别学生入学前就已患不同程度的心理问题，尤其是那些成长中被忽视或曾患有躯体生理疾病的学生，心理不健康者人数众多，严重者还会有因心理异常而不得不暂时休学的情况发生。针对"大学生心理健康教育"这门公共必修课，大多数高职学生学习态度及认知水平保留在不挂科的浅显层，教师想让学生甘愿进教室听课很不易，想使课堂

---

① 吴旻瑜、刘欢、任友群：《"互联网＋"校园：高校智慧校园建设的新阶段》，《远程教育杂志》2015 年第 4 期，第 8～13 页。

充满时代感的活泼以增强其独特的吸引力更难，教学改革举步维艰。

②心理健康教育的教学

"互联网＋"时代，大学生心理健康教育被国家高度重视，受到社会广泛关注。2016 年 12 月，国家卫生计生委、中宣部等 22 部门联合印发《关于加强心理健康服务的指导意见》（国卫疾控发〔2016〕77 号）。2018 年 7 月，中共教育部党组《高等学校学生心理健康教育指导纲要》的印发，使各地高校对大学生心理健康教育的改革如火如荼，很多高职院校开设大学生心理健康教育必修课，并占有相应学时和学分。但"以服务为宗旨，以就业为导向"的高职院校，要想把党的职业教育办学方针真正落到实处，解决好育人学校与用人单位脱节问题，培养出有别于普通教育、职业教育特点鲜明、身心健康的高技能适应型人才，就必须对现有的心理健康教学组织进行大胆改革和创新，以便紧跟时代步伐。高职院校中，一些大学生心理健康教育课被边缘化，教学组织形式多以合班课、讲座和课后自学网上课程资源为主，严重时会被当作选修课，究其原因多是为专业课学习让道，其结果就是心理健康教师授课学时捉襟见肘，课堂教学目标不得不止步在应试教育上，教学任务的完成需要学生课后主动完成线上立体化教学资源来填充，多以考前突击或刷视频修学分为主，把学以致用的根本目的抛诸脑后，间接影响着学生学习目标的定位，使心理健康理论学习近乎流于形式，实践应用的有效监督相对欠缺。①

③心理健康课老师面临的问题

"互联网＋"时代科技日新月异，无障碍传播的新媒体使学生很容易沉溺于网络虚拟世界而无暇顾及其他，此种现象在心理健康教育课合班课上表现尤为突出，带教材进教室的学生寥寥无几，手机、耳机却是标配，严重影响教师授课效果，甚至导致教师产生职业倦怠感。要想改变此现状，完成有效教学，使学生真正受益，就必须加强心理健康教育的针对性和有效性，除提高学生对心理健康重要性的认知，用学以致用的外部评价代替达标及格分的内部评价外，还需要建立一整套符合当下

---

① 张滕丽：《"互联网＋"时代高职心理健康教学中教师人格魅力的作用研究》，《河南广播电视大学学报》2019 年第 2 期，第 100～101 页。

高职院校心理健康教育的模式，以培养身心健康的技能型新时代人才。当下，围绕此目标其核心任务聚焦在心理健康课的有效教学上，而在"互联网＋"校园和教育信息化时代，如何使之有效融合发挥最佳作用，已成为当下高职大学生心理健康教师亟待解决的课堂教学改革难题。①

针对高职院校学生心理健康教育现状，Nancy 老师对三个班级合班课的核心课堂做了重大调整，授课内容也为新生和老生做出不同的安排，新生侧重于培养学习兴趣、学习习惯及面对心理问题时解决问题的能力，要结合教材来认真系统地讲解；老生要结合学生的专业特点及已经掌握的心理健康知识程度来进行组合，以专题讲座的形式进行，把学习的主动权交回到学生手中，教师的教学重点放在学生学习思想的引领上，多在面对面交流的课堂上帮助学生答疑解惑，重点培养学生乐于助人的品质、奉献精神及学以致用的能力。

下面是"高职一年级新生合班课案例访谈"时，Nancy 老师分享的部分教学摘录：

期待已久的核心课堂就要开始了，激动的我一夜无眠，一直在构思课堂与学生面对面的情景。今天我第一节课将要面对的是来自 2017 级财会金融学院的会计专业、信息工程学院的多媒体技术专业、机电学院的机械设计与自动化专业三个不同专业的 150 名大一新生，尽管早期的先行课堂我已做充分调研和准备，对学生心理健康知识的掌握现状已经有了初步的了解，但是在课堂上我依然不敢放松，丝毫不敢马虎。破冰行动中通过经典的"击鼓传花""猜猜我是谁"的接力游戏，力争多角度、全方位了解学生，以便在实际场景中再次验证各学院心理健康指导教师反馈学生信息的真实度，以对前期调研有更清晰的梳理和系统掌握。事实证明，"千禧一代"的 2017 级新生朝气阳光，对心理健康知识学习热情非常高。本来教学设计中是想教学生学习如何应对类似大学生新生想家入睡困难、害怕公共场合发言、同学之间交往敏感等诸如新生适应不良的简单

---

① 张滕丽：《"互联网＋"时代高职心理健康教学中教师人格魅力的作用研究》，《河南广播电视大学学报》2019 年第 2 期，第 100～101 页。

心理知识。但让我惊喜的是，新生在通过多媒体观看往届学生录制的视频时，大多觉得这些学长的演绎过于单纯幼稚，观看起来不过瘾，也不真实，如果让他们自己来表演就会好很多。还有几名男同学自告奋勇强烈要求表演，教室里顿时开始沸腾起来。于是，我趁机关掉多媒体，让学生自由结合分组表演，令我惊讶的是这波"小萌新"竟然现场迅速准备好了道具，表演起来更加惟妙惟肖，教室顿时成了欢乐的海洋……现场还原的真实场景非常有利于学生准确掌握心理学基础理论知识，特别是参加表演的学生印象就更加深刻，在遇到实际问题时也更容易共情。有了前面的实践铺垫，在后面的理论讲解时，学生们个个聚精会神，目光专注，我趁机抛出心理健康教育的目标，告诉大家不同专业学生将来的成长路上可能会遇到形形色色的人、事及物，心理健康知识可以帮助他们保驾护航，为他们开启另一扇心灵之窗，告诉学生步入社会后思考问题的角度与停留在大学生校园里处理问题的角度是有很大变化的，告诉他们所谓的"成长"应该是什么样子，可令我更加没有想到的是一提到"成长的样子"，学生都迫不及待地高高举起了手期待现场就和他人分享，由于要求发言的人数众多，我在重新评估上课的剩余时间后，决定让愿意分享的学生逐个起立三句话告诉大家自己理解的所谓"成长的样子"，结果因学生情绪过于高涨，我不得不多次重复提醒大家把握好发言时间，造成了上课时间的浪费，到了大课间休息时候还有 10 名学生没有轮到发言。此时，教室里又沸腾一片，全体同学一致要求可以继续上课，我颇为感动的同时又甚是意外，真没有想到，"千禧一代"的学生是如此的善于沟通与交流，于是我趁热打铁，对学生积极求知的行为提出了明确的表扬，并告诉学生在老师的眼里每一名学生都是非常重要又特别的，亲切的分享、表演及模仿，增加了学生的体验感，有利于大家学会换位思考，提高现实中的执行力，同时体验与他人分享的快乐与满足。希望学生珍惜每一次上课的机会，珍惜宝贵的师生情谊，并借此机会引出大学生与任课教师和谐相处的重要性，也引导他们积极思考，如何在紧张的职业院校学习，如何与未来的"师傅们"高效地合作，使授课教师在有限的课堂既照顾到每一名学生又能按时完成教学内容，以使学生掌握更多的知识和本领。最后，给出 3 分钟的时间供大家讨论，组建了班级群，让大家实名制进群，把自己好的建议分享出来。没想到效果出奇的好，学生妙语连珠，很快大家就一致得出"传帮带"的结论，我趁机加以指导，进一步明确了合作交流学习应该遵守的规则及技巧，同时，通过 PPT 向学生展示以后心理健康教育课堂"学习任务 Happy Sunflower 教学成果评价"（详见表 6 - 12），并征求"千禧一代"学生的意见和建议，顺利建立了学生作业的正确考评机制，为学生的学习指明了前进的方向。接近下课时，我用两分钟时间和学生一起讨论本节课学生的课外作业，最后达成一致意见，作业很是诗意地定为"我与心理健康课的第一次约会"的 800 字小论文，并约好在下节课抽签分享，学生都信心满满；我要离开教室时，同学们还表现出对本次心理课堂恋恋不舍的样子。我暗自揣摩，课堂教学进行得如此顺利，也许他们对我的心理健康教育学习模式及教学风格早就从学长那里有了解了吧。因为，教学反思时，我发现新同学对我的学习任务"Happy Sunflower 教学成果评价"并没有表现出我预期的吃惊。

表 6 - 12　学习任务 Happy Sunflower 教学成果评价

评价项目	评价内容及 Sunflower 分配 （6 棵向日葵者及格，8 棵向日葵者优秀）		学习任务完成奖励
纸质面 改作业	第一阶段	连续 2 周按时交作业，字迹工整、书面整洁、作业无错	5 棵向日葵 + 笑脸
	第二阶段	第一阶段要求连续保持 1 个月	5 棵向日葵 + 笑脸 + 温馨话语
	第三阶段	第一阶段要求连续保持 1 学期	8 棵向日葵 + 期末大礼包
实践作业 （课内/课外）	1. 课前准备充分，课堂抢答，思维敏捷，发言踊跃（3 棵向日葵）； 2. 学习气氛友好、融洽任务，分配兼顾到每一个成员（3 棵向日葵）； 3. 模拟教学阶段，表现进步者（教师掌握的 2 棵奖励星）（2 棵向日葵）		8 棵向日葵

注：期末"欢乐送"为 10 分期末成绩、下学期优先当队长、Nancy 老师的爱心礼物等。

　　向日葵是向往光明之花，象征着健康、快乐、活力，追求积极的人生，永远有积极的心态。Nancy 老师通过此评估表，充分调动了学生的学习热情，真正实现了全体参与，创造学生作业完成率高达 100% 的奇迹。让我们继续来深度了解 Nancy 老师的参与式课堂教学组织。

下面是"高职二年级合班课案例跟踪访谈"时，Nancy 老师分享的部分教学摘录。

对我来说，大二学生的心理健康教育核心课堂比较轻松，因为与学生已经有一年的相处，内心深处彼此早已是相互熟知的"老朋友"了。这个合班由 2016 级人文与公共管理学院的应用英语专业、建筑工程学院的工程制造专业以及机电学院的机械设计与制造专业组成，共计 165 人。因为学生第二年开设的全部是专业课，就大学生心理健康教育而言已经没有 64 学时的面授课，取而代之的是以报告或讲座的形式对学生进行 24 学时的课堂教学及 40 学时学生心理健康课拓展学习，类似于新生的辅助课堂。24 学时的面授课堂教学，我多是以讲座的形式进行的，除了第一学期"5·25"大学生心理健康日（即现在的"5·25"大学生心理健康月，以前只有一天）和第二学期有"11·25"大学生心理健康周的主题会有上级主管部门统一制定外，其余的主题都是心理教研室结合学校学生实际情况自己制定的，如有针对容易激怒学生的"放松训练"、针对性格内向人数较多专业的"人际交往训练"、针对艺术生的"音乐调试心理训练"、针对学习无力者的"挫折耐受能力培养与训练"、针对性格孤僻学生的"认知行为调试与训练"、针对青春期恋爱与性心理的"情感心理调控与训练"以及针对就业选择的"就业心理指导与训练"等，从专题的名字就可以看出，我们设计的专题基本上都是理论＋实践，更多的是教会学生真正地去掌握，给学生创造体验的真实感，一个真正安全放飞自我心事的平台。因为专题的选择与学生专业特点有一定的正相关性，且对于职业学院的学生来讲，将来在校企合作单位就业，未来职场对学生协同配合能力要求比较高，在学校主管领导支持下，加入企业用人的要求，修改了人才培养方案，我们不再让学生自己来选课，而是以班级为单位，大家协商共同选择，这样在无形之中又培养了学生的团队协作意识，为学生毕业后快速融入社会奠定坚实的基础。

　　对 Nancy 老师的访谈使我们明白了 40 学时学生心理健康课拓展训练，实际上只是教师的一种引导形式，落脚点在协助大二的学生把学会的心理健康知识更好地应用到学习及生活中，同时在助人的岗位上更快地成长，以清晰的自我认知和健康的心理状态报效祖国和人民，服务社会，成就自己。二年级学生，学习目标已经明确，学习习惯已经养成，重要的是在学习及生活中去应用和练习，找到解决问题的渠道和办法。很多学生通过不断实践练习，已经成为学校学生会干部、学生社团及志愿者服务工作的中坚力量，也为自己未来的发展打下了坚实的基础。因此，大二学生的辅助课堂和先行课堂都是学生自发组织的课堂，教师主要的作用是辅助和督导，在学生遇到不能解决的问题时，帮助他们厘清思路，寻找解决问题的方法，同时对学生的实践成果做出严格和专业的评定和指导。但是，他们的辅助课堂相较于大一新生的辅助课堂还是有些不同，一是学生的人数有了明显变化，由大一新生的全体参与变成了大二的心理爱好者、心理志愿者、心理协会（心理俱乐部）成员，相对于大一新生他们有了一定的心理学基础，和老师沟通起来更加主动和高效；二是辅助课堂形式更加多样，有团体辅导、心理沙龙、工作坊、朋辈指导、沙盘游戏体验、绘画心理等，实践性非常强，学生们都是助人自助，工作效率非常高；三是辅助课堂地点更为灵活，多设在课外，由学生的指导老师或者带队领导者将记录报学委及学院教学秘书后，以"心理辅导进社区""心理对口帮扶乡村留守儿童"等主题举行相关活动，真正做到把先行课堂中学习的心理理论知识、核心课堂教师面授课中实操实践环节应该注意的具体事项及辅助课堂的真实本领用到了祖国最需要的地方，服务他人、完善自我，完成心理健康教育的使命。

　　团体辅导多在心理健康中心学校心理工作坊进行，因为受学校场地及师资力量的限制，完成一个主题基本要进行 3～6 次。Nancy 老师说，团体辅导持续时间较长，学生离开团体后，后期如果没有积极有效的引导，还容易折回原型，为防微杜渐，每次团体辅导后都会布置作业。

　　Nancy 老师为大二学生设计了"信息时代提高个人自信心团体心理辅导方案"（见表 6－13）和学生作业之"大学生正确恋爱心理的培养"（见表 6－14）。

表 6 - 13　"信息时代提高个人自信心"团体心理辅导方案设计

团体名称：信息时代如何提高个人自信心

团体领导者：Nancy

团体目标：帮助成员寻找自己身上的闪光点，以便客观认识自我、评价自我、悦纳自我，进一步找到提高自信心的方法，提升个人自信心

团体性质：发展性、结构式团体

团体辅导对象：在校大学生

团体规模：15 人

活动时间：共三次，2017 年 9 月 9 日、9 月 16 日、9 月 23 日 15：00 ~ 16：00

团体理论依据：

　　根据认知行为理论的观点，自信心欠缺的人往往是生活中先形成不正确观念，会认为别人优于自己，不认为自己有权坚持主见，或对坚持自己观点感到不安和害怕等。通过本团体的心理辅导活动，帮助成员丢掉"互联网 +"下影响自我肯定的错误及不合理观念，使大家能够更真实地认识自我，敢于自我表达，逐步提高自信心。

团体评估方法：

项目一：领导者自我总结

项目二：团体成员反馈单

项目三：观察员反馈

团体方案

活动主题：心之旅（一）

活动时间：2017 年 9 月 9 日下午 15：00 ~ 16：00

第一次活动目标：

1. 破冰活动，促进团体成员间的相互熟悉，便于营造良好、和谐、积极、向上的团体氛围。

2. 帮助团体成员进一步客观认识自我，评价自我，协助成员找到自身闪光点。

3. 建章立制，定下团体活动规则，进一步加强团体成员间的凝聚力。

预定活动内容、步骤或方法

一、暖身游戏

目的：活跃团体成员间气氛，协助成员初步尝试心理安全的体验，增强团体成员的自我认同感，有利于成员间的相互了解和友好接纳。

内容："我的位置"。

方法：要求成员在团体辅导室场地中央站一纵队，遵循团体领导者的指令第一时间找准自己当下应该站立的具体位置。如按头发由长到短排序、按年龄由大到小排序……落后者、找错者要阐述原因，接受小小趣味惩罚。

二、团体主要活动

目的：帮助团体成员更好地认识自我、评价自我、悦纳自我。

内容："我心飞扬（一）"。

方法：

1. 团体成员内外分成两圈，两两面面相对，先由内圈的团体成员向外圈的团体成员进行包括个人爱好及特长的简短自我介绍，之后互换角色后继续。

2. 内圈团体成员按顺时针方向先往下移动一个位置后，重复上面的环节。

内容："我是谁（二）"

方法：

1. 要求参加团体活动成员在事先准备好的彩色卡纸上完成下列句子。

（1）妈妈爸爸对我的评价：＿＿＿＿＿＿＿＿。

续表

（2）朋友对我的评价：＿＿＿＿＿＿＿＿。
（3）老师对我的评价：＿＿＿＿＿＿＿＿。
（4）同学对我的评价：＿＿＿＿＿＿＿＿。
（5）初次见面者对我的评价：＿＿＿＿＿＿＿＿。
（6）我对自己的评价：＿＿＿＿＿＿＿＿。
2. 团体成员之间的分享与交流，重点探讨哪个句子完成起来比较费劲儿并阐释原因。
内容："目光炯炯（三）"
方法：
1. 要求团体成员每两人一组，面对面而站，并且目光亲密接触对方 1 分钟。
2. 尝试顺利告知对方自己的优点，至少三遍，思路要越来越清晰，描述越来越完整，声音越来越悦耳动听。
3. 团体成员之间相互分享时间，说出自己在本次活动中的收获与感动。
4. 由团体领导者对本次团体活动进行小结，强调活动的主题，澄清本次团体活动的明确目标，并积极引导团体成员通过积极讨论再次明确团体的契约。
三、活动结果
目的：整理团体历程，强化团体效果。
内容：
（一）引导团体成员之间相互分享参加团体活动的收获。
（二）团体领导者对团体成员再次进行鼓励和积极肯定。

表 6-14　学生作业之"大学生正确恋爱心理的培养"

趣味心理画和话"爱情 666"

活动要求：12 色或 24 色油画棒 1 盒、A3 纸张 1 张、2B 铅笔 1 支、橡皮 1 块。
活动要求：
一、要求参加的每位同学在事先准备好的 A3 纸上完成下列句子，可以用画或者语言。
（一）我心中爱情的颜色是：＿＿＿＿＿＿＿＿。
（二）我心目中爱情的味道是：＿＿＿＿＿＿＿＿。
（三）此时此刻我脑海中出现的关于爱情的歌曲是：＿＿＿＿＿＿＿＿。
（四）我曾经看过的关于爱情的一本书、一部电影、一部电视连续剧分别是：＿＿＿＿＿＿、＿＿＿＿＿＿＿、＿＿＿＿＿＿＿。（没有的可以不填写）
（五）我心目中的爱情之星是：＿＿＿＿＿＿＿＿。（可以用画或语言）
（六）我愿意为爱情做的事：＿＿＿＿＿＿＿＿。（可以用画或语言）
二、同学之间可以分享与交流，重点练习聆听与共情，不评价。
三、活动结束，学生交上作业，教师结合绘画心理学知识及社会心理学内容对学生的作品进行面改，在符合伦理的框架下，积极分享交流。

　　Nancy 老师分享说，从题目可以看出，在设计这个方案的时候，自己是根据学生课堂提供的心理画即兴创作的，目的在于调动每个学生的主观能动性参与到课堂学习中，认真走好成长中的每一步。以下是 Nancy 老师的 "Happy 666" 教学评估细则（见表 6-15）。

表 6 – 15 参与式课堂教学组织学习任务 "Happy 666"
教学评估细则

评价项目	"Happy 666" 教学评估内容		评价标准
书面作业	第 1 次课	趣味心理画: 1. 自画像 1 幅, A4 纸, 可着色或直接用 2B 铅笔; 2. 完成课本 1 ~ 3 章学习内容思维导图; 3. 完成埃森克人格问卷 (EPQ)	教师需要用绘画心理学和专业心理学知识分析, 学生作品保质保量认真完成可得期末成绩 2 分, 不完成者不得分, 完成粗糙、不认真者, 视情况酌情给分, 情况特殊者可补考。完成思维导图计入平时成绩 2 分; 埃森克人格问卷 (EPQ) 完成的标准评判下放学委处, 独自认真完成者平时成绩 2 分
	第 2 次课	趣味心理画: 1. 一笔画交叉创作讲故事, A4 纸, 可以着色或直接用 2B 铅笔; 2. 完成课本 8 ~ 9 章学习内容思维导图; 3. "觉察你的情绪" 彩色画; 4. 完成心理实训: 不合理情绪大辨析	1. 教师需要用绘画心理学和专业心理学知识分析, 学生要认真完成作品, 占平时成绩 2 分; 2. 思维导图完成课本 8 ~ 9 章学习内容, 占平时成绩 1 分; 3. 心理实训完成的标准评判下放到学委处, 结对完成者计入平时成绩 2 分
	第 3 次课	趣味心理画: 1. 交叉画 6 宫格创作, A4 纸, 可着色或直接用 2B 铅笔; 2. 完成课本 4 ~ 5 章学习内容思维导图; 3. 完成 "气质量表测试"、实现自卑原因排查与 "优点轰炸"	1. 教师需要用绘画心理学和专业心理学知识分析学生交叉画六宫格创作, 占期末成绩 2 分; 2. 学生要认真完成课本 4 ~ 5 章学习内容思维导图, 占平时成绩 1 分; 3. 完成 "气质量表测试"、自卑原因排查与 "优点轰炸" 环节, 心理实训内容完成标准评判下放到学委处, 结对完成者计入平时成绩 2 分
	第 4 次课	趣味心理画: 1. 画一棵树 (必选), 完成家庭动力画 (加分项, 选做), A3 纸, 必须着色, 用油画棒; 2. 完成课本 6 ~ 7 章学习内容思维导图; 3. 完成考试焦虑自评量表	1. 教师需要用绘画心理学和专业心理学知识分析学生作品 "一棵树", 占期末成绩 2 分; 2. 学生要认真完成课本 6 ~ 7 章学习内容思维导图, 占平时成绩 1 分; 3. 完成考试焦虑自评量表, 心理实训完成的标准评判下放到学委处, 结对完成者计入平时成绩 2 分
	第 5 次课	趣味心理画: 1. 趣味心理画和话 "爱情 666" (详见书中 "爱情 666"), A4 纸, 必须用油画棒着色; 2. 完成课本 10 ~ 12 章学习内容思维导图; 3. 完成恋爱观自评测试	1. 教师需用绘画心理学和专业心理学知识分析学生作品 "爱情 666", 占期末成绩 2 分; 2. 学生要认真完成课本 10 ~ 12 章学习内容思维导图, 占平时成绩 1 分; 3. 完成恋爱观自评测试, 心理实训完成的标准评判下放到学委处, 结对完成者计入平时成绩 2 分

评价项目	"Happy 666" 教学评估内容		评价标准
书面作业	第 6 次课	趣味心理画：1. 个人心理成长九宫格画，A3 纸，必须用油画棒着色；2. 完成课本 10～12 章学习内容思维导图；3. 完成心理论文《心理健康课带给我的成长》，2500～3000 字	1. 教师需要用绘画心理学和专业心理学知识分析，学生作品保质保量认真完成可得期末成绩 5 分；不完成者不得分；完成粗糙、不认真者，酌情给分；情况特殊者可补考。2. 论文占期末成绩 50 分。要求必须在规定的时间内完成
实践作业（课内、课外）学委成绩评价	1. 课前准备充分，课堂发言踊跃，思维敏捷（2 分）2. 学习气氛融洽，督促学生暗示完成学习任务，并温馨兼顾每位同学（2 分）3. 作业思维独特，有创新（教师掌握的，2 分）		教师结合学委的平时表现酌情给分

注：期末考试论文为 50 分的小论文，严禁网上剽窃，必须结合自己的学习及课程内容认真完成。

Nancy 老师补充说，之所以把学生的作业称为"Happy 666"是经过深思熟虑的。结合高职院校学生的特点，"Happy"包含了老师对学生的美好期待，希望学生在进行作业的时候，能够给自己一个好的心理暗示，在快乐学习中逐步培养学习的主动性并体验学习的乐趣。而三个"666"，除了具有谐音"一切皆顺之意"外，还有其他更深的意思，Nancy 老师分享说，其中第一个"6"代表本学期学生与老师的面授课次数共六次，第二个"6"表示，学生的最低目标也要定为及格的成绩"60"分，而第三个"6"，Nancy 老师说是学生自己希望在读大学期间一切皆顺的意思。通过此评估表，充分调动了学生学习的热情和参与的积极性，真正实现了学生的全体参与，甚至包括跨年级同专业学生之间的互动，创造了学生作业完成率高达 100% 的奇迹。

为了更真实地接触 Nancy 老师的课堂，笔者决定亲自走进 Nancy 老师的课堂。

Nancy 老师说，她这次课的重要教学内容就是带学生更加清楚地认识大学生心理健康的重要性，更深刻地体会心理健康与生活的紧密联系。为此，Nancy 老师精心准备了三个小视频——《小小地球》《孩子的成长》《你要拥有》，每个视频都在三分钟以内。她希望在 90 分钟的课堂上，学生不仅能够学到心理健康知识，而且能结合自己的实际学会运用，从而更好地指导自己的学习和生活。Nancy 老师已经在课前和各个班级的学委沟通过，也已经通过互联网签到检查了学生的考勤、授课前学生的物品准备、小组分配及座位的合理规划，Nancy 老师解释说合班课牵扯到不同班级的课堂组织与管理，有了班级学委的协助，会大大缩减由于班级管理而浪费的时间。走入图书馆一楼的学术报告厅，新生班的158 位同学早已整整齐齐地坐着，课桌上物品摆放整齐，并准备好了油画棒和画笔，教室的多媒体早已布置好，并呈现着老师制作的 PPT 封面《起航》：蔚蓝的天空，辽阔的大海，即将远航的邮轮。Nancy 说，教室的布置及学生的课前准备也是学生成绩考核的一部分，还包括学生的仪表服饰、言谈举止等，这些都由 Nancy 老师提前安排的各班学委及班委来负责评分，她只负责检查和监督，Nancy 老师神秘地对笔者说，正处在青春躁动期的大学一年级新生，成长阶段最爱面子，集体的意识也特别的强，于是，她就结合学生的心理特点设计了诸如全勤、积极发言、学习任务完成认真等就可以为全班每位同学都加 1 分期末成绩，这样便于调动全体同学的参与热情和学习积极性。

　　铃响后，Nancy 老师优雅地进入教室，全体起立问好，Nancy 老师开始自我介绍，然后是一学期课程的整体规划；因为学校正进行课程改革，他们的心理健康课课时被压缩了，所以变成了两周才能上一次课，为此她希望同学们珍惜面授课的宝贵时间，一定要带着问题到课堂，课后要充分利用网上多媒体资源自觉地学习，这样她在课堂上可以带领同学们进行更多的体验。同时，她把 6 次面授课直接设计为"团体辅导"加专题讲座的形式，将教材的 12 章内容结合先行课堂中学生实际的表现情况，又进行了重新编排与调整，整体上形成了六个主题。为了给学生提供更多的实操机会，Nancy 老师充分利用课堂上的每一分钟时间，调动一切可用手段为课堂服务，如前面的"学习任务 Happy Sunflower 教学成果评价表"，真正地实现了课堂的有效组织与管理。

　　Nancy 老师用了 2 分钟的时间进行自我介绍及呈现整个学期的教学安排后，就开始直奔主题。通过"大学生心理健康知识"专题讲座，从心理健康的定义、健康心理的表象，到一般心理问题、严重心理问题、神经症到精神疾病等，层层递进，脉络清晰，特别是当举例说明心理问题发生时心理困扰者种种表现的环节，惟妙惟肖的表演和模仿引起了学生对剧情的沉入和思考。接下来，Nancy 老师利用多媒体呈现六个案例，包括青春期由于自己脸上长痘引起的心理自卑从而不敢在公共场合讲话的问题、青春期心仪对象对自己不感冒而自己又走不出情感困扰的问题、对所学专业不满意又不想改其他专业的问题、学习无力感的问题、宿舍行为习惯不一样引起的情绪问题以及怎样有效管理提升自己人格魅力的问题等，要求学生分组讨论，如果遇到此种现象，自己作为困扰学生的同学该如何予以帮助。学生被案例深深吸引并自我代入，两两结对开始有模有样地扮演起心理咨询师来。

　　一刻钟过后，教室里自觉安静了下来，学生纷纷举手发言，踊跃地表达着自己的收获和体会，甚至有的学生说经过这次的课堂学习仿佛自己又成长了好多岁，觉得内心一下子平静了很多；有的学生分享说能讲出来能说出来的苦都不是真正的苦，自己现在算是彻底明白了；有的同学说没有对比就没有伤害，聆听交流后觉得自己真的很幸福，可见有健康的心理是多么的重要；还有个同学说这节课打开了她多年的心结，自己的一段情终于放下了，对未来又充满了信心……Nancy 老师自始至终认真地聆听着学生的分享，并予以相应肯定。接下来，她用多媒体为学生呈现辅助课堂的多种形式，有心理情景剧社、心理俱乐部、沙盘游戏吧、朋辈指导、心理阅览室、心理协会、心理微信公众号、心理云课堂等，希望学生可以在课后的辅助课堂找到更多展示自我、实践理论的机会和平台。最后，Nancy 给学生布置了三个课后作业：以"心理健康带给我的第一次成长"为题写一篇 800 字的小论文，用思维导图把今天自己的课堂收获及教材前三章的内容画出来，用油画棒在 A3 纸上画房、树、人。一堂课下来，伴随着下课铃响，学生意犹未尽，纷纷上前围住 Nancy 老师并咨询一些自己感兴趣的问题。

　　课后，在笔者的请求下，Nancy 老师带领笔者参观了她的办公室。Nancy 老师的办公室坐落在学校心理咨询室的隔壁，最醒目的就是办公室里占了整整一面墙壁的书架和办公室地下整箱整箱堆着的专业书籍。看到笔者吃惊的表情，Nancy 老师说，她的办公室已经搬了很多次，每次搬家都舍不得丢下这些书籍和学生的作业，书籍是她提升自己专业能力的重要渠道，学生作业则时刻提醒她任重而道远。

无须多言，笔者看到的 Nancy 老师，是一名具有责任感、使命感，并具备细心、爱心、耐心和个人魅力的优秀教师，也通过她看到了一大批优秀的教育工作者，看到了教育工作的希望。

（3）辅助课堂

Nancy 老师表示，务必做好各种心理健康知识学习形式的宣传教育工作，充分利用一切可以利用的新媒体网络平台，如校园海报展，校园之声广播站，学校报纸、电台、电视台等主流媒体等，给学生展示更加形式多样又丰富有趣的心理健康资讯，这样宣教才会日趋常态化，成为他们个人成长中不可或缺的一部分，学生才会爱学、乐学、会学，才会更加地珍惜课堂上和老师相处的时光。Nancy 老师表示在后面的课堂中，学生还会带着问题来到课堂，有准备地来和老师交流，找老师答疑解惑，同时，学生会分享很多老师都不知道的趣味心理小知识，这样师生便会相互学习成长，有利于课堂教学效果的有效提高。笔者顿时才明白，原来刚才 Nancy 老师核心课堂上学生积极又踊跃发言，那些百家争鸣、百花齐放的妙语连珠，以及 Nancy 老师的精彩指导和给力的幽默点评，那氛围热烈的课堂、那些真实又生动的分享，都是辅助课堂师生和谐交流、相互努力的结果。

笔者在 Nancy 老师的邀请下，一起来到心理健康教育指导中心"心理素质拓展训练"的现场，看到了高年级的学生正在带领新生进行心理素质拓展训练；来到"心理阅读俱乐部"，看到了学生在分享自己阅读时的收获。接下来，我们依次参观了"沙盘体验室""朋辈指导中心""心理情景剧场"等学生心理辅助课堂，发现在这些辅助课堂中，学生变为主体，他们不再是被动接受者，而是成了主动授予者，角色的转换让学生对心理健康课程有了不同角度的理解，体会到学习的乐趣。Nancy 老师对笔者说，眼前所看到的只是一部分线下课堂，她们还会开设很多线上交流平台，从学生一入校门，甚至接到通知书的那一刻就已经开始了，丝丝渗入、点点到心，呵护学生的心理健康，真正做到心理育人。走在校园里，笔者还注意到了校园的报栏橱窗刊登的"心理情景剧大赛"及"辅导员职业能力大赛"历届获奖师生的名单，校园电台正在为"心理协会"及"朋辈指导"招募新"老师"，这些耳濡目染的方式，让辅助课堂真正地为核心课堂服务，为学生学好心理健康课程打下了坚实的基础。

5. 案例解析

Nancy 老师的"大学生心理健康教育"通过先行课堂让学生对心理健康知识感兴趣，从而牢牢把学生吸引到自己的课堂，又通过核心课堂把心理健康知识的理论和实践很好地联系到一起，最后通过辅助课堂，不但给新生提供辅导自己学习的"朋辈老师"，也给已掌握心理健康知识的学生提供了练习所学知识的平台，很好地利用了参与式课堂教学组织。尽管面对的是在网络包围下成长的"千禧一代"，由于很好地把握了教学规律，掌握了参与式课堂教学组织的方法和技巧，把先行课堂、核心课堂和辅助课堂组织发挥得淋漓尽致，真正做到学以致用。新生为了更快地当上辅助课堂的"心理朋辈小老师"，会暗自默默努力，老生为实践所学的心理学理论知识，也会对新生的心理辅导格外用心。新生老生密切交流，扶持前进，共同进步，形成了好的学习习惯和风气，不但减轻教师的授课压力，也有利于学生自学能力的提高，更有利于学生知识应用能力的提高和心理健康知识的宣教，有利于和谐平安校园建设。

就在和 Nancy 老师告别的时候，她又分享说，其实参与式的课堂教学组织不仅仅适用在高职课堂，在中职课堂也有同样的效果。早在 2006 年的时候她就开始把参与式的课堂教学组织运用到自己的日常教学当中去。只是在那个时候没有上升到理论的高度，更没有进行好好的梳理和总结，只是结合教师在公共学科教学中遇到的具体问题，着手进行思考和探究，每每用之都硕果累累，无论是班级的管理、学生的职业生涯规划还是组织学生参加职业能力大赛、指导教师参加业务素质比赛等，都能取得好成绩。经过岁月的历练，使她逐步学会对在实际工作中的实践经验进行系统的理论提炼和归纳，在那个阶段结合研究所撰写的三篇论文，全部获得了省级一等奖的好成绩。在转岗进入高职院校后，她开始潜心研究参与式课堂教学组织。弹指一挥间，国家的信息化教学轰轰烈烈地进行，教师课堂教学组织形式也发生了巨大变化，但是 Nancy 老师用实践证明，无论教学辅助技术手段如何发展进步，职业学校参与式的先行课堂组织、核心课堂组织及辅助课堂组织研究都永远在路上，它的内容可能会发生变动，但是系统性的组织却万变不离其宗，因为"时间是检验真理的唯一标准"早已深入人心,而行动起来积极参与就是通往实践的第一步。

(二) 高中起点普通三年高职院校参与式课堂教学组织实践效果

为了提高高职院校课堂教学质量,教师在课堂教学中,应"以生为本",实施"主动参与式"课堂教学模式,通过多种途径、采用多种方法,激发学生的主体意识,调动学生的学习积极性,引导和激励全体学生的主动参与,让学生学会学习、学会合作、学会创新,实现自我发展和提升,使课堂教学更有实效。

1. 参与式课堂教学组织与传统课堂教学组织教学效果的比较

关于参与式课堂教学组织的实践效果,笔者在上篇"'3+2'及'五年一贯制'高职院校参与式课堂教学组织实践效果"中有详细介绍,这里不再赘述,但从"教学组织过程"和"关注点"两个方面思考,"传统课堂教学组织"和"参与式课堂教学组织"有很大的不同,传统课堂教学组织关注"教",参与式课堂教学组织关注"学"(详见上篇"参与式课堂教学组织与传统课堂教学组织教学效果的比较"),基于不同关注点下的"教学组织过程比较"对高中起点三年制高职学生依然会产生不同程度的影响。传统课堂组织中的"效率驱动、控制本位"的现象依然会限制学生主观能动性的发挥,影响着因材施教的实施和学生实践能力的培养。当前"互联网+"及"人工智能+"背景下的教育,从长远来看,参与式的教学组织是以培养学生的会"学"为核心,注重学生主观能动性的发挥、知识应用能力及创新能力的培养,更符合新时期职业院校人才培养目标,值得探究和推广。

2. 高职院校参与式课堂教学效果的定性分析

(1) 学生的心灵成长

从之前案例中可得出结论,参与式课堂组织的魅力主要体现在:先行课堂的全体总动员分层、分专业正面积极导入;核心课堂的理论联系实际,参与互动课堂教学组织与管理过程的落实;辅助课堂中多样的表现方式,专业类社团的组建、专业性活动的开展等。教师将三类课堂有机结合、相辅相成,所设计的学习形式灵活多样,才能让学生乐在其中,做到理论和实践有效结合。此外,任课老师用独特的人格魅力和渊博的学识,使主导的核心课堂生动有趣,师生关系和谐,让学生学心理健康知识的主观能动性被充分地调动，害怕做作业的畏难情绪在灵活多变的微量作业模块中被有效克服，探究知识的热情在融洽的环境中日渐加强，系统式参与式课堂教学组织模式，使学生课内、课外全渗透，线上线下全兼顾，360 度全方位使学生浸泡在有效的学习知识过程中，日日进步而不自知，有效地提高了育人效果。

从 Nancy 老师和笔者分享的指导学生早期参与式心理健康教学参赛论文中可以得知，尽管在那个时候还没有统称为"参与式课堂教学组织"，但是细细读起来，此论文却从学生的角度展现了在参与式课堂课前、课中和课后的每一个环节师生互动、全体参与的重要性。

由于高职院校的学生在常规课堂上注意力不集中，厌课、厌师的情况较为严重，课堂效果普遍偏差。很多高职院校所设定的大学生心理健康课往往以线上课堂的形式存在，但又间接造成学生刷视频、应付作业和考试的情况，更加偏离了正常的教育目标。而在以上案例中，由于教师有效地发挥了参与式课堂教学组织的效果，使先行课堂、辅助课堂成为主导课堂、核心课堂的得力助手，大大减轻了老师课堂组织的压力，有效地避免了教师职业倦怠感的产生，也促进了学生的心灵成长。

（2）学生的专业进步

从研究纪实 Nancy 老师分享的参与式课堂组织下学生心路历程"心理健康课带给我的成长"和"给心理健康老师的一封信"中可以看到，全篇字里行间传递着学生对老师的敬和爱。前面笔者有提到过，"非言语交流是课堂教学中教师与学生的一个重要的交流方式，教师合理使用非言语行为进行交流，会有效提高课堂互动质量"。[①] 从学生的自身成长中，我们可以感受到转变后的世界是多么的灵动。

育人工作都是助人自助，参与式课堂更是增加了师生间对育人细节的互助和沟通，在以助力学生专业进步为目的的前提下，课堂设计的每一步都调动了一切可以利用的资源，共同参与、形成合力，学校与学生都一起参与到学生的成长过程中。信里提到的老师不仅在心理上对学生进行积极的咨询帮扶，同时还会结合学校的实际情况帮学生找到解决问

---

① Wall, K., "Gesture and its role in classroom communication: an Issue for the personalized learning agenda," *Education Review* 19 (2006): 32–39.

题的方法，这个学生的转变表面上看是参与式课堂教学组织环节中辅助课堂的作用，但其实是得益于老师先前的充分准备。这就是参与式课堂教学组织的魅力，自成体系，全方位地呵护着学生的成长。在这个系统中，教师要做到全程参与，在爱心、细心、耐心的陪伴下，深入挖掘学生内在需求，捕捉学生的情绪，因地制宜、分类指导，引导学生主动参与到课堂中来，在调动学生积极性的同时，设定参与规定和奖励，使每个环节都成为下一个环节的铺垫，环环相扣，充分发挥学生的主观能动性，启发学生的求知欲，培养学生良好助人的品质，促进学生学习能力的养成，对新、老学生的课堂参与进行了有效衔接，不但可以掌握新生的学习进度，而且检验了老生对所学知识的实践应用，更为宝贵的是，学生的自我管理能力得到有效的培养，感恩和服务意识得到很好的加强。

3. 高职院校参与式课堂教学效果的定量分析

本次调查的主要内容为参与式课堂教学组织班级的学生学习态度和学习能力。在 2018 年 12 月至 2019 年 6 月，随机抽取郑州信息科技职业学院 16 个专业共 1600 名学生，填写"参与式课堂教学组织班级学生学习态度调查问卷"（见附件二）和"参与式课堂教学组织班级学生学习能力调查问卷"（见附件三）。被调查的学生中男生 960 名，女生 640 名，平均年龄 20 岁；被调查的学生中一年级学生 800 人，二年级学生 800人。此次调查是由学校教学科组织，在辅导员和相关教师监督下在课堂上完成的，发出问卷 1600 张，全部收回，有效问卷为 1600 张。调查情况如下所述。

（1）学生学习态度的变化

关于参与式课堂教学组织班级学生学习态度的统计。为更加突出学生学习态度的变化，笔者结合班级辅导员及相关学校任课教师的意见和建议，在统计 19 道问卷题目（见附件二）的基础上，分"文化基础课"、"专业理论课"和"专业实践课"三个模块来和传统课堂教学组织进行对比（详细情况见表 6 - 16）。

课堂观察、个人访谈及问卷调查表明，学生对学习的自信心和学习热情明显提高，90% 的学生不再厌学，对参与式课堂教学组织形式很感兴趣，热情高，并能够积极、主动地参与到先行课堂、核心课堂和辅助课堂的各项活动中，能自觉并愉快地完成教师布置的理论和实践作业，学习由被动变成了主动，由害怕变成了喜欢。显然，参与式课堂教学组织中，伴随着教师主导能力的增强，学生学习的主动性也大幅度提高。

表 6 - 16　参与式课堂教学组织班级学生学习态度的发展情况统计

类型	传统课堂教学组织	参与式课堂教学组织
文化基础课	厌学情绪严重，课堂主要表现： 睡觉 10%； 玩手机 18%； 看课外书 2%； 迟到 6%； 逃课 4%； 听课 60%	学生在快乐氛围中学习，课堂主要表现： 认真听讲并听懂者 85% 以上； 98% 到课率
专业理论课	听不懂者多数，课堂主要表现： 睡觉 10%； 玩手机 20%； 左顾右盼熬时间者 10%； 听课 60%	认真听讲并听懂者 98% 以上； 99% 到课率
专业实践课	按时完不成任务者多，课堂原因分析： "双师型" 教师欠缺 25%； 课时紧张 35%； 学生厌学 20%； 课堂组织问题 20%	认真听讲并听懂者 99% 以上； 100% 到课率

（2）学生学习能力的发展

关于参与式课堂教学组织班级学生学习能力的发展和变化情况。看到统计结果后，高职院校教师对学生学习态度的转变和学习能力的提高表示了认可与满意，对目前授课过程中体验到的轻松和成就感表示由衷的满足。笔者通过整理问卷及教师的谈话资料，对学生呈现在 "文化基础课"、"专业理论课" 和 "专业实践课" 的学习态度前后的变化情况进行对比（详细情况见表 6 - 17）。

表 6 - 17 的调查数据表明，无论是文化基础课、专业理论课，还是专业实践课，在运用参与式课堂教学组织后，学生学习能力发生了巨大的变化。主动预习功课、按时复习、按时完成作业、主动搜寻资料、主动向教师提问的比例都大幅度提升。其中，特别是文化基础课，由于先行课堂的存在，主动预习的学生比例由 6% 提升到了 85%。

表6-17 参与式课堂教学组织班级学生学习能力的发展情况统计

类型	参与式课堂教学组织实施前		参与式课堂教学组织实施后	
文化基础课	主动预习功课者	6%	主动预习功课者	85%
	按时复习者	45%	按时复习者	95%
	按时完成作业者	70%	按时完成作业者	98%
	主动搜寻资料者	40%	主动搜寻资料者	90%
	主动问老师问题者	20%	主动问老师问题者	98%
专业理论课	主动预习功课者	70%	主动预习功课者	98%
	按时复习者	50%	按时复习者	95%
	按时完成作业者	85%	按时完成作业者	99%
	主动搜寻资料者	56%	主动搜寻资料者	99%
	主动问老师问题者	60%	主动问老师问题者	98%
专业实践课	主动预习功课者	80%	主动预习功课者	99%
	按时复习者	78%	按时复习者	99%
	按时完成作业者	58%	按时完成作业者	100%
	主动搜寻资料者	60%	主动搜寻资料者	100%
	主动问老师问题者	67%	主动问老师问题者	100%

从课堂观察、学生座谈和问卷中了解到，参加先行课堂、核心课堂和辅助课堂学习的同学，都能合理评价自己的学习状况，并相应安排好合理的学习计划，在同学和老师的帮助下，选择更有效的学习模式和方法。参与式课堂教学组织下的学生，主动学习的能力、有效沟通的能力、团队合作能力都明显提高；对为什么要学、什么时间学、怎样去学的策略性问题，学生能够有自己明确的认识和准确的理解。可见，学生主动学习的能力在不断增长，这些都是学生长远发展的必备条件。

研究纪实

Nancy老师分享的"参与式课堂教学组织"下
学生那看得见的成长

心理健康课带给我的成长

2017级信息技术专业 LYM

当我懵懂踏进高职校门时，内心五味杂陈。我有点不甘心，总觉得我是"985"的料，只因一时疏忽就考砸了，又不愿意复读，无奈才选择高职院校，我从未想过今后自己将会面对怎样的人生。说句老实话，我觉得现在什么都不重要，要不是为了自己的父母，我真想和这个地球 Say Goodbye。这个学校是父母运作的结果，过程我真不想赘述，只想快点熬过三年，如果能"专升本"就"专升本"，如果不可以就让我老老实实回家待着。至于学习什么专业、人际交往、师生友谊与我又有什么关系呢，我是一只孤独又愤怒的小鸟，谁惹我谁就会被我死命地啄。

老师，您知道吗？我对学校的一切都不很感冒，但是从小养成的好习惯使我不会旷课、迟到，也不喜欢打游戏更不会睡懒觉，更要命的是我也不会上课不认真听讲。老师，您读到这儿是不是觉得我是个怪物？老实说，第一次听您讲大学生心理健康课，我就被您吓到了，因为您的一句话，我的世界发生巨大的变化。我真没想到您的声音那么温柔，怎么会有如此大的能量。"梦想你若不放弃，心理健康课必为你永远助力！"我顿时打了个寒战，觉得您就是那个上帝派来拯救我的天使。我痛下决心先努力改变自己，决定先从认真完成您布置的作业开始。与您布置的核心课堂心理绘画作业相比，我更喜欢的是您布置的让我们用思维导图绘制每次您讲课的主要内容的作业。因为基础较好，再加上您的认真，我的用心，我的优秀很快就被您发现了，第一次当着几个学院那么多不认识同学的面被您表扬，作业被您展示，我第一次品尝到了来此学校学习的美好。

老师，我想告诉您的是，被您当众表扬后，那一天我收获颇多：午餐我第一次和室友们结伴而行，走在校园中第一次觉得校园的广播原来是如此的动听，花草树木也是如此的朝气蓬勃，尽管已是深秋了，但我总感觉一股暖流溢满了全身。我花费了一周的时间认真把教材看了两遍，在读第三遍的时候，我就像换了个人似的，我觉得自己先前的想法可笑荒唐极了，特别是在您讲解并带领我们体验"认知行为调节法的操作要求"和"应对挫折的方法"时，我感动得哭了，我觉得我以前的想法是多么的幼稚可笑、行为是多么的不理智和莽撞。课后，就在我完成您布置的作业"家庭动力画"的时候，我给妈妈打了电话，对自己以前的种种顶撞妈妈的行为，第一次口齿清晰地表达了歉意，隔着手机听到妈妈高兴地一个劲儿冲我喊"傻孩子，和妈妈说个啥子对不起嘛"，那一天，我感觉到了前所未有的轻松，尽管我也不知道自己的未来到底在哪儿，但是我开始相信奋斗的力量。老师您知道吗？不止我一个人，我们班级同学都喜欢听您的课，甚至对大学生心理健康课的喜欢超过了专业课。晚上，大家都在自己的小书桌前画您布置的思维导图的作业，分享着课堂上您猜大家心理画的玄妙性，觉得心理学真是了不起！老师，您知道吗？我们宿舍的一位同学被您看出来已恋爱两周，他当场就蒙圈了，对您佩服的是五体投地。我相信这些都源自心理学知识的巨大魅力，也就在那时，我第一次知道了您在课堂反复强调保密的重要性，可不是吗，要是不小心把自己的心理画放到朋友圈里，行家老手一看岂不全部暴露了自己的隐私。还有，老师我要谢谢您的用心和包容，我知道您既然可以看出我同学在恋爱，肯定也能第一时间看到我内心住着一只刺猬。但是您对我的心理画没有说什么，给我留足了面子，反而在我擅长的思维导图作业上大大地表扬了我，给我向上的力量，肯定我的付出。老师，您可真是用心良苦啊，在此，学生给您鞠躬道谢了！

如今，您给我们布置作业，让写"心理健康课带给我的成长"，其实我更想说，是我脱胎换骨地改变了，我在先行课堂学习了心理健康理论知识，重要的是您的核心课堂，在实践中我才真正体会到心理改变生活的美好。如今我加入了辅助课堂的"心理画"俱乐部，担任班级学习委员，同时还进了校团委，成为学习部的部长。我不再害怕未来，我的专业是信息技术，老师明确地说了，我们可以"专升本"，也可以有很好的就业机会。老师，您爱上课讲英语，我们都喜欢听，因为只要您一讲英语我们就明白是夸奖我们的意思，又或者是批评我们的不用心和不认真。总之，为了跟上您的步伐，我们班级的同学都悄悄用功背英语单词，我基础本来就好，不吹牛地悄悄告诉您，您推荐的英文心理图书我都在假期慢慢地尝试啃着呢，我相信您说的"梦想你若不放弃，心理健康课必为你永远助力"。老师，我觉得我不再害怕未来了，会好好把握当下，努力过好每一天。心理课上真的是什么都讲，从学习、生活、恋爱到就业等，真是太有用处了，在您的带领下，我一步步更深刻地认识自己，更懂自己，明白自己想要什么，明白家人的期待，明白学校为我们的付出，明白国家对职业教育的重视，"三百六十行，行行出状元"，现在的我有着前所未有的平静与努力，爱好也比以前更加的广泛，我相信未来了，无论升学还是就业我都力争做一颗夜空中最亮的星。

还有，Nancy 老师，同学们都说您还有一个英文名字叫 Alina，在那个名字里您是一名双语学前教育的老师，是这样吗？老师，我也想做像您这样的人，做自己喜欢的事情，使自己的每一天都过得充实而有意义。老师，您就相信我吧，明年我们大二辅助课堂的心理协会的会长换届选举，我会积极踊跃地报名参加，力争为学弟学妹们提供好心理健康知识的宣教服务，因为我相信他们中间肯定也有和我有相同经历的人，到时候，老师您就看我的行动吧。

最后，我要再次对您说声："老师，您辛苦啦，谢谢您！"以上就是我写的心理健康课带给我的成长。

给心理健康老师的一封信

2015 级应用英语专业　LXF

敬爱的 Nancy 老师您好：

您肯定已经不记得我是谁了，但是我却天天关注着您的朋友圈动态。在微时代的今天给您写 E-mail 觉得挺 Low 的，但是，一想到您看到这封信的表情，我就开始偷着乐起来。老师您好可爱，我们班女生都想喊您"月亮姐姐"。好了，现在我猜，您一定又嘟着嘴说："有话快讲，浪费他人的时间等于没礼貌！"那我就知趣地言归正传吧。我就是那个在实习期被幼儿园园长强制带进学校心理健康中心找您咨询的 LXF，如今我"专升本"啦，给您写信是报喜呢，因为我一拿到录取通知书就想到了您。

回想起上次进学校心理中心我还哭得稀里哗啦，脸现在都还热辣辣的发烫，那时您拿出"心心相印"的手帕纸温柔地替我擦去脸上的泪水，随手递给我一瓶农夫山泉，拍拍我的肩膀说："来，坐下歇会儿吧，你一定累坏了！"我"哇"的一声扑在您的身上大哭起来，您就那么轻轻拍着我的肩膀直到我平静下来。

此后，就是一次次地走进咨询室，沙盘、绘画……虽然那时我们语言交流有限，但是，谢谢您帮我更好地认知自己，包容我任性时候的脾气和不配合，直到第六次，我在沙盘中摆出了曼陀罗，您慈爱地对我说："是不是这盘摆下来，轻松了很多？"我微笑地点点头，您笑眼弯弯望着我说："好了，你以后就不用来咨询了，记一下我的 E-mail 地址，别忘记愿望实现的那一天记得给我来一封信噢！"我当时开心极了，深深觉得您懂我心。

只是，我那时不愿意多说话，所以才在您的指导下选择了表达性艺术治疗。我是"3+2"对口升学的学生，新生入学的大学生心理健康教育先行课堂我没有参加，因我当时假期与工厂签订有协议，说是不满期限就会扣工资，我当时急需要用钱就错过了开学的一个月与同学相处的美好时光。我的大学生心理健康教育课不是您教的，但是我很羡慕那些可以听您讲课的同学。因为我住混合宿舍，宿舍有个同学总是挑灯夜战完全您给她布置的心理健康作业，有绘画、思维导图、自画像什么的，还很神秘地不让我们看，我们当时都觉得心理健康课有什么好神秘的，值得那么大惊小怪吗？因为我们的课堂就是教师讲解知识，我们用心听听就完事儿了，尽管老师也会在网络平台上布置一些书面作业，但是大家一般都很快就完成了，没有像您给她布置的作业，是那么的复杂又烦琐，还让她乖乖地上瘾。哈哈，现在想起来，觉得自己当时实在是很幼稚，因为这样的感觉很快就没有了，就在室友回来给我们解析自画像的时候，我觉得也被她的讲解深深地吸引了，我渴望了解自己，渴望有人帮我分析未来。

真是天遂人愿，大二的心理健康辅助课堂我有幸参加您带的"绘画心理俱乐部"，光荣地成为您的一名学生。在那 6 次的团体课中，我受益匪浅，真正把以前学到的心理课本理论知识和现实中的实践联系到了一起，明白了表达性艺术治疗的魅力，体会到心理健康知识的重要性，特别是它在青春期同学们的成长中有很大的帮助。高职学校的学生有很多都不擅长表达，也不擅长绘画，但是您可以用色彩来导入分析，慢慢启发大家打开心扉，这是多么神奇又美好的心灵成长之旅呀！

　　我就是绘画的直接受益者。我慢慢明白了我的内心，接受了自己来自贫困农村、单亲家庭的事实，尽管分享中我没有告诉过他人，但是我明白大家可能也都可以猜测到，但是参与式的氛围下同学们都温暖地接纳了我。在实习期间，我一次次牵挂着"专升本"考学的事情，因为老师您知道吗，在我老家，我若不再读书，一毕业得马上结婚。当我在双语幼儿园实习中看到那些幸福成长的孩子的时候，我就莫名地心慌，她们都有富裕的家庭做支撑，而我现在什么也没有，还欠着国家助学贷款，唉，一想到这儿我就不淡定，总会在夜里做噩梦哭醒。室友们刚开始还包容，时间久了就很烦，告诉了园长，所以就有了园长揪着我来找您咨询的那一幕。自从在咨询室与您相遇，我对生活重新燃起了希望之光，我不再有顶岗实习的工作，取而代之是每月收到500元学校餐补的资助，我记得那是在找您咨询的第二次就收到的，虽然是学院辅导员找我谈话说学校资助中心隐形资助，不会新闻报道的，但是我知道这中间一定有您的功劳，您以自己的实际行动保护了我青春期敏感的自尊心。谢谢您，敬爱的Nancy老师，我想告诉您的是自从进行心理咨询以来，我总是好运连连，不但有了学校的贫困资助，还获得了励志奖学金和勤工助学岗，我不再为每月的生活费发愁，开始专心地准备"专升本"考试。老师，就在我摆出曼陀罗的那一刻，我真是觉得好轻松，浑身充满了力量和干劲儿。您的话，使我觉得您就像妈妈一样亲切，是那么的懂我、了解我、呵护我，老师，那一刻，我感觉到了生活的希望和美好。

　　此后的日子就是图书馆的积极备战，无数的节假日挑灯夜战，终于如愿以偿地考上了内心向往已久的大学，老师，我好高兴认识您，好幸运有您懂我，以后成长的道路上无论有多苦多累，我只要一想到我们最后摆的沙盘，就会浑身充满力量，老师，请您为我高兴吧！

第七章　应用技术类院校在线教学参与式课堂教学组织的实施

《中国教育现代化2035》中提出："建设智能化校园，统筹建设一体化智能化教学、管理与服务平台。利用现代技术加快推动人才培养模式改革，实现规模化教育与个性化培养的有机结合。"在线教学是信息技术与教育教学深度融合的产物，是新时代背景下推动高等院校教育教学改革、提高教学质量、实现学生个性化培养的有效途径。尤其是2020年新型冠状病毒肺炎疫情发生后，根据党中央防疫相关要求及安排部署，在学生无法及时复课的情况下，教育部印发了《关于在疫情防控期间做好普通高等学校在线教学组织与管理工作的指导意见》（教高厅〔2020〕2号）。根据该意见要求，高校充分利用线上的慕课和省、校两级优质在线课程教学资源，在慕课平台和实验资源平台服务支持带动下，依托各级各类在线课程平台、校内网络学习空间等，积极开展线上授课和线上学习等在线教学活动，保证疫情防控期间的教学进度和教学质量。各高校积极研究制定疫情防控期间教学工作专项方案，充分利用现有国家、省级和学校在线课程平台或其他网上教学平台、教学资源，合理调整理论课和实践课、必修课与选修课、全程课与短期课等教学环节的安排，实现"延迟开学不停课，远程教学保质量"。可以说，"停课不停学"背景下掀起的在线教学为推动"互联网＋教育"时代高校教学改革、更新教学理念、创新教学方式带来了难得的发展机遇，同时也面临着诸多挑战。"职业教育在孕育之初便天然地与实践密不可分，内嵌在朴素的职业世界中，以学徒制的形式服务着原始生产力的发展。"[①] 时空分离的在线课堂，给应用技术院校的职业教育学术课程与职业课程带来挑战的同时带来更多的机遇与可能。

---

① 陈鹏：《共轭与融通——职业教育学术课程与职业课程的整合研究》，中国社会科学出版社，2017，第1页。

一　课堂教学向在线教学的转变

"停课不停学"期间，师生不能像往常一样坐在教室里面对面集中上课，必须借助网络开展教学活动，相对于传统的课堂教学来说，后者为"在线教学"。在线教学是师生在时空分离的条件下开展的一种远程教学活动。在线教学与师生所熟悉的课堂教学存在很大的差别。因此，师生从相对熟悉的课堂教学转向比较陌生的在线教学，需要经历一个不断适应和提升的过程。

（一）课堂教学与在线教学的区别

课堂教学是师生在教室里同时同地发生的双向互动活动，如讲解、对话、讨论、练习、反馈等，以班级集中授课制为主要教学组织形式，教学活动中交换的媒介材料通常是纸质的，如课本、作业、试卷等。当然，随着信息技术的发展，课堂教学中也会逐渐融入信息技术来辅助教学活动，如利用通信工具进行课堂测试、课后答疑，利用教学平台布置作业、批改作业等，这些信息工具的使用虽然扩展和延长了课堂教学活动的空间和时间，但课堂教学的同步性（同时、同地）、直面性仍旧是教学活动的最主要特征。

相较于课堂教学，在线教学的根本区别主要体现在以下三点。

（1）师生在不同地方：老师和学生分布在不同地方，无法集中在一起进行直面授课。

（2）所有的教学活动必须借助网络和相关软件工具才能实现，在这里媒介工具不再是只起到简单辅助教学的作用，它成为整个在线教学的关键要素，直接关系着教学活动的正常开展。

（3）在线教学中，所有用到的教学材料必须是数字化的，抑或是通过数字化呈现的。

基于此，在课堂教学向在线教学转变的过程中，我们应该认识到两者的根本区别，应该将焦点放到如何将课堂教学里师生在教室里发生的教学活动顺利地转变成网络上的教学活动。

（二）在线教学与在线学习的特点

在线教学是以学为中心，以教为辅的活动过程。以自主学习为主、助学为辅，这种方式反映在教师远程教学的所有学习活动的组织和实施当中，在线教学作为一种远程教育也不例外。在师生异地分离的教学环境下，教师难以像传统课堂那样直接对学生施加压力促使学生参与到教师所提供的学习活动中，学生的学习动机肯定要比课堂教学差一些。因此，从本质上说，在线教学比课堂教学更多地依赖于学生的自主学习。在线教学对于学生而言，本质是"教师指导下的自主学习"，即教师组织和实施学习活动的作用就是指导、辅导和引导学生学习，帮助他们有效地开展独立自主的学习，从而达到学习的目标。对于教师而言，重点在于如何创造条件帮助学生自主学习；进一步说，在线教学中如何帮助学生感到在某个课程里有学习，有同伴，有教师在教学，有教与学活动的存在，有认知的活动发生，有进行问题解决的过程等，这些都需要通过教学过程中教学交互、学习活动和支持服务等一系列设计来实现，而作为其中最重要且首先要解决的就是激发学生的学习动机，尽量吸引他们参与到学习活动中来。

利亚姆·罗克等认为："在线学习是一种以互联网为媒介，通过与教师、学生和学习内容的交互获得学习支持的建构性学习方式。"（Rourke et al.，1999）这一观点强调在线学习过程中的三层交互和学习是一个建构的过程。巴瓦尼·斯里德兰等认为："在线学习是由教与学，学习内容（视频、音频、文本），学习习惯与学习方法（被动、主动），平台与途径（互联网、多媒体、语义网），以及对学习资源的管理（获取、组织、检索、重用）等构成的一个完整的系统。"（Sridharan et al.，2010）[1] 这表明在线学习是由技术支持下的学习内容、学习方法、学习管理等构成的系统，用以支持学习者独立自主地进行学习。在线学习中，学生学习的自由度和选择度比传统的课堂学习要强得多，学生可以在一定程度上选择学习内容、选择学习时间，决定如何与同伴和教师进行互动，特别是对于大学生来说，这个过程本身就体现了线上学习的独立性和主动性，即需要独立自主学习；需要积极主动学习；需要较强自控力；需要较强学习自组织能力；需要交互、体验和主动投入。换言之，学生必须有在

---

[1] 陈宇芬：《大学生在线学习满意度调查研究——以厦门大学为例》，硕士学位论文，厦门大学，2018。

线学习的主动意愿和行动参与。

综上所述，无论线上教学，还是线上学习，师生之间的主动投入和交互都是必需的，这也为在线教学参与式课堂的实施，提供了必要可能和理论基础。

（三）什么是在线学习参与

在线学习参与，是指学习者在任务、事件、兴趣的驱动下，开始在线学习，并保持兴趣，完成在线学习的行为。可以看出，在线学习中的有效参与，既是在线学习获得成效的基本前提，也是学习者取得最终学习成绩的关键所在。

相关研究认为，在线学习参与是参与动力以及作用机制、运行支持和学习者主动参与共同影响下的行为，可以分为行为参与、认知参与和情感参与。行为参与，是指参与在线学习的具体学习活动，并按照在线学习平台的规则，获取相应的在线学习课程成绩；认知参与，是指通过动机的调整作用和学习策略的使用，不断参与知识构建，并对学习过程和学习结果进行反思；情感参与包括兴趣、价值观和情感等方面的反应，比如对在线学习教师的情绪反应，对学习平台的认可和归属感，对在线学习成绩的"悦纳"，对在线学习学分的外部效应的认可等。[①]

国内外众多研究者对在线学习参与度影响因素做了大量研究。国外学者如 Chi-Cheng Chang 等认为：不同程度的学习者参与对课程体系建设的影响是不同的，其中系统质量和在线交互是低参与率和高参与率之间存在差异的重要因素。Freitas S I、Hone K S、LittleJohn A 等专门对在线学习的高辍学率、低结业率等问题进行了相关研究，发现内容设计、学习动机、师生交互、学习反馈是影响学生参与度和持续学习的关键因素[②]；国内学者刘斌等则从学校、课程、学习者和教师四个方面出发，对在线学习参与度进行分析，认为政策与规定、学校支持、平台的功能设计、课程规模、课程要求、评价方式、学习风格等因素对在线学习参

---

① 彭飞霞：《在线学习参与的作用机理与激发模型》，《成人教育》2020 年第 1 期，第 18 页。

② 牟智佳：《MOOCs 学习参与度影响因素的结构关系与效应研究——自我决定理论的视角》，《电化教育研究》2017 年第 10 期，第 37~43 页。

与度具有重要影响。① 胡凡迪、张大为等通过解释结构模型法（ISM）分析认为，学习动机、学习氛围是影响在线学习参与度的直接因素；在线激励机制、有用感知、同伴互助、师生互动、教师反馈是影响在线学习参与度的二级因素；课程便捷性、学习兴趣、自我效能感、评价机制、教师技能、学习风格是影响在线学习参与度的三级因素；知识呈现方式、平台易用性、课程时长、课程难度以及活动安排处于最底层，是所有影响因素中最基础的因素；其余为第二、第三层级因素，间接影响在线学习参与度。②

　　从以上内容可以看出，虽然影响线上学习参与度的因素众多，但课程内容设计、学习动机、师生交互是其最主要的因素。因此，提高学生在线学习参与度的教学策略可以围绕以上三个主导因素展开。

　　（1）注重课程内容设计，促进学生知识能力建构。任何学生进入一个新的学习环境时，必然会出现一个适应过程。当然，对不同的学生来说这个过程有长有短。若学习者长期不能适应新环境，适应周期过长，则很容易出现所谓的"参与障碍"，进而影响学习参与的热情。这在初次接触在线课程的学生身上表现得特别突出。不一样的课程呈现方式、虚拟的网络化场景，会使不少学生在课程开始时处于紧张、无力、被动、迷茫的状态，进而造成有效参与不足。这个时候，教师的作用就显得至关重要。如何对网上教学进行有效的组织安排是首先要解决的问题。教师要根据网络教学环境的改变，对自己的课程教学内容进行重新评估、设计。提前做好学生课程进程安排的通知，积极鼓励并引导学生参与在线课程活动，准确告知学生在课堂上遵守的规范或互动规则，对学生的知识储备情况进行调查与分析，根据学情确定学生学习的起点和任务；精心准备并设计问题情境，鼓励学生参与其中，提高其分析问题、解决问题的能力，增强学生学习的挑战性和成就感。在知识的建构阶段，可以通过在线"头脑风暴"、案例分析、写作思维导图、利用关键字云互动等认知的重组策略，帮助学生将新学的知识与已学的知识联系起来，

---

① 房萌萌、刘斌：《在线学习投入的影响因素及提升策略》，《数字教育》2018 年第 14 期，第 40~44 页。

② 胡凡迪、张大为：《基于 ISM 的在线学习参与度影响因素模型研究》，《软件》2019 年第 4 期，第 153~157。

以达到知识结构的迁移，增强学生的认知存在感。

（2）鼓励促进交互，提升学习体验感。同步的教学，让学生有较好的教学存在感，只有他们感觉到有教学组织和教师的引导，才会继续投入学习中。形式多样的社交性交互活动能够有效消除时空分离带来的距离感和孤独感，从而有效缓解在线学习中的浅层次学习问题。已有国外研究表明，把学生分成小组有助于提高在线学习的完成率和浅层次学习。师生可以依托某个现实问题或真实任务进行小组学习，使各小组的学生尽可能地参与到某种真实任务中来，弥补因课堂时间有限造成的讨论深度不够等问题。学生通过对知识的交流共享，相互研讨、反复雕琢，逐渐形成新的认知，完善其原有认知体系。① 同时，为了营造良好的在线学习情境，教师要有意识地去营造一些仪式感、氛围感，增强学生在线学习的体验。如在开课之初，向学生发布欢迎信息；设计数字徽章或荣誉证书，对那些课堂表现突出的学生进行奖励，或利用一些直播平台中的投票、共享笔记等互动功能，在授课过程中积极组织提问、在线讨论、观点分享等交互活动。

（3）教师要及时反馈并给予评价，提高学生主动投入的热情。任何的学习行为都需要教师给予及时有效的反馈信息，这既是对学生学习投入的一种肯定，也为教师了解教学效果、积极改进教学方式提供了可能。在线有效学习的发生比任何时候都更需要教师的及时反馈，因为有效及时的反馈不但可以适度消解师生之间的"距离感"，最重要的是能够提高学生的学习成就感及学习的参与度。"我的作业得到了老师的肯定""原来老师一直都在线，回复这么及时"……学生获得教师回复或评价的满足感是他们继续投入学习状态的催化剂。因此，教师再忙也要保证及时反馈。教师可以通过 Moodle 的聊天室或微信群、QQ 群进行文字交流或视频互动，这些工具将帮助教师及时给予学生反馈，同时促进师生之间的情感交流。② 对学生的课后付出给予及时关注，积极认可学生的表现。如对学生发表的帖子点赞或回复一些鼓励性话语，或对一些优秀

---

① 吴静涛、朱秋霞、孙经纬：《提高学生在线学习参与度的策略研究》，《电脑知识与技术》2020 年第 1 期，第 225 ~ 226 页。

② 吴静涛、朱秋霞、孙经纬：《提高学生在线学习参与度的策略研究》，《电脑知识与技术》2020 年第 1 期，第 225 ~ 226 页。

的作业进行摘录并分享等。

二　应用技术类院校参与式在线
教学的设计与实施

（一）在线教学的主要模式

不同教学活动形式的组合，会形成在线教学不同的流程和模式，如以直播教学为主的在线教学模式，以提供教学资源为主的在线教学模式，以社区互动、合作学习为主的在线教学模式等。

新冠肺炎疫情期间，厦门大学邬大光教授的调研小组在《疫情期间高校教师线上教学调查报告》中对 5443 位教师的线上教学情况进行了调研。在教师采用的线上教学模式调查中，将线上教学模式分为"直播""录播""MOOC""文字＋音频""线上互动研讨（包括答疑、辅导等）""提供材料供学生自学"六种，从调查结果看，采用"线上互动研讨（包括答疑、辅导等）""提供材料供学生自学"的均值最高（见图 7 − 1）。[①]

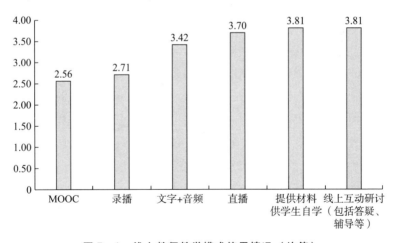

图 7 − 1　线上教师教学模式使用情况（均值）

[①]　全国高等学校质量保障机构联盟、厦门大学教师发展中心：《疫情期间高校教师线上教学调查报告》，http://www.360doc.com/content/20/0405/08/15488460_903941629.shtml，最后访问日期：2020 年 4 月 5 日。

从以上内容可以看出，目前广泛应用的在线教学形式主要有三种：一是直播授课，其效果类似面对面授课，教师主导教学活动，这种形式对设备和技术要求较高。二是学生自主学习，其形式类似课堂自习，学生主导整体过程，这种形式需要教师有课程资源做保障，学生可以利用笔记、网盘、社交媒体等工具完成学业。三是"课程直播 + 自主学习"，其形式是前两种的混合翻转，教师和学生互为主导和主体，教学活动按照课堂需求在两种教学环境中进行切换。[①]

（二）在线教学的设计和实施要点

有效的在线教学源于对师生分离状态下学习者独立自主学习的明确认识，从而以学生为中心进行课程设置、学习设计、学习材料准备和学习活动组织。在线教学设计过程和对设计决策的仔细考虑都将对其教学质量产生影响。

首先，教师需要根据课表的安排对在线教学活动进行统筹规划和设计，正如具体的教学计划一样，在线教学的内容准备讲授几个章节、每个章节大约用几个在线时间，每次上课时关于教学的目标、内容、教学方式以及对学生的要求，教师都要做到"心中有数"，并在上课前对学生进行明确的规定和说明，让学生提前了解上课的基本事项。

其次，与传统的课堂教学通常划分为课前、课中、课后三个阶段不同，在线教学中由于教师可以随时随地把教学内容和教学指示传递给学生，主要是以学生自主学习为主，所以"课中"概念会被淡化，在"课中"阶段需要完成的教学任务与传统课堂教学任务不太一样，所以严格地说在线教学的关键设计只有教学准备和教学实施两个阶段。

（1）在教学准备阶段，教师的重点是分析教学目标，进行教学设计。教学准备阶段最重要的输出结果是为学生准备一份学习单，主要包括学习的目标、学习目标的达成指标与检测方法、系列问题或学习任务、解决这些问题或完成学习任务需要的学习材料，需要完成的作业、完成上述活动的时间节点与要求，附带的其他学习材料等。同时，教师还需要思考在线时间需要开展哪些教学活动，内容容量有多少等问题。

---

① 贺文锦：《基于"停课不停学"网络教学背景的高职教学实践与探索》，《电脑知识与技术》2020 年第 13 期，第 170 页。

（2）在教学实施阶段，教学实施的主要任务是把这份学习单以及材料通过在线教学平台发放给学生，组织学生开展教学活动，如开展直播或在线答疑等。教师要做到不定时浏览并关注学生的线上讨论，按时检查学生的完成情况并及时进行反馈、评价。

（三）直播教学中参与式课堂教学组织的设计

1. 直播教学的优势与问题

疫情期间，直播教学作为在线教学的重要形式，迅速被提到了每一位教育工作者的日常中。相较于自主学习和线上互动研讨，直播教学被认为是最接近传统课堂教学的一种形式：教师主导、同步教学，同时亦可以为学生提供实时互动的体验。与传统的面对面课程相比，教师直播教学与学生从直播中学习是完全不同的体验。直播教学的回放功能为学生提供了在自己方便的时候重温课程的机会，这更有利于不同层次的学生掌握知识。除此之外，直播授课还具有以下优势：教学活动的形式变化最少，直播间可以虚拟为教室；教师的教学方式改变最少，仍旧可以采用传统的授课方式；学生的学习方式改变最少，仍旧是以听为主；在一定程度上可以实现监管职能，师生有没有上课，可以直观看到，可以通过点名进行显示。正是因为具有上述优势，在"停课不停学"期间，直播教学成了线上教学的主导，几乎成了在线教学的代名词。但是，直播教学仍旧面临着不少缺点和质疑。

（1）教师的角色变成了单纯的"网络主播"

由于有的教师是初次接触线上授课，对于平台的使用处于摸索阶段，教师的角色很容易变成单纯的"主播"，缺少现场教学的师生互动和设计，很多时候处于老师一人在讲，学生在听的状态。因此，从教学的定义与必要条件来看，"主播"所擅长和主要能做到的是"我讲你听"，而教师的主要任务并非知识的直接灌输，而是成为学生学习的引导者。无论是线上教学还是线下教学，教学改革的基本走向都应该是教学从思想的提供者转变为思想的促进者，教学的过程要从提供思想走向促进思想。[①] 因此，缺乏互动的单纯的直播教学必然不是一种好的教学方式。

---

① 陈大伟：《线上教学的几个注意事项》，《中国教师报》2020 年 3 月 11 日，第 13 版。

（2）未与学生事先约定直播规定

"没有规矩，不成方圆。"传统的面对面教学有许多教学政策，有课堂的规定，有所有的学生与教师共同遵守和执行的约定等，这些政策、规定和约束保障了正常的课堂教学和学习秩序。如果教师没有提前与学生做好约定，那么在直播教学过程中就可能出现各种突发情况。据统计，在直播教学的所有风险中，60%以上的风险源自"未与学生事先约定直播规定"。所以，在直播中，教师必须提前与学生约定如何利用直播平台学习，如何提问，如何发表自己的观点，如何与教师、同学进行交流等。

（3）学习氛围不浓，教学效果有待提升

直播教学不像传统教学那样，教师可以随时关注课堂并适时掌控课堂秩序，因此师生之间、生生之间的互动交流即便设计得再好，也不可能达到现场教学的效果。再加上教师不能及时发现学生存在的问题并及时做出指导，学生的个性化问题就很难照顾得到。同时，课后反馈效果差，授课教师布置了线上作业，要求学生及时进行提交，但学生课后作业很容易敷衍、抄袭、借助搜题软件完成任务，这样的课后反馈是无效的，教师也不能通过学生作业及时发现问题并做出调整。①

2. 直播授课中参与式课堂教学组织的设计理念和策略

（1）直播教学要做到"心中有人"

在直播教学中，由于教师和学生都分布在不同地方，师生之间的分离状态，会给教师造成一种"目中无人"的感觉。因为教师在直播过程中难以看到自己所有的学生，这也是许多教师感到"严重失控"和"严重焦虑"的根源之一。但是教学的本质就是人与人的互动，直播教学也不例外，教师必须牢记"心中有人"，及时了解学生的听课状况和学习状况，这样的直播教学才可能有好的效果。

（2）明确课堂参与的规则

在线直播教学中，教师大多数情况下是看不到学生的，所以直播教学中的参与规则必须要在课前明确。为此，教师和学生可以共同设计一些明确的参与互动规则，如所有学生必须实名登录；所有人必须提前入

---

①　李寿平：《对疫情期间线上教学工作的反思——以易门县为例》，《云南教育》（视界综合版）2020 年第 5 期，第 15~16 页。

场；开始直播后，禁止学生在聊天室聊天；想要发言要先得到教师的授权；直播过程中不得随意刷屏等。

（3）确定参与交互目标

参与交互目标，是指学生通过观看学习资源，参与基于直播支持的交互式学习活动，以有效建构个人知识体系，并将其迁移到真实情景中，解决复杂问题，最终达到深度理解的学习目标。直播教学所开展的参与式活动应该聚焦在以下目标：一是能够促使学生逐步形成一种主动探究的学习方式，并自觉将所学知识进行有效迁移与应用；二是促使学生进行有深度、有意义的学习，避免停留在浅层次学习的误区；三是吸引学生的注意力，增加真实教学的体验感。

（4）设计参与交互任务

参与交互任务，是指教师在掌握直播功能的基本操作后，结合前期分析，派发给学生，以衍生性问题作为核心的交互性任务。衍生性问题不是一个单一、孤立的问题，而是所学知识的关键、核心问题，是能够根据所提供的学习资源拆分出一个个更具体、导向更鲜明的小问题，学生在掌握一系列概念或者小问题后，逐步走向核心问题，就像搭"脚手架"一样，层层递进，逐步引导。教师设计以衍生性问题为核心的交互任务，是为了启发学生对概念、过程、技能的理解，引导学生通过对问题的解决去建构或内化对知识的理解。在设计衍生性直播任务时应注意：第一，在保证直播任务在基于课本知识的前提下，选择真实的、能够联系学生生活实际的问题，及时呈现出任务；第二，直播的任务要具有开放性和吸引力，保证学生能产生学习兴趣的前提下，进一步引导学生进行探索、思考，进而获得高阶思维。[①]

（5）组织多样化参与互动活动

直播平台通常都提供投票、实时聊天、黑板共同书写、共享笔记、视音频交流等互动功能，教师不仅要充分利用这些平台功能在讲授的过程中组织提问、投票、意见反馈等短而快的交互活动，也可以在一段讲授结束后组织在线讨论、观点分享、在线练习等活动。总之，在直播过

---

① 陈明选、杨婧：《手机直播支持下的交互式学习设计与应用研究》，《远程教育杂志》2017 年第 6 期，第 3 ~ 11 页。

程中，每过一段时间，每讲完一个要点，都要随时关注学生的听课状态，并采用一些简单的互动方法获取学生的反馈。

（6）师生之间应该交互评价

交互评价是基于学生线上学习后，对其所授内容进行的反思及评价。一方面是教师课后对学生所学情况进行评价，另一方面是学生对授课内容和知识的呈现方式方法等进行评价。通过互评，教师可以及时了解学生的学习情况，并根据其学习结果适当调整自己的授课内容、进度以及方式方法；同时，学生也可以通过教师对自己的评价，正确评估其学习成效，进而做好下一步的学习计划。总之，通过学生自评、互评和教师评价三方结合，学生在交互评价中不断连接并丰富概念网络，从而形成完善的知识体系，获得抽象经验，实现深度理解。①

3. 应用技术类院校参与式课堂教学组织在线教学三个关键点

应用技术类院校因其职业教育学术课程与职业课程的课时要达到1:1，使部分老师疑惑在线教学是否可以取得跟课堂教学同样的教学效果？答案是可以的，前提是教师必须遵循在线教学的规律，提供有价值和指导性的在线学习设计，培养学生自主学习的能力，充分发挥学生的主观能动性，把学生吸引到课堂。实践证明，当社会临场感、教学临场感、认知临场感这三个要素达到足够水平时，就能够产生深层次、有意义的学习。参与式课堂教学组织重视在线教学活动的设计、重视在线学习过程的设计，更重视学习导学的设计，先行课堂、核心课堂和辅助课堂，三个课堂的在线教学组织设计虽然分工侧重点各异，但是紧密联系，主要体现在三个方面。

第一，在线"先行课堂"的组织，主要围绕熟悉在线学习环境来设计活动，如"破冰活动""欢迎信""成立学习小组""教师简介""学生个人学习规划""学习契约"等，帮助学生建立在空中教室的归属感，让学生熟悉和信任老师，在活跃学习交流的同时，帮助学生梳理切实可行的短期、中期和长期学习目标，提高学习的目的性和针对性。

第二，在线"核心课堂"的组织，这里主要指的是同步教学或录播

---

① 陈明选、杨婧：《手机直播支持下的交互式学习设计与应用研究》，《远程教育杂志》2017年第6期，第3～11页。

课堂，应该在"先行课堂"的基础上，以打造"金课"为目标，做到知识建构与学生的学习程度相契合，讲解要清晰明了，设计活动要紧扣学习目标，如案例分析、"头脑风暴"讨论、角色扮演等，吸引全体学生参与，引导学生有效学习。

第三，在线"辅助课堂"的组织，此阶段应该重视学生学习成果的展示，教师组织的活动应围绕教学效果的巩固和延伸，引导学生进行有效的反思和总结，如"个人作品展""思维导图""学习资源分享""同伴评价""个人反思"等。

总之，参与式课堂教学组织，要求老师是学生的良师益友，是观察者、引导者、促进者和支持者，要求老师要高效地聆听、提问、激励和反馈，积极使用在线教学策略，实现以教师为中心向以学生为中心的转变，从内容的教学向学习导向的教学转变，从知识传授向能力培养的转变。在积极的参与式课堂教学组织中实现理想的育人效果。[①]

三　参与式在线教学课堂实施优秀案例

（一）河南工程学院参与式在线教学课堂示例

1. 构建多元立交式的"空中课堂"

为保障疫情防控期间教师在线教学的顺利开展，充分发挥"互联网＋教育"的作用，河南工程学院服装学院教师因"疫"而坚，迎"疫"而进，积极响应学校战"疫"的部署安排，坚守育人初心，诠释师德新意，集智聚力，借助互联网，通过超星学习通、腾讯会议、腾讯课堂、钉钉教学、QQ群、微信群、抖音直播等平台，架起了多元立交式的"空中课堂"，彰显了"河工人"的行动力与执行力，确保了课堂教学质量。

（1）建好平台，创新形式

"服装画技法3"是一门理论与实践紧密结合的课程，教学内容主要是款式图的绘画。在网络上课之前，最大的顾虑是示范绘画及作业批改

---

①　冯晓英：《在线辅导的策略：辅导教师教学维度的能力》，《中国电化教育》2012年第8期。

问题，为此课程组的三位老师共同探讨，最终选用了最佳方案：学生课下自学与课堂讲授相结合，发布录课与直播相结合。具体采用 PPT 图文结合课件、视频动态画面、录播示范画视频播放、直播作业点评等形式，同时严控作业，每节课都留对应课程内容的任务和作业，将学习笔记作为作业的一部分重点，以保证自律性较差学生的学习效果。设置课后直播答疑环节，根据学生反映问题及情况及时调整授课节奏。

"服装结构设计与成衣工艺 2" "针织服装设计与制作工艺" 两门课程在网络授课中采用 "超星学习通 + 腾讯会议 + 腾讯课堂" 的组合模式。其中，超星学习通上传所有 PPT、图片、文档、视频等课程资料以供学生预习与复习；腾讯会议采用视频点名的形式来确保学生的到课与学习准备状况，同时在 1∶5 小样实操中也采用腾讯会议形式开展，并和学生一起展开讨论；通过腾讯课堂直播形式分享上课 PPT、视频、作图等相关内容，并与学生进行实时沟通。授课平台流畅，效果较好，信息量充足。

"服装结构设计与成衣工艺 3、4" "服装板房实务" 课程在网络授课中采用 "超星学习通 + 钉钉教学" 的混合模式。通过超星学习通对学生进行考勤打卡，并上传 PPT、图片、电子书等课程资料以供学生预习与复习；课堂上使用钉钉教学，采用直播的方式进行，学生课后还能观看视频的回放。教学中运用 CAD 软件进行服装的结构制图教学，一步一步教授学生服装制图的方法，这种服装制图的学习完全不亚于学生在课堂上的学习，同时课程中学生还能提出问题，教师可以语音问答，与学生进行实时沟通。使用超星学习通、钉钉教学授课平台效果较好，信息量充足。

为提高学生学习积极性，以及与学生沟通的直接性、及时性，采用钉钉教学直播为主的方式开展线上课程。"非常规创意材料设计" 这门课程与学生沟通较多，需要与学生沟通设计方案，在线上课，学生的积极性较高，整个授课过程轻松亲近，且效果良好。教师利用网络的便利性将电子版教材共享以及通过 PPT 的讲解，使学生能够清楚学习理论知识，以及利用网络教学为学生直播讲解服装结构、创意设计等，并在直播中与学生连麦，将设计理念清晰快速地传递给学生。

疫情期间开展网上授课的有 "服装结构基础" 与 "女装结构设计" 两门课程，是通过腾讯课堂直播的方式进行授课。教师对直播上课最大的感受就是专注与高效，少了课堂现场的控制，全部精力都集中在知识的讲授上。虽然隔着屏幕，但是距离好像更近了，平时害羞的同学也能在讨论区发表想法了。而且对大学生而言，线上课堂模式也是易于接受的，减少了时间与环境的束缚，学习方式也更加灵活与自由。但是，屏幕的保护会使自觉性强的学生与无自律的学生间产生一定差异，缺少面对面情感的传递。

（2）教师网络授课效果调查

为更好地了解在线教学的课堂质量，服装学院对课程在线教学情况做到了"日日统计、周周汇总"，教师采用了直播互动、视频点播相结合的"混合式"教学形式，其中有57门课程采用超星学习通平台授课，数量占比47%；使用钉钉教学平台的课程数为46门，占比38%；采用QQ、腾讯会议、微信平台的课程数为9门，占比7%；另有10门课程采用的是腾讯课堂、抖音等其他平台，占比8%。

课后教师对每门课程进行教学效果反馈，统计结果显示，有1%的课程教学效果为"非常好"；有89%的课程教学效果为"好"；有7%的课程教学效果为"一般"；由于网络平台卡顿，3%的课程教学效果不理想，目前已经通过更换平台解决该问题。在线交流互动效果统计显示，有84%的课程互动效果为"好"，有10%的课程互动效果为"较好"，有6%的课程互动效果为"一般"。

（3）学生网络学习调查

学院对学生的在线学习情况进行了问卷调查，调查结果显示，学生对授课教师的网络课程建设情况的满意度为86%（含"非常满意"为23%和"满意"为63%）。最满意的授课方式是直播，56%的学生认为在线课堂的互动效果为"好"，对线上教学的整体满意度为76%（含"非常满意"为29%和"满意"为47%）。

2. 多平台灵活运用，完善参与式线上教学组织过程

（1）先行课堂及时沟通思想

提前在班级群询问是否有思想懈怠、网络不畅等问题，鼓励学生坚定信心，积极应对困难，珍惜学习机会。一定要准备充分。上课前一周，确保所有同学都已加入钉钉群和 WE Learn 班群，为学生备好云教材、相关习题练习及扩展资料，提前布置预习任务，对问题做好标记。时刻提醒学生注意上课时间，做好上课准备。

（2）核心课堂授课有的放矢

每次提前 20 分钟进行上课准备并让学生签到打卡。根据课程情况，进行直播或录播教学，有时还会分享网络优质慕课，最后留约 30 分钟进行师生互动提问，在线讨论，答疑解惑。

（3）辅助课堂作业布置反馈

通过钉钉群和 WE Learn 班群布置作业，设定完成时间。教师批改后对共性或典型的问题进行讲评，并将作业成绩作为学生总评成绩评定的一个重要组成部分。随时辅导答疑，学生可以在线随时提问，老师只要看到就会及时回复，进行解答。同时，要反思总结，针对课程的学习情况，对出现的问题进行反思调整，及时总结经验教训。

3. 参与式课堂教学组织氛围轻松活泼，心怀大爱助力公益

有的教师选择了蓝墨云班课，实现线上线下、课堂内外的互动教学。手势签到、抢答、随机选人等功能的远程实现，让学生真切感觉到课堂氛围的活跃。如果有视频资料需要观看，只需要把文件放到云班课的"资源"中或通过"轻直播"实时播放即可。教师组织学生分组并布置任务，小组互评让群内气氛热火朝天，掀起一股相互学习的小浪潮。学生在云班的整个学习过程都有数据记载，根据学习情况赋予相应的经验值，最后按照一定的权重折合计入期末总评，对学生的评价实现了多维度的过程评价。

有的老师采用了 QQ 群直播方式，在正式开课前进行了试讲，以确保直播细节。为了方便板书，她安装了屏幕画笔 Pointofix 软件，把整个计算机屏幕当作画板，直接在上面书写或绘画，非常方便。另外，教师还用了 EV 录屏软件，把整个授课过程录下来，既可以进行自我教学反思，也可以提供给学生复习。

（二）许昌学院参与式在线教学课堂示例

1. 先行课堂：坚持目标导向，注重课程设计

（1）给学生明晰目标和任务，明确要求，提升线上教学效果

给学生制定明确的学习目标，为每一堂课设计科学明晰的学习任务，让学生知道每天要学什么、做什么，这样才能让线上学习变得更明确、更规范。例如，要求学生每堂课要用笔、纸做课堂笔记，而不是仅仅打开手机听一堂课而已；设计好每次课的课堂活动，保证每次课都有测验和作业；要求学生做好预习，对下一阶段的学习内容和任务做到心中有数。

（2）注重线上课程的设计，发挥在线教学的优势

线上教学区别于平时的课堂教学，课堂教学由于有空间的约束、现场的课堂管理，使学生能够在45分钟内保持相对精神集中，但线上教学相对宽松和自由的环境与现场教学大不相同，因此，线上教学的讲授部分可灵活调整为20分钟左右，上成短课，内容要精选，要精讲；同时，设计与讲授内容相关的课堂活动，通过"头脑风暴"、即时问答、答疑讨论等形式，使课堂呈现更加丰富，弥补在线教学的缺陷，充分体现在线教学的特点及优势。

2. 核心课堂：积极开展参与互动，提高学生学习积极性

以许昌学院商学院的在线教学为例，一周内教师发布资源295个，其中图片91个、视频84个、PDF 49个、PPT 32个、Word 30个、链接9个，分布情况见图7-2。

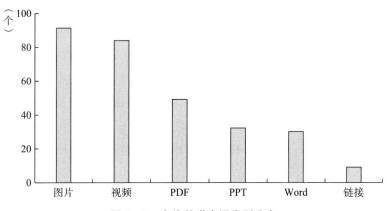

图7-2　在线教学资源类型分布

全体授课教师发起教学活动274次，其中，"头脑风暴"72次，答疑讨论39次，即时问答46次，作业任务39次，随堂测验38次，投票问卷24次，课堂表现6次，电子白板10次。

如王老师带的2018级市场营销1班，课表为周一上午，四节联排，基于"QQ屏幕分享+智慧课堂"属于探索班级，教学效果良好。具体在课堂表现、随堂测验、投票问卷、作业任务、"头脑风暴"、即时回答、答疑讨论活动中的参与率均高于学校均值，体现出2018级市场营销1班在家排除各种干扰，积极学习、踏实上进的良好精神风貌。电子白板、学生评分两项活动在2018级市场营销2班、3班进行了探索。

　　"网络营销"理实一体化课程的理论部分，充分做好知识点、即时回答、"头脑风暴"、随堂测验题库等素材，并提前发布至智慧平台；实训部分，结合理论所讲内容，选好案例素材进行实训，将作业任务发布在智慧平台上，并由学生在智慧平台完成。"网络营销"实践性较强，学生学习兴趣浓厚，各项活动参与率高，值得跟进，后续会持续收集相关授课经验，及时关注教务处、技术中心及院领导的经验分享，持续改进网络授课方式，做好学生在网上学习的领路人。

　　青青老师的"包装设计"线上课，学习对象多元化，既要照顾到大二、大三的学生，也要兼顾大四毕业设计和"专升本"的学生，一般是线上同步教学，单独开班，不过理论课是合班，除了"包装设计"课程外，她还有"经典包装设计欣赏""广告设计""品牌形象策划""中国传统文化与现代设计"等课程，带的课程有美术与设计学院的，还有国际教育学院的美术与设计学院，每班25~45人。就是在这样复杂的学情下，青青老师上学期疫情期间线上教学"包装设计"课程获得了河南省疫情期间线上优秀课程一等奖的佳绩。

　　正如青青老师分享经验中说的那样"线上教学过程中，先行课堂的教学活动：线上课程通过发起签到、问卷、讨论、投票、抢答、选人、直播、录播等，极大地活跃了课堂教学气氛，提高了学生的学习兴趣，提升了学生主动学习的积极性。核心课堂的成绩评定：通过生生互评、网络投票等方式评选优秀作品，给学生提供自我展示的机会，实现师生思维互动。调动学生主动学习：向学生推荐设计学习网站、微信公众号、书籍、计算机辅助软件自学网站等。辅助课堂关注学生学习成效：注重每名学生的学习状态、进步程度，鼓励学有余力的学生参加各级设计比赛，以赛促教。同时在三个课堂的组织实施过程中还要兼顾思政教学改革方面：在教学过程中通过把民族文化、品牌文化和中国传统文化精髓与包装设计相结合，注重提升大学生的人文素质、文化自信和爱国情怀，并把作业与时政紧密结合。课程中我们的实题选择在疫情中奉献爱心的许昌胖东来企业包装设计和具有地方特色的禹州刺绣香囊包装设计。我们的最终目的是将学生的作业转化为产品，投入生产当中，服务地方"。

　　3. 辅助课堂：有温度的线上督导，让竞争成为共赢

　　线上教学的督导方式，应当更加灵活有效。常规现场教学的督导方

式通常以检查教学文件和现场听课为主，主要对教师单方面的教学情况进行督查，而对教师的教学效果并不能进行很好的检验。而线上教学的教学过程是数据化、可视化的，教师的教学过程不仅可以通过直播平台进行观看，还可以通过后台数据进行查看，课堂的考勤、活动，学生的参与情况、学习效果都以数据的形式保存下来，这些后台数据均可以作为线上教学的督导依据，比传统督导方式更加灵活有效。如青青老师的"包装设计"课程曾得到学生的积极反馈。

学生反馈一：通过线上三个课堂的学习，我才知道"包装设计"是离我们生活特别近的一门课程，我们身边的商品离不开包装设计，超市里琳琅满目的商品都是包装设计的结果。

学生反馈二：包装设计是一门设计必修课，学完之后感觉给我的包装设计学习带来很大帮助，提高了自己对艺术的鉴赏能力，做完辅助课堂的作业后感到有了明显的提升。

学生反馈三：线上学习这门课程，让我更深入地了解了包装设计的内涵，以及生活的方方面面都离不开包装设计，而且让我明白了包装设计的灵感来源于生活，我特别喜欢这样的课堂教学组织，既轻松又可以学到新知识，点赞！

学生反馈四：这几次的学习让我懂得包装设计源于生活，好的包装设计不仅要考虑到它的美观实用性，还需要体现出情感。老师倾心打造的参与式线上教学是那么的亲切自然，我没有因时空分离课堂而焦虑不安，反而学习的积极性比以前更高了。

学生反馈五：Amazing！通过辅助课堂的深入学习，我才真正明白原来包装是人们第一次与品牌接触的介质，也是经常被接触到的。包装不仅是品牌的脸面，而且是一个有力的销售工具。

青青老师实施参与式课堂教学组织的收获和感悟：通过线上课程教学改革和实践，培养学生自主和快速吸纳新知识的学习能力，提高学生的实际动手能力、综合运用知识解决问题的能力，使项目化教学内容与行业、就业、创业达到紧密有效的对接。从包装行业的实际情况出发，以学生的意愿和社会需求为导向进行"包装设计"应用型课程改革和实践，达到了教学目标。

参考文献

一 专著

别敦荣、杨德广：《中国高等教育改革与发展 30 年》，上海教育出版社，2009。

蔡克勇：《高等教育简史》，华中工学院出版社，1982。

陈鹏：《共轭与融通职业教育学术课程与职业课程的整合研究》，中国社会科学出版社，2017。

陈青之：《中国教育史》，商务印书馆，1936。

陈向：《在参与中学习与行动》，教育科学出版社，2003。

陈学飞：《美国高等教育发展史》，四川大学出版社，1989。

陈玉琨、钟海青、江文彬：《90 年代美国的基础教育》，广西师范大学出版社，1998。

大卫·G. 阿姆斯特朗：《当代课程论》，中国轻工业出版社，2007。

戴维·迈尔斯：《社会心理学》，人民邮电出版社，2009。

郝克明：《中国高等教育结构研究》，人民教育出版社，1997。

胡建华：《高等教育学新论》，江苏教育出版社，1995。

扈中平、李方、张俊洪：《现代教育学》，高等教育出版社，2005。

黄甫全：《现代课程与教学论》，人民教育出版社，2006。

黄济、王策三：《现代教育论》，人民教育出版社，2018。

姜大源：《职业教育要义》，北京师范大学出版社，2017。

肯·贝恩：《如何成为卓越的大学教师》，北京大学出版社，2008。

拉罗尔·西蒙·温斯坦：《中学课堂管理》，华东师范大学出版社，2009。

乐黛云、李比雄：《跨文化对话 19 辑》，江苏人民出版社，2007。

李耀新：《课堂教学的组织与管理》，暨南大学出版社，2010。

里德利、沃尔瑟：《自主课堂：积极的课堂环境的作用》，沈湘秦译，中国轻工业出版社，2001。

刘宏武：《主动参与教学模式》，中央民族大学出版社，2004。

刘志军：《课堂评价论》，广西师范大学出版社，2002。

吕世虎：《参与式教学活动设计》，高等教育出版社，2007。

罗伯特·博伊斯：《给大学新教员的建议》，北京大学出版社，2008。

罗伯特·斯莱文：《教育心理学理论与实践》，人民邮电出版社，2008。

潘懋元：《高等教育学》，人民教育出版社，1985。

庞维国：《自主学习——学与教的原理和策略》，华东师范大学出版社，
    2003。

裴新宁：《面向学习者的教学设计》，教育科学出版社，2006。

Richard J. Stiggins：《促进学习的学生参与式课堂评价》，中国轻工业出版
    社，2005。

宋乃庆：《中国基础教育新课程的理念与创新》，中国人事出版社，2002。

孙冬梅：《有效的参与式教学》，甘肃民族出版社，2005。

王炳照、郭齐家、刘德华、何晓夏、高奇、施克灿：《简明中国教育
    史》，北京师范大学出版社，2017。

王德清：《学校管理学》，四川大学出版社，2005。

王天一：《外国教育史》（上），北京师范大学出版社，1984。

王天一：《外国教育史》（下），北京师范大学出版社，1985。

王英杰、刘宝存：《中国教育改革30年——高等教育卷》，北京师范大学
    出版社，2009。

吴式颖、李明德：《外国教育史教程》，人民教育出版社，2005。

希尔伯特·迈尔：《课堂教学方法理论篇》，华东师范大学出版社，2017。

肖海涛：《大学的理念》，华中科技大学出版社，2001。

亚伯拉罕·弗莱克斯纳：《现代大学论》，徐辉等译，江苏教育出版
    社，2001。

杨德广：《高等教育学概论》，上海交通大学出版社，1991。

杨德广：《教育新视野新理念》，上海教育出版社，2007。

杨德广：《现代高等教育思想探索》，人民教育出版社，2001。

杨德广：《现代教育理念专论》，人民教育出版社，2004。

杨德广：《杨德广教育文选》，华东师范大学出版社，2010。

余立：《中国高等教育史》，华东师范大学出版社，1994。

袁振国：《当代教育学》，教育科学出版社，2005。

泽波利：《学生行为管理——教师应用指南》，中国轻工业出版社，2004。

张斌贤：《外国教育史》，教育科学出版社，2018。

张华：《课程与教学论》，上海教育出版社，2010。

张慧明：《中外高等教育史研究》，湖南大学出版社，1998。

张志勇：《创新教育：中国教育范式的转型》，山东教育出版社，2004。

郑登云：《中国高等教育史》，华东师范大学出版社，1994。

郑金洲：《参与教学》，福建教育出版社，2005。

郑启明、薛天祥：《高等教育学》，华东师范大学出版社，1988。

钟启泉：《为了中华民族的复兴，为了每位学生的发展》，华东师范大学
　　出版社，2001。

周远清：《周远清教育文集》，高等教育出版社，2008。

朱德全：《职业教育统筹发展论》，科学出版社，2016。

朱德全、宋乃庆：《教育统计与测评技术》，西南师范大学出版社，2007。

朱德全、张家琼：《职业教育课程与教学论》，西南师范大学出版社，
　　2010。

二　期刊文章

班建武：《"新"劳动教育的内涵特征与实践路径》，《教育研究》2019
　　年第1期。

鲍定有：《合作参与式学习——主体创新教学模式之一》，《高等函授学
　　报》（自然科学版）2002年第2期。

暴卿：《结合MOOC的高等教育混合式教学路径探索——以〈新闻心理
　　学〉为例》，《新闻知识》2018年第3期，第76~79页。

边晓丽：《基于移动信息化教学云平台的高等教育创新研究》，《教育现
　　代化》2019年第45期，第145~147页。

别敦荣：《超越过度专业教育——70年高等教育教学嬗变》，《北京教育》
　　（高教）2019年第10期，第9~16页。

曹乃志：《培养目标教育对高职学生择业的影响与反思》，《辽宁高职学
　　报》2020年第4期，第78~81页。

曹叔亮：《我国应用型本科人才培养研究的可视化分析——基于2000—

2016 年 CNKI 的数据》，《职业技术教育》2018 年第 9 期。

陈华：《参与式教学法的原理形式与应用》，《中山大学学报论丛》2001 年第 6 期。

陈梦瑶：《翻转课堂在高校师范教育课程中的实施》，《湖北开放职业学院学报》2020 年第 7 期，第 153 ~ 154、157 页。

陈茜、汪梦瑶：《基于大学生需求探究如何在高等教育教学中运用 MOOC》，《课程教育研究》2016 年第 10 期，第 10 ~ 11 页。

陈胜利：《主体性参与教学模式的探讨——思想道德修养与法律基础课的探索与实践》，《中国成人教育》2007 年第 10 期。

陈晓端、Stephen Keith：《当代西方有效教学研究的系统考察与启示》，《比较教育研究》2005 年第 8 期。

陈彦霖：《教育信息化背景下高职课堂教学质量评价指标体系的重构》，《黄冈职业技术学院学报》2018 年第 4 期。

陈燕秀：《基于慕课资源的混合式教学——东西部高等教育协同发展的共赢之道》，《中国大学教学》2018 年第 2 期，第 23 ~ 26 页。

程淑华、章金萍：《"一带一路"倡议下高职院校创新创业教育国际化的困境与策略——基于浙江金融职业学院的分析》，《职业技术教育》2018 年第 15 期。

褚建伟：《中国高衔接人才培养的价值追求与推进策略》，《中国职业技术教育》2019 年第 1 期。

崔军、汪霞、胡小芃：《英国高等教育"教学卓越框架"：形成、实施及评价》，《教育研究》2018 年第 7 期，第 146 ~ 154 页。

崔巍、张颖、许云峰、张娜、张沙艳：《导师制在高职教育全程育人中的试点实践研究》，《辽宁高职学报》2020 年第 4 期，第 60 ~ 63 页。

单颖：《参与式教学方法在高等学校课堂教学中的应用》，《皖西学院学报》2006 年第 4 期。

邓宏钟、李孟军、迟妍、谭思昱：《面向多层次需求的高等教育教学模式研究》，《课程教育研究》2012 年第 34 期，第 17 ~ 19 页。

丁朝蓬、梁国立、Tom L. Sharpe：《我国课堂教学评价研究概况、问题与设想》，《教育科学研究》2006 年第 12 期。

董志峰：《互动式教学：高校课堂教学改革的突破口》，《甘肃政法学院学报》2002 年第 2 期。

杜孝楠：《浅谈中职教育的教学改革》，《价值工程》2010 年第 29 期。

杜媛媛：《论人工智能对我国高等教育发展的影响》，《当代教育实践与
　　教学研究》2020 年第 8 期，第 13～14 页。

樊勇：《高等教育教学组织过程研究》，《现代商贸工业》2015 年第 11
　　期，第 128～129 页。

范建波、罗炳金：《基于 OBE 视阈的多维度高职创新创业教育体系构
　　建》，《浙江纺织服装职业技术学院学报》2020 年第 2 期。

房风文、韩帅：《职业教育学术研究现状分析——以 2015～2017 年人大
　　复印报刊资料转载学术论文为样本》，《职业技术教育》2018 年第
　　9 期。

高广胜：《参与式教学方法的教学探讨》，《实用预防医学》2005 年第
　　2 期。

高华、董爱国、郑志远、黄昊翀、李洁：《中美高等教育中教学过程和教
　　学组织的差异性研究》，《中国地质教育》2020 年第 1 期，第 119～
　　123 页。

高露文：《"慕课"在高等教育教学中的发展现状与问题研究》，《华夏教
　　师》2019 年第 3 期，第 5 页。

龚玉霞、赛尔沃、滕秀仪：《MOOC 在高等教育教学中的实践研究》，
　　《洛阳师范学院学报》2018 年第 5 期，第 61～65 页。

国兆亮、王振：《职业教育示范院校内涵建设与评估中的企业参与研
　　究》，《职业技术教育》2018 年第 12 期。

过增元：《倡导参与式教学法培养创新型人才》，《中国高等教育》（半月
　　刊）2003 年第 20 期。

过增元：《提倡参与式教学，强化创新意识》，《中国高等教育》2000 年
　　第 6 期。

郝海霞、李丹阳、孟倩、王景叶：《对分课堂教学模式对高等教育的影
　　响》，《中国中医药现代远程教育》2018 年第 13 期，第 24～26 页。

郝谦：《"本科教学评估"背景下高等教育多元质量保障路径研究》，《黑
　　龙江教师发展学院学报》2020 年第 2 期，第 47～49 页。

何静：《基于"自主学习"能力培养的教学模式——梅西大学高等教育

教学法学习启示》，《河北农业大学学报》（农林教育版）2018 年第 3 期，第 68～72 页。

何静：《浅谈如何进行高等教育教学改革与创新体系构建》，《教育现代化》2017 年第 46 期，第 73～74 页。

贺腾飞、寇福明：《我国高等教育人才培养理念七十年的创新与展望》，《当代教育科学》2020 年第 4 期，第 7～12 页。

贺莹君：《高等教育课堂教学服务质量研究》，《智库时代》2019 年第 47 期，第 182～183 页。

侯小伟：《参与式教学在中职〈机械基础〉课程教学中的应用》，《职业教育研究》2010 年第 9 期。

胡春生：《小组合作学习 开启智慧的金钥匙》，《中等职业教育》2010 年第 3 期。

黄德桥、杜文静：《基于产教融合的高职院校校内生产性实训基地建设研究》，《中国职业技术教育》2019 年第 2 期。

黄志宏：《网络教学与传统教学在高等教育中的融合》，《文教资料》2011 年第 15 期，第 195～196 页。

惠宝兰：《对高等教育教学质量与教学管理的思考》，《课程教育研究》2019 年第 14 期，第 15～16 页。

季承妹：《混合式教学模式在医学成人高等教育中应用的适切性探析》，《继续医学教育》2019 年第 11 期，第 1～2 页。

贾传文、李长田：《基于知识构建的教学模式的思考——PBL 教学法在食用菌栽培高等教育中的应用初探》，《教育教学论坛》2019 年第 2 期，第 175～176 页。

江宁：《高职 ESP 教学存在的问题及对策探究》，《湖北开放职业学院学报》2020 年第 7 期，第 155～157 页。

江渝：《八项质量管理原则在高等学校教育管理中的应用》，《四川教育学院学报》2004 年第 7 期。

姜公信、李满龙、黄思乐、古庆华：《高等教育教学信息化条件下的远程互动教学模式分析》，《课程教育研究》2019 年第 24 期，第 2～3 页。

姜燕：《基于人本主义教学理论的高等教育质量观改进策略》，《中国成人教育》2018 年第 11 期，第 57~60 页。

金久仁：《信息化背景下高等教育教学形态嬗变及其限度》，《当代教育论坛》2019 年第 6 期，第 89~97 页。

金玺铎、张龙革：《角色化教学：高等教育教学组织活动的新模式》，《吉林教育科学》1999 年第 5 期，第 67~68 页。

兰国帅、郭倩、张怡、孔雪柯、钟秋菊：《影响未来高等教育教学的宏观趋势、技术实践和未来场景——〈2020 年 EDUCAUSE 地平线报告（教学版）〉要点与思考》，《开放教育研究》2020 年第 2 期，第 27~39 页。

兰莹莹：《"互联网＋"给高等教育教学改革带来的机遇和挑战》，《大学教育》2018 年第 5 期，第 37~39 页。

雷光、孙玉忠：《成人高等教育教学改革初探》，《才智》2018 年第 7 期，第 158 页。

李彩霞、沈加敏、孙韩琼、任善恂：《基于 MOOC 与传统高等教育的 O2O 混合式教学模式》，《中小学电教》2015 年第 Z2 期，第 30~33 页。

李华：《基于组织行为学的高职教育课堂教学管理研究》，《成都航空职业技术学院学报》2019 年第 4 期，第 14~16、24 页。

李辉、赵月月、孔令富：《大数据时代高等教育教学新模式探讨》，《计算机与网络》2019 年第 17 期，第 43 页。

李家俊：《以新工科教育引领高等教育"质量革命"》，《高等工程教育研究》2020 年第 2 期。

李君奇：《高职教育教学组织与管理问题论要》，《河北师范大学学报》（教育科学版）2002 年第 3 期，第 42~45 页。

李珺花：《中等职业学校中课堂教学的组织艺术》，《才智》2009 年第 14 期。

李毅、向浩：《基于"三维一体"的高等教育课堂教学质量评价研究》，《高教学刊》2019 年第 17 期，第 81~83 页。

李玉珍：《浅谈参与式学习》，《教育学研究》2005 年第 6 期。

李媛媛：《高职创新创业人才培养评价体系的构建与实践》，《吉林省教育学院学报》2020 年第 4 期，第 1~4 页。

李子云：《"一带一路"背景下高职教育供给侧改革研究》，《职业技术教育》2018年第1期。

梁金华：《高等教育教学的改革创新探讨》，《西部素质教育》2018年第7期，第166页。

梁钊华、杨依�：《"立德树人"作为高等教育的根本任务的可能与应然》，《皖西学院学报》2020年第2期，第1~5页。

林佳：《高职院校教学管理模式的研究》，《国际公关》2020年第4期，第127~128页。

林文谋、洪炳生：《在课堂教学中培养和发展学生创新能力》，《宁德师专学报》（自然科学版）2000年第2期。

刘百祥、吴丽环：《MOOC对传统高等教育的影响探析——以华东理工大学大学物理MOOC教学为例》，《山西能源学院学报》2019年第1期，第41~43页。

刘昌喜：《大数据背景下对高职课堂教学诊断与改进的思考》，《继续教育》2018年第8期。

刘昶智：《高职学前教育专业普高生和三校生专业认知差异研究》，《职业技术》2020年第5期，第100~103页。

刘计划：《法国、德国参与式侦查模式改革及其借鉴》，《法商研究》2006年第3期。

刘民岷、李波、韩效：《从OCW、MOOC到SPOC的演变看未来高等教育教学模式》，《成都师范学院学报》2018年第1期，第12~16页。

刘强、刘明维、黄芳、庞颖、汤建：《地方应用型本科院校产学结合育人体系的构建——基于上海工程技术大学产学合作教育的探索》，《中国职业技术教育》2019年第1期。

刘贤凤：《现代职教体系下高职英语课程评价体系构建》，《天津中德应用技术大学学报》2020年第2期，第109~112页。

刘晓丽：《"互联网+高等教育"新模式下高等学校教学改革的思考》，《教育现代化》2019年第58期，第118~119页。

刘妍伶、李翔、吴斯琪：《高职学生网络课程学习现状与对策摭探》，《成才之路》2020年第10期，第16~17页。

鲁昌龙、邱萍：《高校教学中的"参与式"教学方法浅探》，《高教高职研究》2008 年第 24 期。

逯长春：《职业教师教育一体化设计》，《职业技术教育》2018 年第 10 期。

吕敬宜：《国外翻转课堂教学模式在高等教育背景下的研究文献综述》，《才智》2019 年第 27 期，第 28 页。

罗国平：《谈参与式教学的课堂组织和管理》，《基础教育研究》2009 年第 6 期。

罗瑶：《高职院校职业核心素养教育现状及对策——基于建立全面人才战略视角》，《河北职业教育》2020 年第 2 期，第 61～64、70 页。

罗展鸿：《应用参与式教学法的几点体会——兼论创新型教师的自我塑造》，《桂林航天工业高等专科学校学报》2008 年第 2 期。

马建萍：《德国职前职业教育中的分化与融合》，《外国教育研究》2018 年第 3 期。

马廷奇：《高等教育改革模式及其实践：内涵、困境与创新》，《国家教育行政学院学报》2020 年第 4 期，第 3～11 页。

马希琴：《基于参与式理念的中职语文教学模式研究》，《中等职业教育》2010 年第 1 期。

马延伟：《澳大利亚职业教育与培训师资队伍建设的挑战与应对》，《外国教育研究》2018 年第 10 期。

孟凡华、刘彦军：《探寻新时代产教融合的新作为——第五届产教融合发展战略国际论坛综述》，《职业教育研究》2018 年第 15 期。

南纪稳：《结构性课堂教学评价与开放性课堂教学评价探析》，《教育科学研究》2005 年第 2 期。

宁汇、刘欣梅：《高等教育学生评教的博弈研究》，《中国石油大学学报》（社会科学版）2018 年第 3 期，第 105～108 页。

欧鋆、黄素品：《中职数控教学改革的思路》，《机械职业教育》2008 年第 1 期。

彭婷：《高职院校学生职业素质教育路径探讨》，《科教文汇》（下旬刊）2020 年第 3 期，第 117～118 页。

彭绪娟、刘元芳、彭绪梅：《国外高等学校创新型人才培养模式探析》，《产业与科技论坛》2007 年第 11 期。

乔月静、王宏富：《网络时代下高等教育教学方式的创新改革分析》，《传播力研究》2019 年第 10 期，第 181 页。

秦江波、于冬梅、谭旭红：《角色化教学：高等教育教学组织活动的新模式》，《林区教学》2005 年第 6 期，第 8 页。

秦圣泽、李均：《大学教学质量评估的"英国探索"——基于对英国高等教育"教学卓越框架"（TEF）的分析》，《教育现代化》2018 年第 52 期，第 297～303 页。

邱春荣：《云课堂与实体课堂融合视阈下的职业教育学习环境构建》，《职业技术教育》2018 年第 2 期。

申盼：《专科层次小学全科师范生招生政策研究——以河南省为例》，《当代教育实践与教学研究》2020 年第 8 期，第 120～121 页。

石亮、束鑫：《"慕课"在高等教育教学中的发展现状与问题研究》，《科学大众》（科学教育）2017 年第 12 期，第 166＋192 页。

史宝会：《高等职业教育自我组织教学方法的研究与探索》，《中国现代教育装备》2009 年第 16 期，第 60～65 页。

宋建华：《加强中职教学改革势在必行》，《卫生职业教育》2009 年第 27 期。

苏丽娟、王忆霄、刘永强：《浅谈微课对高等教育教学效果的作用与影响》，《课程教育研究》2017 年第 50 期，第 33～34 页。

孙金峰：《高等教育"互联网＋"教学模式的技术霸权及其问题》，《高教论坛》2020 年第 2 期，第 81～83、95 页。

孙霞：《"一带一路"倡议下高职教育教学改革实践路向探赜》，《成才之路》2020 年第 10 期，第 8～9 页。

汤红飞、丁凡、秦君玮：《基于 SPOC 的高等教育混合式教学模式探究》，《智库时代》2019 年第 37 期，第 174～175 页。

汤书波、张媛媛：《高职院校专业建设适应区域产业发展的路径与策略研究——以云南省为例》，《中国职业技术教育》2019 年第 2 期。

汪莹：《高校计算机基础课程主动参与式教学模式浅议》，《科技资讯》2007 年第 26 期。

王爱兰、姚晓燕、王晓丽：《参与式教学活动实施中的教师因素研究——来自参与式教师培训效果的调查》，《辽宁教育研究》2007 年第

12 期。

王超、金荣：《基于企业需求视角的高职会计专业人才培养的思考》，《中国职业技术教育》2019 年第 1 期。

王东梅、王启龙：《现代学徒制人才培养体系：内涵、要素与特征》，《中国职业技术教育》2019 年第 3 期。

王福：《浅析高等教育信息化对教学管理改革的影响》，《当代教育实践与教学研究》2019 年第 2 期，第 39～40 页。

王侃：《高等教育教学质量优异性的特征、评价与反思性实践——以伦敦大学教育学院为例》，《教育教学论坛》2017 年第 52 期，第 201～202 页。

王蕾蕾：《国外高等教育发展对我国大学英语教学的启示》，《文教资料》2016 年第 24 期，第 169～170 页。

王良、周明星：《"中职硕士"培养过程中缄默知识的习得与教学改革》，《江苏技术师范学院学报》（职教通讯）2008 年第 5 期。

王玲、呼功亮、周铁华、张翠芳：《大数据时代下高等教育的个性化教学创新路径探究》，《无线互联科技》2018 年第 17 期，第 116～117 页。

王淼：《新时代高等教育教学方法改革——基于体验的五步创新教学法》，《科技风》2019 年第 16 期，第 63 页。

王琦、王丽娟、张绛丽：《"微·格·优"高效高等教育课堂教学理念中激励机制的研究》，《课程教育研究》2018 年第 16 期，第 228～230 页。

王妍入：《蓝墨云班课在高等教育教学中的应用》，《教育现代化》2017 年第 49 期，第 341～342、355 页。

王真：《高职英语口语教学组织策略的实证研究——基于卡干合作学习结构法的视角》，《高等职业教育探索》2018 年第 1 期，第 76～80 页。

魏红伟、袁江、宋锐：《高职院校学生"产、学、创"与教师"产、教、研"对接研究——以软件技术专业为例》，《职业教育研究》2020 年第 4 期，第 49～54 页。

文军萍：《西方大学课程教学特色与教学组织形式的历史流变研究》，《当代教育与文化》2019 年第 5 期，第 43～52 页。

吴卫东、曹建扬:《中等职业学校教学质量的动态管理研究与实践》,《教育教学论坛》2010 年第 30 期。

伍子川:《浅谈建构主义学习理论对中职教学改革的影响》,《河南教育》（下旬）2010 年第 1 期。

武群丽:《"挑战式"教学范式与高等教育创新人才培养》,《课程教育研究》2019 年第 48 期,第 67 页。

夏杨福:《重构我国高等职业院校微观教学组织》,《高等工程教育研究》2016 年第 5 期,第 189~194 页。

向芳青、王友云、陈俭:《区域高等教育治理转型背景下地方高校教学转变探讨》,《中国高等教育》2019 年第 2 期,第 41~43 页。

向宏达:《中职幼师声乐教学改革的一些尝试》,《考试周刊》2009 年第 49 期。

肖家连:《参与式教学在社区护理实践中的应用》,《中国医药导报》2010 年第 7 期。

肖力、李迎春:《慕课在高等职业教育发展中的困境和对策》,《河北职业教育》2020 年第 2 期,第 43~46 页。

谢莉花、唐慧:《德国双元制职业教育专业设置探析——"教育职业"的分类、结构与标准》,《现代教育管理》2018 年第 3 期。

谢印成、马建富、戴荣俊:《基于 SPOC 面向个性化学习的课程实训模式研究》,《中国职业技术教育》2019 年第 2 期。

谢智娟:《参与式教学方法在课堂教学中的应用》,《中国成人教育》2008 年第 11 期。

徐纯、连晓庆:《职业如何发挥社会融合的功能——德国"职业融合"在职业教育学与职业社会学理论的历史演进与实践反思》,《职业技术教育》2018 年第 1 期。

徐嘉、余佳:《"互联网+"时代下的高等教育教学改革》,《华夏教师》2019 年第 3 期,第 46 页。

徐杰:《高校教师教育技术参与式培训模式研究》,《中国医学教育技术》2006 年第 10 期。

徐丽春:《中职生学习方式及状态的调查与思考》,《职教论坛》2005 年第 18 期。

徐楠：《我国高等院校教学活动的组织形式研究》，《才智》2010 年第 23
　　期，第 77 页。

徐新斌：《主体参与式教学的三个案例》，《数学通讯》2002 年第 5 期。

询莉：《2018 年职业教育国家级教学成果奖获奖成果分析》，《中国职业
　　技术教育》2019 年第 1 期。

闫晓旭：《浅析职业教育改革下的英语教学》，《科技致富向导》2010 年
　　第 20 期。

闫艳：《区域视角下高等教育质量保障体系建设研究》，《江苏高教》
　　2020 年第 4 期，第 64 ~ 67 页。

杨颉：《智能科技时代高等教育面临的挑战与变革》，《上海交通大学学
　　报》（哲学社会科学版）2020 年第 2 期，第 23 ~ 26 页。

杨晟义：《对参与式学习方法偏离现象的 "检讨"》，《甘肃教育》2006
　　年第 6 期。

姚晓燕：《参与模式评价》，《江西学院学报》2003 年第 4 期。

姚伊忱：《文化视域下高等教育教学模式的比较研究及启示》，《当代教
　　研论丛》2016 年第 8 期，第 23 页。

于沛、张驰、宋京松、邓永忠、徐富平、尹秋颖：《 "融合教育" 理论指
　　导下的高等教育国际化探索与实践》，《教育教学论坛》2020 年第
　　15 期，第 11 ~ 14 页。

于伟：《高等教育国际化与英语教学的目标和定位》，《黑龙江教师发展
　　学院学报》2020 年第 4 期，第 130 ~ 132 页。

余裕宇：《以学生学习成果为本的高等教育教学模式探讨》，《华夏教师》
　　2019 年第 3 期，第 4 页。

俞嘉、吴英山：《参与式教学的理论与实践初探》，《宁夏教育科研》
　　2008 年第 93 期。

袁翠兰、马澜：《企业兼职教师教学作用发挥现状调查——以乌鲁木齐市
　　职教集团 5 所中职校为例》，《职业技术教育》2018 年第 18 期。

云菲、宋晶、符云鹏、刘国顺：《加拿大高等教育模式对提高我国高校教
　　学质量的启示》，《决策探索》（下）2019 年第 1 期，第 53 页。

曾丽丽、赵忖、刘素娟、张昕：《 "App 移动学习 + 翻转课堂" 教学模式
　　在高等教育中的研究与应用——以 "数字通信原理" 课程为例》，

《教育现代化》2019 年第 19 期，第 141 ~ 142、154 页。

曾瑜、刘杨：《职业教育校企合作的运行风险与法律防范——基于校企合作地方立法的文本分析》，《职业技术教育》2018 年第 9 期。

张变芝、张燕：《关于中职计算机专业教学改革的思考》，《中等职业教育》（理论）2009 年第 11 期。

张春燕：《新形势下高职院校教育管理的改革与创新》，《湖北开放职业学院学报》2020 年第 7 期，第 5 ~ 6 页。

张纯、赵颖、张瑰、周华任：《基于概念格的高等教育教学体系使命能力分析》，《课程教育研究》2013 年第 5 期，第 252 ~ 253 页。

张会新、王益锋：《"互联网 +"时代高等教育 3.0 教学模式探索》，《教育教学论坛》2018 年第 25 期，第 159 ~ 160 页。

张金玉：《中职钳工专业教学内容改革的思路》，《天津职业院校联合学报》2009 年第 11 期。

张进、侯如兰：《实施参与式教学法的总结分析》，《西北医学教育》1997 年第 9 期。

张莉：《高等教育国际化背景下的大学英语教学问题与对策研究》，《中国校外教育》2019 年第 6 期，第 109、116 页。

张清东、徐健蓉：《预设专题——参与式教学方法初探》，《西南科技大学学报》（哲学社会科学版）2004 年第 12 期。

张尚字：《积极推广参与式教学法深化"两课"教学改革》，《焦作工学院学报》（社会科学版）2002 年第 3 期。

张滕丽：《浅谈中职英语教师的人格魅力在其教学改革中的作用》，《河南广播电视大学学报》2010 年第 4 期。

张滕丽：《中职学校英语教师的职业倦怠状况与对策》，《河南广播电视大学学报》2012 年第 2 期。

张滕丽：《中职英语教师布置和批改作业的个案叙事研究》，《洛阳师范学院学报》2011 年第 3 期。

张文郁：《高等学校教学过程的组织与管理》，《中国教育学会通讯》1980 年第 2 期，第 26 ~ 29 页。

张晓献、王晓波：《中等职业学校课堂教学评价标准分析》，《河南职业技术师范学院学报》（职业教育版）2004 年第 4 期。

张忠树：《对中职"2＋1"模式教学改革的思考》，《成功》（教育版）
　　2007 年第 6 期。

章伟：《主题引领全员参与——主题参与式教研活动的实践与反思》，
　　《教育学》2000 年第 1 期。

赵金和、方利娟、谢瑞刚、蒙君荣：《论差异教学在高等教育人才培养中
　　的作用》，《山东化工》2019 年第 4 期，第 145 页。

赵俊芳、刘玲：《我国高等教育 70 年盘点及未来发展建议》，《现代教育
　　管理》2020 年第 4 期，第 1～9 页。

赵敏娜：《美国高校三种典型课堂教学模式探讨——以教育类课程为
　　例》，《比较教育研究》2004 年第 4 期。

赵燕：《我国成人高等教育教学评估制度的反思与优化》，《中国成人教
　　育》2018 年第 20 期，第 38～41 页。

赵有生：《国外高职教育的教学组织形式与方法及其启示》，《吉林省经
　　济管理干部学院学报》2003 年第 6 期，第 48～50 页。

郑莛申：《大学教学方法创新与提高高等教育质量的思考》，《课程教育
　　研究》2019 年第 2 期，第 25 页。

郑鑫、尹弘飚：《美国教育研究协会教师与教学研究的百年脉络》，《外
　　国教育研究》2019 年第 1 期。

支剑锋：《高等教育教学方法运用问题的探讨》，《教书育人》2007 年第
　　S8 期，第 48～49 页。

钟华：《转变教师教学理念　推动中职教学改革》，《法制与经济》（中旬
　　刊）2009 年第 15 期。

周德军：《高等教育课堂教学中的情境化教学模式：理论命题与实践路
　　径》，《高等职业教育探索》2019 年第 2 期，第 54～58 页。

周继良：《高校学生评教中的强制参与：管制类型、制度逻辑与矛盾消
　　解》，《河北科技大学学报》（社会科学版）2020 年第 1 期，第 84～
　　93 页。

朱桥、刘建科、罗道斌：《信息时代下的高等教育教学模式研究》，《科
　　技风》2019 年第 16 期，第 28、41 页。

朱焰：《"互联网＋"环境下基于教学监测大数据分析的高职教学评价工
　　作探究》，《中国医学教育技术》2020 年第 2 期，第 221～225 页。

三 硕博论文

蔡学军:《参与式教学在中师课堂教学中的应用研究》,硕士学位论文,西北师大政法学院,2004。

陈辉:《初中英语教学组织形式的创新实践研究》,硕士学位论文,华东师范大学,2010。

陈雯:《新课程改革下中职语文多元智能教学的应用研究》,硕士学位论文,浙江师范大学,2009。

段燕菊:《中职学生社会责任感的培养研究》,硕士学位论文,湖南师范大学,2008。

景韵:《高等职业教育教师课堂教学敏感研究》,博士学位论文,西南大学,2014。

李晓:《中等职业学校学生学习生活研究》,硕士学位论文,浙江工业大学,2008。

李珍玥:《中职生口语交际能力的培养》,辽宁师范大学,2009。

李珍玥:《中职生厌学因素调查及解决策略研究》,硕士学位论文,西南大学,2005。

刘小红:《中职生辍学成因及其教育对策研究——以长兴某职业学校为例》,硕士学位论文,上海师范大学,2010。

潘晓峰:《小组合作训练提高学生口语能力》,硕士学位论文,福建师范大学,2008。

饶小丽:《中职优秀教师的个案研究》,硕士学位论文,华东师范大学,2008。

史宪美:《职业中学双主体互动教学模式的研究》,硕士学位论文,华中师范大学,2008。

田玉瑛:《中职师资培养的课程设置对其教学能力影响的研究》,硕士学位论文,四川师范大学,2009。

王兴媛:《参与式教学方法在中专体育教学中的运用研究》,硕士学位论文,西北师范大学,2005。

尤洋:《多元智能理论指导下的中职英语教学实验探讨》,硕士学位论文,天津师范大学,2008。

张淑倩：《中等职业学校学生课堂问题行为研究》，硕士学位论文，山东师范大学，2008。

赵焕翠：《合作学习在中职数学教学中的应用研究》，硕士学位论文，山东师范大学，2009。

朱文红：《差异教学的课堂组织策略研究》，硕士学位论文，山东师范大学，2010。

朱毓高：《高职院校课堂教学环境管理研究——基于重庆九所高职的实证分析》，博士学位论文，西南大学，2016。

四　外文文献

Carr, Alison A. , "User – Design in the Creation ofHumanLearning Systems," *Educational Technology Research and Development* 45 (3) (1997)：5 – 22.

Reigeluth, Charles M. , "A new paradigm of ISD," *Educational Technology* 36 (3) (1996)：13 – 20.

Reigeluth, Charles M. , "What every AECT member needs to know about systemic change：The beginning of a dialogue," *Tech Trends* 46 (1) (2002)：12 – 15.

Eewmann, F. M. , *Student Engagement and Achievement in American Secondary School* (New York：Teachers College Press, 1992).

Freire, P. , and Macedo, D. , "A Dialogue：Culture, Language, and Race," *Harvard Educational Review* 65 (3) (1995)：377 – 402.

Zedtwitz, M. V. , "Organizational learning through Post-project Reviews in R&D," *R&D Management* 32 (3)：(2002).

Wall, K. , "Gesture and its role in Classroom Communication：an Issue for the Personalized Learning Agenda," *Education Review* 19 (2) (2006)：32 – 39.

附录一 应用技术类院校课堂教学组织现状调查问卷

同学，您好：

首先非常感谢您在百忙之中抽出宝贵的时间来填写本问卷！本问卷旨在调查和了解目前您的大学学习现状，您的回答对我非常重要。本问卷属匿名填写，仅作研究之用，不会泄露任何个人信息。希望您能如实填写您的真实情况和想法，谢谢您的配合与支持！

您的基本情况

所在的学校	专业	性别	年龄	年级

单项选择题（请在您选的答案上打"√"）

1. 在理论课课堂教学中，老师有要求你预习吗？

□有　　　　　　　□没有　　　　　　　□不知道

2. 教师讲课的内容都是教材上的吗？

□是　　　　　　　□不是　　　　　　　□不知道

3. 在课堂上是老师讲的多，还是同学们活动多？

□老师多　　　　　　□一样多　　　　　　□学生多

4. 在课堂上，你觉得自己可以与老师平等交流吗？

□可以　　　　　　　□不可以　　　　　　□偶尔

5. 在课堂中，你们有成立学习小组吗？

□有　　　　　　　□没有　　　　　　　□有时候有

6. 你认为老师在课堂教学中关注你们的个别差异吗？

□很关注　　　　　　□一般的关注　　　　　□不关注

7. 在你印象中，老师有和同学们一起讨论问题吗？

□有　　　　　　　□少数有　　　　　　□没有

8．在你印象中，老师经常鼓励同学们表达自己的观点吗？

□会　　　　　　　　□少数会　　　　　　　□不会

9．作业布置环节，老师有征求同学意见吗？

□有　　　　　　　　□少数有　　　　　　　□没有

10．老师讲课的内容你能听懂吗？

□能　　　　　　　　□少数能　　　　　　　□不能

11．在实践课堂上，老师布置的任务你能按时完成吗？

□能　　　　　　　　□少数能　　　　　　　□不能

12．对于学校安排的理论和实践课程你满意吗？

□满意　　　　　　　□基本满意　　　　　　□不满意

13．课程学不会的时候，学校有安排课外的辅导吗？

□有　　　　　　　　□没有　　　　　　　　□不知道

14．你觉得学校给你提供学习展示的平台了吗？

□有　　　　　　　　□平台不够多　　　　　□没有

15．在期末考试的形式上，老师有征求同学们的意见吗？

□有　　　　　　　　□偶尔有　　　　　　　□从没有

16．你觉得学校安排的实践课堂够用吗？

□够　　　　　　　　□不够　　　　　　　　□不知道

17．堂课上老师经常用什么标准对学生进行评价？

□学习成绩的好坏　　□遵守纪律　　　　　　□综合表现

18．你对自己所学专业的将来就业形势了解吗？

□了解　　　　　　　□不了解　　　　　　　□无所谓

19．你喜欢你的学校环境吗？

□喜欢　　　　　　　□一般　　　　　　　　□不喜欢

20．你喜欢你所学的专业吗？

□喜欢　　　　　　　□不喜欢　　　　　　　□无所谓喜欢不喜欢

21．你认为你的中职学校学习生活充实吗？

□充实　　　　　　　□一般　　　　　　　　□不充实

22．你有进一步求学的想法吗？

□有　　　　　　　　□没有　　　　　　　　□目前还不知道

23．你认为来学校学习什么知识对你最重要？

□掌握专业知识　　　　□完善自己的人格　　　□学会学习的方法

24．你最喜欢学校的什么？

□学校硬件设施　　　　□教师、教学　　　　　□校园环境

附录二　应用技术类院校参与式课堂教学组织班级学生学习态度调查问卷

同学，您好：

首先非常感谢您在百忙之中抽出宝贵的时间来填写本问卷！本问卷旨在调查和了解目前您的大学学习情况，您的回答对我非常重要。本问卷属匿名填写，仅作研究之用，不会泄露任何个人信息。希望您能如实填写您的真实情况和想法，谢谢您的配合和支持！

您的基本情况

所在的学校	专业	性别	年龄	年级

单项选择题（请在您选的答案上打"√"）

1．在理论课课堂学习中，你有预习吗？

□有　　　　　　　□没有　　　　　　　□不知道

2．你关心你所学专业开设的课程吗？

□关心　　　　　　□不关心　　　　　　□不知道

3．在课堂上，你愿意与同学或老师一起交流吗？

□愿意　　　　　　□不愿意　　　　　　□无所谓

4．课堂中，你有积极参加学习小组吗？

□有　　　　　　　□没有　　　　　　　□有时候有

5．你有和同学一起对老师讲课的内容范围讨论过吗？

□有　　　　　　　□少数有　　　　　　□没有

6．你能够顺利完成老师布置的作业吗？

□能　　　　　　　□少数能　　　　　　□不能

7．你课后会阅读和你所学专业相关的书籍吗？

□会　　　　　　　□少数会　　　　　　□不会

8．你经常参加学校组织的各种职业竞赛活动吗？

□是的　　　　　　　□少数有　　　　　　　□没有

9．你愿意帮助他人学习或者愿意被他人帮助学习吗？

□愿意　　　　　　　□不愿意　　　　　　　□不知道

10．在实践课堂上，你能按时完成实训任务吗？

□能　　　　　　　　□少数能　　　　　　　□不能

11．对于学校安排的理论和实践课程你有参与座谈和建议吗？

□有　　　　　　　　□少数有　　　　　　　□没有

12．在课程学不会的时候，你有着急或求助吗？

□有　　　　　　　　□没有　　　　　　　　□不知道

13．你对学校给你提供学习展示的平台有参与意见吗？

□有　　　　　　　　□没有　　　　　　　　□不知道

14．你关心你的考试成绩和进步吗？

□关心　　　　　　　□不关心　　　　　　　□不知道

15．你希望自己能多多参加职业技能竞赛并获得荣誉吗？

□是的　　　　　　　□没有　　　　　　　　□说不准

16．你在意亲朋好友对你目前学习的评价吗？

□在意　　　　　　　□不在意　　　　　　　□说不准

17．你有过对自己所学知识害怕不能满足将来就业的担心吗？

□有　　　　　　　　□没有　　　　　　　　□偶尔有

18．你能做到认真学习，不懂就问吗？

□能　　　　　　　　□不能　　　　　　　　□说不准

19．你有进一步学习的计划吗？

□有　　　　　　　　□没有　　　　　　　　□不知道

附录三 应用技术类院校参与式课堂教学 组织班级学生学习能力调查问卷

同学，您好：

首先非常感谢您在百忙之中抽出宝贵的时间来填写本问卷！本问卷旨在调查和了解目前您的大学学习情况，您的回答对我非常重要。本问卷属匿名填写，仅作研究之用，不会泄露任何个人信息。希望您能如实填写您的真实情况和想法，谢谢您的配合和支持！

您的基本情况

所在的学校	专业	性别	年龄	年级

单项选择题（请在您选的答案上打"√"）

1. 目前的课程学习中，你有预习的习惯吗？

□有　　　　　　　□没有　　　　　　　□不知道

2. 对于课堂上不懂的问题，你有自己查阅资料解决吗？

□有　　　　　　　□没有　　　　　　　□不知道

3. 在课堂上，你对不会的问题愿意主动和老师交流探讨吗？

□愿意　　　　　　□不愿意　　　　　　□无所谓

4. 课堂中，你有对教师的授课方式评论和建议过吗？

□有　　　　　　　□没有　　　　　　　□有时候有

5. 你有主动完成作业的能力吗？

□有　　　　　　　□少数有　　　　　　□没有

6. 学习中，有没有其他同学经常向你请教问题？

□有　　　　　　　□少数有　　　　　　□没有

7. 你是否就所学专业，经常会向老师请教问题？

□会　　　　　　　□少数会　　　　　　□不会

8．你有常到实训中心自己钻研学习的习惯吗？

□有　　　　　　　　□少数有　　　　　　　　□没有

9．你愿意经常参加和外校的同专业学生的联谊会吗？

□愿意　　　　　　　□不愿意　　　　　　　　□不知道

10．在实践课堂上，你能按时完成实训的任务吗？

□能　　　　　　　　□少数能　　　　　　　　□不能

11．对于学校安排的理论和实践课程你都可以顺利完成吗？

□是的　　　　　　　□不是　　　　　　　　　□少数情况下

12．遇到其他同学课程学不会的时候，你有主动帮助过吗？

□有　　　　　　　　□没有　　　　　　　　　□不知道

13．对学校给你提供学习展示的平台你觉得够用吗？

□够用　　　　　　　□不够用　　　　　　　　□不知道

14．你对目前自己的学习能力满意吗？

□满意　　　　　　　□不满意　　　　　　　　□无所谓

15．你是否经常参加职业技能竞赛并获得荣誉？

□是的　　　　　　　□没有　　　　　　　　　□说不准

16．你的亲朋好友中经常有人夸你聪明上进吗？

□有　　　　　　　　□没有　　　　　　　　　□偶尔有

17．你觉得自己将来一定可以驾驭所学专业领域的工作吗？

□是的　　　　　　　□没有　　　　　　　　　□说不准

18．你有每天反思自己学习情况的习惯吗？

□有　　　　　　　　□没有　　　　　　　　　□不知道

19．你有积极参加学校组织的各种课外活动吗？

□有　　　　　　　　□没有　　　　　　　　　□说不准

后 记

随着我国高等教育大众化时代的到来，一批应用技术类院校如雨后春笋般涌现，成为我国高等教育中一支强大的新兴力量。党中央、国务院高度重视技术技能型人才的培养。全国教育大会、全国教育工作会议、全国职业教育工作会议，都对推进产教融合、校企合作提出了明确要求。培养高水平技术技能型人才，办好人民满意教育，已成为国家战略和社会共识。

习近平总书记曾经指出，"办好我国高校，办出世界一流大学，必须牢牢抓住全面提高人才培养能力这个核心点，并以此来带动高校其他工作"。[①] 而要全面提高人才培养能力，关键在于深化教学体制机制改革，提高课堂教学质量。几年来，我们对地方普通高校向应用技术类院校转型问题进行了持续研究，在取得阶段性成果的基础上，紧密结合新形势、新要求，对应用技术类院校发展问题展开了进一步研究，尤其是以深化教学体制机制改革，提高教育教学质量为突破口，探讨应用技术类院校高质量发展问题。研究以参与式课堂教学组织问题为切入点，努力探索提高应用技术类院校人才培养质量的理论和实践，以期为促进应用技术类院校发展乃至高等教育发展尽绵薄之力。

呈现在读者面前的这本书是我们成员集体智慧的结晶。河南工程学院徐金超、郑州科技学院张文婷和许昌学院于康平全程参与了研究提纲凝练。成员：许昌学院黄怡俐教授，郑州工程技术学院李欣教授，许昌学院徐来群博士、凌鹏飞博士、谢依楠、高凯、张雪洁、李晓鹏，河南省职工技术协作办公室冯卫红，郑州信息科技职业学院张杨、陈璐、肖立志、冯丽，河南中医药大学常瑞和郑州科技学院刘欣、周小赞、马家生等同志，在繁忙的学习、工作之余，深入思考，广泛调研，分别从各

---

① 《把思想政治工作贯穿教育教学全过程 开创我国高等教育事业发展新局面——习近平在全国高校思想政治工作会议的讲话》，https://youth. sdut. edu. cn/2019/1219/c7001a363369/page. htm，最后访问日期：2021 年 6 月 17 日。

自角度为课题研究和书稿撰写提供了有力支持。

因学思所限,书中难免有疏误之处,恳请同行专家、学者和广大读者批评指正。本书参阅、借鉴了一些专家、学者的研究成果,在此,谨致诚挚的敬意和感谢!社会科学文献出版社张倩郢女士对本书的出版给予了大力支持,在此一并致谢!

岳修峰

2020 年 12 月

图书在版编目（CIP）数据

应用技术类院校参与式课堂教学组织：理论与实践 /
岳修峰，张滕丽著. -- 北京：社会科学文献出版社，
2021.7

国家社科基金后期资助项目

ISBN 978 - 7 - 5201 - 8571 - 4

Ⅰ.①应… Ⅱ.①岳… ②张… Ⅲ.①职业教育－课
堂教学－教学研究 Ⅳ.①G712.421

中国版本图书馆 CIP 数据核字（2021）第 118201 号

国家社科基金后期资助项目

应用技术类院校参与式课堂教学组织：理论与实践

著　　者 / 岳修峰　张滕丽

出 版 人 / 王利民
责任编辑 / 胡庆英
文稿编辑 / 张倩郢

出　　版 / 社会科学文献出版社·群学出版分社（010）59366453
　　　　　地址：北京市北三环中路甲 29 号院华龙大厦　邮编：100029
　　　　　网址：www. ssap. com. cn
发　　行 / 市场营销中心（010）59367081　59367083
印　　装 / 三河市龙林印务有限公司

规　　格 / 开　本：787mm × 1092mm　1/16
　　　　　印　张：18.5　字　数：291 千字
版　　次 / 2021 年 7 月第 1 版　2021 年 7 月第 1 次印刷
书　　号 / ISBN 978 - 7 - 5201 - 8571 - 4
定　　价 / 128.00 元

本书如有印装质量问题，请与读者服务中心（010－59367028）联系